琉神マブヤーシリーズ 全作品

LINEUP OF MABUYER-SERIES

2008年『琉神マブヤー』(※通称『1(ティーチ)』)

オバァのマブイグミによってカナイに琉神マブヤーのマブイが宿った！ カナイは、相棒役のシーサーの化身ケンのサポートを得て、ハブデービル率いる悪のマジムン軍団から、ウチナーらしさを司る「マブイストーン」を奪還するために闘う。しかし、カナイの生き別れた兄ニライが、オニヒトデービルの正体だった……。

『琉神マブヤー外伝 SO! ウチナー』2009年

ゆいとユンタの呼ぶ「SO! ウチナー」…
ヤー…
初登…
合わ…
伝承…
うとす…
ジム…
グが…
もハブ…ビルから…
ゲンに途中交替した。

2010年『琉神マブヤー 2(ターチ)』

オニヒトデービルから分離され救い出されたニライが、ニライカナイの第二の勇者・龍神ガナシーに変身！ またカミンチュのナミも凰神カナミーに変身した。一方、マジムン軍団に新加入した策略家のヒメハブデービルは、ウチナーをヒジュルーな（冷たい）島にして人間を追い出そうと、ヒジュルーゾーンの出現を画策していた……。

『琉神マブヤー 3(ミーチ)』2011年

新生ハブデービルに敗れ限られた時間内しか変身できなくなってしまったカナイは、イリオモテヤマネコの化身マヤをともなって旅に出て、空手使いのオジィの下で修行に明け暮れる。一方ニライ＝ガナシーの前には、異常なまでに強さに固執する空手青年ニフェが立ちはだかる。彼の変わり果てた姿こそがハブデービルだった……。

2011年『琉神マブヤー THE MOVIE 七つのマブイ』

劇場版映画。ヒーローショーで脇役をつとめる気弱な青年ウルマがマブヤーに、ショーの主役サイオンがガナシーに変身！ 相棒のキジムンの助言を得て、ハブデービル率いるマジムン軍団から７つの「マブイスター」を奪い返そうと奮闘する。オリジナルキャラのジンベエダーや、先輩格のローカルヒーロー・超神ネイガーも登場。

『琉神マブヤー 1972 レジェンド』2012年

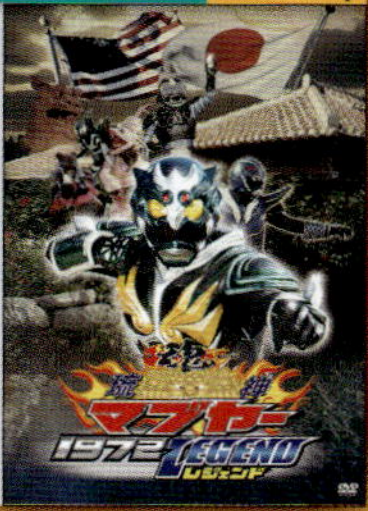

1972年の本土復帰直前の沖縄が舞台。朝基がマブヤーに、盛仁がガナシーに変身。相方はヤンバルクイナの妖精クイナ。ハブクラーゲン率いるマジムン軍団と、「沖縄アメリカナイズ計画」実行のためラブリーラビーを引き連れてやって来たキングウルフと、「マブイ石」をめぐって三つ巴の戦いを繰り広げる。料理対決やダンス対決も！

2013年『琉神マブヤー 4(ユーチ)』

カナイは幼なじみのクレアと結婚、就活に忙しい。ニライもナミと結婚し、息子カグラと幸せな家庭を築いていた。しかしカグラのマブイが、謎のマジムン・ミノカサーゴに奪われた！ ニライは新しい相棒・ハイビスカスの妖精ハイビーとともに奪還に向かうが、憎しみの虜になったニライから「ブラックガナシー」が出現した……。

『琉神マブヤー 5(イチチ)』2015年

放送局：RBC 琉球放送
放送日：2015年10月3日から毎週土曜日10:55～（13話）

RYUJIN 魂 MABUYER
琉神 マブヤー 5 イチチ

HEROES FROM NIRAIKANAI

Ryujin Mabuyer

琉神マブヤー

ウチナー(沖縄)の青年カナイ(『1972』では朝基、『MOVIE』ではウルマ)がニライカナイの勇者のマブイ(魂)を宿して変身。スーパーメーゴーサーとティーダヤーチューでマジムン軍団を懲らしめる。

ウルマ/演◉山田親太朗

初代カナイ/演◉知念臣悟

二代目カナイ/演◉翁長大輔

朝基/演◉與座和志

ここは私にまかせて！

Ohjin Kanamie

凰神カナミー

沖縄女性の母性愛「アンマーパワー」を司る勇者。そのマブイはカミンチュ（神人）のナミに宿る。

ナミ／演◉仲本紫野

オレのヤーチューはシビレるぜ

盛仁／演◉高江洲良

サイオン／演◉ISSA（DA PUMP）

Ryujin Ganasea

龍神ガナシー

ニライカナイから来た第二の勇者。ニライ（『1972』では盛仁、『MOVIE』ではサイオン）が変身。ドラゴンメーゴーサーとカンナイヤーチューが得意技。

二代目ニライ／演◉末吉功治

マジムン軍団

自然を破壊する人間どもをウチナー（沖縄）から追い出せ!
なぜか憎めない、ハゴー山育ちのマジムン（魔物）たち。

THE MAJIMUNS

ハブデービルに代わって悪のマジムン軍を率いるボス。ハブクラゲがモチーフ。フニャフニャした変身ポーズで、愛嬌のあるヨーバーフォームから、凶悪なチューバーフォームに変わる。
Habu-Kurergen
ハブクラーゲン

演◉与那嶺圭一

ハゴー

マジムン軍団の戦闘員。クーバーとはウチナーグチ（沖縄口）でクモのこと。口ぐせは「ハゴー」。

演◉
照屋哉、ハンサム金城、吉田智人、仲宗根豪、浦中孝治、翁長武義、打越陽二朗、町田達彦、仲宗根彩靖、比嘉健雄

Coober No.1・No.2
クーバー1号・2号

Onihito-Deevil

オニヒトデービル

演◉
平安信行（『１』）、金城諒（『外伝』『２』）、
打越陽二朗（『外伝』）、翁長武義（『３』〜）

マジムン軍団の幹部。オニヒトデがモチーフ。武闘派であるとともに、陽気で人情家の一面も。

Himehabu-Deevil

ヒメハブデービル

演◉浦崎明香理

マジムン軍団の策略家。モチーフはヒメハブ。ドゥーカッティー（自分勝手）で、ボスのハブクラーゲンよりも態度がデカい。

Mangoochu

マングーチュ

演◉
上門みき（『１』）、
比嘉彩乃（『外伝』）、
椎名ユリア（『２』〜）

マジムン軍団のアイドル。マングースがモチーフ。ハゴー山育ちだが元々は外来種。イケメン好きで自称「マブヤーファンクラブ会員第１号」。

演◉石原萌

『４』に登場した新マジムン。人間に変身する能力を持ち、ウミツキエコサービス社の秘書LUNAに姿を変えて現れた。

Minokasaago

ミノカサーゴ

THE OTHER CHARACTERS

ハブデービル

マジムン軍団の初代ボス。お笑いから武闘まで幅広くこなすキャラクター。

演◉〔初代〕仲座健太【1】

◉〔二代目〕じゅぴのり（プロパン7）【外伝】

◉〔三代目〕ゴリ（ガレッジセール）【2/MOVIE】

◉〔四代目〕小橋川よしと【3】

キングウルフ【1972】

「沖縄アメリカナイズ計画」の実現のためにやって来たアメリカ・マジムン。

演◉吉田智人、（声）渡嘉敷三男

ヤシガニヤシガー【3】

マジムンではなく、宮古島の少年ガニーが変身した姿。

演◉下地勇

マジムンキング【外伝】

マジムン軍団のキング。下半身が封印から解放されていない。

演◉田原雅之

ラブリーラビー【1972】

キングウルフの忠実で可愛らしい秘書役。

演◉屋良みゆき（1号）、クリーク・ユリア（2号）

ジンベエダー【MOVIE】

ジンベエザメのマジムン。好物のちんすこうに釣られてマジムン軍団の仲間になった。

演◉（声）真栄田賢（スリムクラブ）

ケン【1】

演◉山城智二

シーサーの化身。カナイに厳しくもおかしく助言する。

クレア【1/ 2/ 3/MOVIE/ 4】

演◉桃原遥

カナイの幼なじみ。『3』でクレアと結婚する。

キジムン【MOVIE】

ウルマの相棒のキジムナー。普通の人間からは見えない。

演◉長浜之人（キャン×キャン）

ハイビー【4】

演◉前田ロマーシア

ハイビスカスの妖精。ミノカサーゴたちの企みを阻止しようとする。

オバァ【1/ 2/ 3/MOVIE/1972/ 4】

演◉吉田妙子

両親のいないカナイの親代わり。カナイ、朝基、ウルマのすべてにマブイグミ（魂込め）をした。

オジー【3/1972/ 4】

演◉普久原明

『3』でカナイが空手を学んだ師匠。その正体は『1972』の朝基。

ゆい＆ユンタ【外伝】

演◉石原萌、大城康由

チルダイ森で遊んだ幼なじみ。ふたりの「SO! ウチナー」という呼び声でマブヤーが現れる。

クイナ【1972/ 4】

演◉棚原里帆

朝基をサポートするヤンバルクイナの妖精。

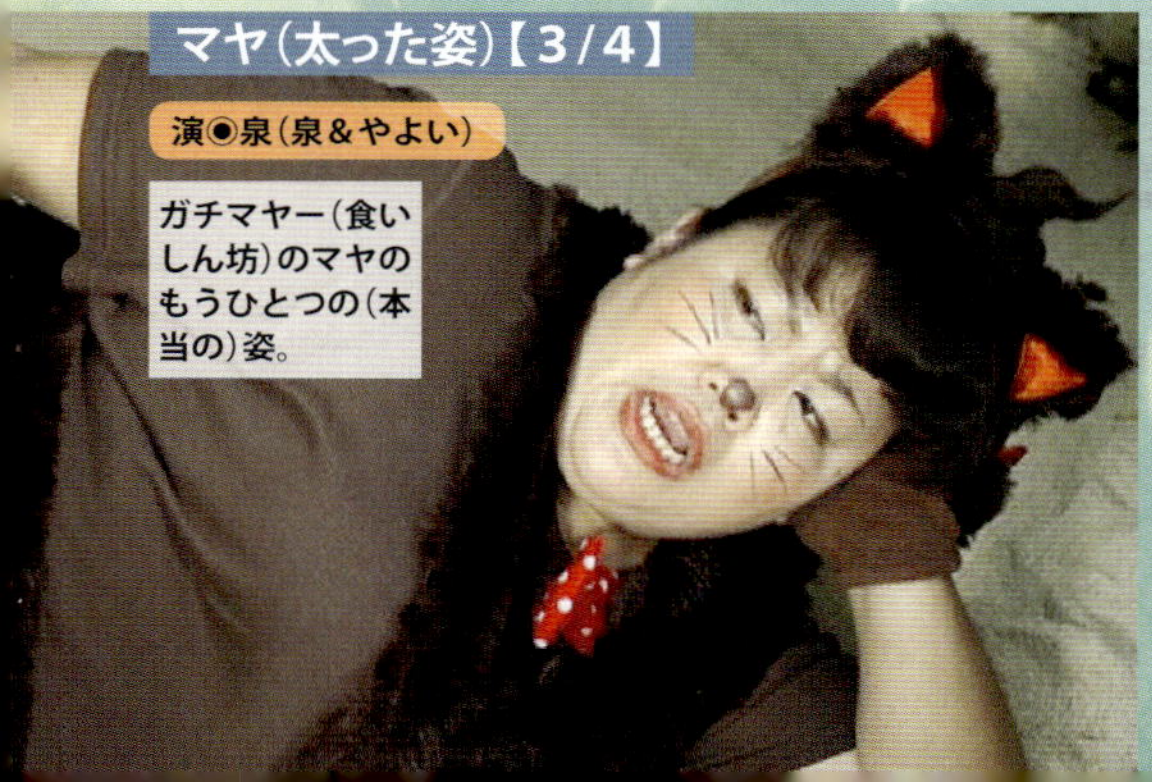

マヤ（太った姿）【3/4】

演◉泉（泉＆やよい）

ガチマヤー（食いしん坊）のマヤのもうひとつの（本当の）姿。

マヤ（やせた姿）【3】

演◉平田美樹

イリオモテヤマネコの妖精。修行に出たカナイに付き添い、タイムキーパー役を務める。

ACTORS INTERVIEWS

知念臣悟さん（初代マブヤー／カナイ役）・
桃原遥さん（クレア役）インタビュー ▶ p.108

仲座健太さん（初代ハブデービル役）・山城智二さん（ケン役）・ハンサム金城さん（クーバー役）インタビュー ▶ p.60

與座和志さん（朝基役）インタビュー ▶ p.197

翁長大輔さん
（二代目マブヤー／カナイ役）
インタビュー ▶ p.155

琉神マブヤーでーじ読本

ヒーローソフィカル沖縄文化論

山本伸

The Ultimate Guidebook for Ryujin Mabuyer

Hero-sophical Perspectives on Okinawan Culture

三月社

はじめに

琉神マブヤー。

その名前を初めて耳にしたのは、沖縄本島南部の西原にある居酒屋で泡盛を酌み交わしているときのこと。きっかけは、ウチナーンチュ[1]のお医者さんの友人が子どもたちの間でインフルエンザがひどく流行しているという話を出したことだった。

一緒に飲んでいた女性がポツリ。

「流行ってるってば～よ～、マブヤー、すっごい人気やっさぁ」

一同、

「やんや～（そうだね）！」

一人きょとんの私。

「マ、マブヤ？　ってなに？」

一同、

「あいっ（えぇ～っ）、知らないぃ～!?」

聞けば、仮面ライダーとか、なんたらレンジャーみたいなヒーローもので、とにかく子どもたちにすごい人気だという。スーパーの屋上でやるマブヤーショーはいつも超満員。照屋林助[2]のワタブーショーは知っているが、マブヤーショーは聞いたことがない。入場制限がかかるほどすごいと聞けば、自称ウチトーンチュ[3]の血は騒がずにはいられない。大好物のトーフヨウーも、泡盛はこれと決めている「どなん」の六〇度も、すっかり意識から遠のいていた。

滞在先の沖縄国際大学、ここは二〇〇四年の夏に在日米軍のヘリが落ちたところだが、そこの厚生会館四階のクーラー冷え冷えの狭い部屋に飛んで帰って、早速インターネットをチェック。出

1　沖縄の人のこと。これに対して、日本本土の人間は「ヤマトゥンチュ」もしくは「ナイチャー」。

2　てるや・りんすけ（1929～2005）。沖縄の音楽家、漫談家。

3　沖縄に多大なる興味を示し、沖縄をこよなく愛する本土の人間（のことらしい）。他にもシマナイチャーなど、似たような表現がある。

るわ、出るわ、いたるところマブヤーだらけ。マブヤーTシャツから、マブヤースナック、マブヤージュース、マブヤーチョコパン。いわんや、マブヤー油味噌[4]まである。

ははーん、さては地域おこしを目論んだキャラなのか。調べてみると、どうもそうらしい。まぁ、きっかけはどうあれ、そこまで超話題のヒーローになるにはきっとそれなりの理由があるはずだ。

翌朝、教室にずらっと並ぶ教え子たちに聞いてみた。

「『琉神マブヤー』を知ってる人？」

全員が挙手。同時にちょっとどよめいて、皆一様ににやにやしている。

続けざまに聞いてみた。

「マブヤー好きな人？」

一瞬戸惑いながらも、ほとんどが手を挙げる。

「どんなところがいいのかな？」

そこはハジカサー（シャイ）なウチナーンチュの学生たち、黙ったままだ。すかさずいちばん近い学生を指す。

「面白い、っていうか、笑えます」

近くの学生たちも口々に唱和。

4　沖縄の言葉では「アンダンスー」と呼ばれる沖縄家庭料理を代表する一品。舐め味噌の一種で、ごはんに乗せて食べたり、おにぎりの具にしたりするほか、泡盛などお酒のつまみにもよく合う。

「お笑いも入って面白いし、いろいろ学べる」

面白い？　学べる？　お笑い？　ヒーローものなら「かっこいい」とか、「スカッとする」とかじゃないの？

子どもに人気が高いのも、ひょっとすると沖縄ならではの特質が影響しているのではないか、とここで直感する。子どもたちもまた、ニーニ（お兄さん）やネーネ（お姉さん）が感じるのと同じように感じているのではないだろうか。沖縄の子どもたちには、どこかマチュアな（成熟した）ところがあるからだ。以前に行なった小中学生対象の「遊戯王カード」にまつわる意識調査[5]でもその傾向は強かった。

家族が多い、親戚や地域が集まる行事が多い、沖縄戦が浸透している、そして米軍基地問題。何かと、幼い頃から考えることが多い。

これと同じマチュアさは、カリブでのフィールドワークでも頻繁に感じた。時空の果てを見通すような鋭く澄んだ目をして、無邪気にアイスバーをしゃぶる子どもたち。

マブヤーというヒーローは、そんな子どもたちのマチュアな視線を納得させるに十分なものでなければならない。子どもたちの

5　四日市大学環境情報学部メディアコミュニケーション学科2012年度山本ゼミの卒業発表／中西彩奈『現代日本とコミュニケーション─遊戯王カード人気は普遍的か』の調査において、カードの認知度はともに約8割と拮抗した一方で、沖縄の小中学生は本土に比べカードへの関心および所有欲が4割も少ないという結果が出ている。

心をしっかりと引きつけ、笑わせ、夢中にさせるだけの、もはや文化的とも言うべき代物でなければ。カリブも沖縄も、子どもたちの洞察はすごいはずだ。そう思って観たマブヤーシリーズは、DVDが六枚、映画が一本、その他少々。

とても面白い。そして、すごくいい。やはり、これはただのヒーローものではない。沖縄の文化を上手に反映した、もはや立派な芸術だ。こうなると、日本中の人に見てもらいたいと思うのが人情というもの。ただ、十数年沖縄に出入りしている自称ウチトーンチュの筆者のチム（こころ）にはストンと落ちることも、はたして一般的にはどうなのだろう。解説があったら、なおいいにちがいない。

これが本書の唯一無二の意図である。

まずはストーリーを丹念に追いながら、毎回テーマとなる沖縄の伝統的な文化や習慣についてひとつひとつを丁寧に解説することを基本とした。そうすることで、読者は映像を見るのと同じ手順で、しかし一歩も二歩も踏み込んだ沖縄に触れられるからだ。

同時に、ヒーローものの究極の目標は世界平和。『琉神マブヤー』を真面目に解説したいとする本書の目標もまた、同じく世界平和である。大きな平和から小さな平和まで、込められた思いは計り知れない。

『琉神マブヤー』というタダモノでないヒーローものの解説を通して発信された、じんわりと熱が伝わるように、語らずして語る、現代社会への提言のひとつとして受け止めていただければ「上等」である。

『琉神マブヤーでーじ読本』もくじ

カラー口絵

最初のマブヤーは
「ファースト」じゃなくて
「1（ティーチ）」と呼んでくれ

ボクちゃんはここから
登場したんやっさ～

私、これ、出てないから知らないわ

ウガーッ!

(意外にオレラ、全部に出てるぞ〜)
ハゴー!

キャッ！
マブヤーが
いっぱい♡

フン、奥さん連れの
マブヤーも
いるじゃないの

第1章

『琉神《りゅうじん》マブヤー』

話数	放送日	タイトル
第一話	2008年10月4日	ウチナーグチのマブイストーンがデージなってる
第二話	10月11日	マブヤー誕生でデージなってる
第三話	10月18日	石敢當のマブイストーンがデージなってる
第四話	10月25日	テーゲーのマブイストーンがデージなってる
第五話	11月1日	エイサーのマブイストーンがデージなってる（前編）
第六話	11月8日	エイサーのマブイストーンがデージなってる（後編）
第七話	11月15日	チャーガンジュウのマブイストーンがデージなってる
第八話	11月22日	イチャリバチョーデーのマブイストーンがデージなってる
第九話	11月29日	命どぅ宝、トートーメー　二つのマブイストーンがデージなってる
第十話	12月06日	カチャーシーのマブイストーンがデージなってる
第十一話	12月13日	マブヤー修行でデージなってる
第十二話	12月20日	兄弟対決でデージなってる
最終話	12月27日	9つのマブイストーンがデージなってる

第一節　概要

沖縄で、はるか遠い東の海の彼方にあるとされる異界を意味するニライカナイ。琉神マブヤーは、そのニライカナイからやってきたとされる。

まずはこのニライカナイ、いったいどのようなものなのか。『沖縄民俗辞典』を紐解くと、次のようにある。

> 稲やアワなど主要な穀物の収穫を終え、新たなる農耕のサイクルへのはじまりすなわち年の変わり目に、ニライカナイから人間の世界・村落に神がやってきて、ユー（幸福・豊饒）をもたらしてくれるという信仰が、琉球各地の祭祀、農耕儀礼の際の神歌や儀礼に見られる……[1]

なるほど、やはりキーワードは幸福と豊穣ということか。つまり、マブヤーは人びとに幸せと実りをもたらす喜びの使者として設定されていることになる。

しかし、民俗辞典はさらにこうも続く。

> ニライカナイが神の在所であり、そこからさまざまな豊穣がもたらされるという観念、理想郷としての観念だけでなく、ときには悪しきもの、災いをもたらすものの住むところという伝承もあり、その両義的な意味は琉球列島の来訪神信仰の解釈に重要な鍵となる。[2]

つまり、ニライカナイとは必ずしも善なるものばかりではなく、悪しきもの、災いをもたらすものもまた住む世界ということになる。

そもそも、この『琉神マブヤー』とは、九つのマブイストーンを狙うことで沖縄の支配を企てる悪の軍団マジムンに、正義のヒーローであるマブヤーが沖縄の平和のために戦うという話だ。ならば、この悪の軍団マジムンもまたニライカナイからやってきたことになるのだろうか。ストーリー中には特にそのような説明は出てこないが、ニライカナイが善と悪の両義的な意味を持っていて、それは沖縄の信仰解釈のうえで重要な鍵になるというのは、激しく心揺さぶられるところである。詳しくはのちの第十二話のところで述べるが、この両義性は『琉神マブヤー』シリーズに通底するきわめて特徴的、かつ重要な本質と大きく関係していると思われるからである。

さて、そのマブヤーとマジムン（＝魔物）の戦いは、九つのマブイストーンを巡って繰り広げられる。マブイストーンとは何か。

そもそも、マブイとは何なのか。マブヤーの名前の由来もまた

1　『沖縄民俗辞典』（渡邊欣雄ほか編、吉川弘文館、２００８年）、p.398

2　同、p.398

このマブイであることからしても、きっと重要な意味があるにちがいない。

人間の身体に宿る霊魂を意味する沖縄語。マブリ、マブヤーともいう。生者の身体に宿るものをイチマブイ、死者に宿るものをシニマブイという。マブイは人間の生命原理であり、この順調な機能によって人はつつがなく毎日の生活をおくることができる。[3]

人間の生命原理がマブイであるとすれば、マブイストーンはそれら重要な生命原理の詰まった石ということになろうか。その重要な石をマジムンが奪うことで、沖縄の人びとは一時的に生命原理の一部を失うことになり、機能が順調ではなくなるためにつつがない生活を送れなくなる。

さて、このマブイ、極めて重要な代物ではあるのだけれど、ときに「落ちる」場合があることは、沖縄では一般的によく知られていることである。大学での講義中、「このなかでマブイを落としたことのある人?」と聞けば、相応の数の手が上がる。たいていは幼い頃の場合であるが、落とした経験のある人間は、マブイをふたたび「汲《く》む」ことも経験している。そうしないと、「つつがない生活を送れない」からである。辞典には、こう続く。

3 『沖縄民俗辞典』、p.475

病気やけがは、マブイの身体からの一時的離脱によって生ずる。マブイの永遠の離脱が死である。子どものマブイは特に離脱しやすいとされ、転ぶ、溺れる、事故にあう、あるいは驚くといったショックで身体から遊離する（マブイウティ、魂落ち）。また、子どもの衰弱はマブイが抜けた証拠とされる（マブイヌギ、魂抜け）。このようなときには、離脱したマブイを取り戻すためにマブイグミ（魂籠め）の呪術を行う。[4]

このように、沖縄の社会を支える生命原理であるマブイは、生涯人びとの生活に密着した形で身体を出入りする。それはまさに、マブイストーンがマジムンの手によって奪われることで、沖縄社会がマブイウティ、すなわち魂が抜けた状態になることと重なる。そして、その大切な生命原理をマブイグミするのが他の誰あろう、琉神マブヤーなのである。

マブヤーという名のヒーロー、マブイストーンという名の石。これらに共通する「生命原理」そのものを意味するマブイ。石がなくなることは沖縄から魂が抜けることであり、マブヤーが再び石を奪い返すことは沖縄が魂をふたたび取り戻す、つまり、沖縄が沖縄であるための社会文化的基盤を取り戻すことを意味する。そう考えれば、このヒーローものはきわめて文化的だと言えまいか。まずは、この点をしっかりと踏まえたうえで、次に登場人物に

4 『沖縄民俗辞典』、p.475

ついて見ていくことにしよう。

第二節　登場人物

琉神《りゅうじん》マブヤー

ニライカナイからやってきた魂の戦士だが、単体では存在していない。人間の身体のなかに宿っているのだ。その人間というのが、主人公の叶《かない》（カナイ）である。カナイはヤチムン（陶芸）見習いの二十二才の青年で、赤ん坊の頃にヤチムンの師匠である岩次郎《がんじろう》に拾われ、実の娘のクレア（紅亜）といっしょに育てられる。

きっかけは、ある日浜辺でマブイを落としたカナイが知り合いのオバァにマブイグミをしてもらったことである。どういうわけか、カナイの身体にマブヤーのマブイが入ってしまった。以来カナイは、人格はそのままで、肉体は琉神マブヤーに変身できるようになるが、当初は自分がマブヤーであること、戦わねばならないことに戸惑いを感じ、初めてマジムンを見たときには「どうしよ⁉　デージ恐い！」とおびえて、ヒーローらしからぬ様子を見せる。しかし、自然とマブヤーに変身してしまうので、マジムンたちと戦わないわけにはいかなくなる。

言い換えれば、一般的な正義感みなぎるヒーローというよりは、徐々に正義に目覚めていく、育っていくヒーローといった感が強い。

加えて、続いて紹介するクレアと同じく、沖縄の新しい世代を象徴するごく普通の現代的な若者としての側面も忘れてはならない。たとえば、沖縄では三叉路などの突き当りにある民家の壁に必ずと言っていいほど埋め込まれている「石敢當《いしがんとう》」を、カナイは「イシトリトウ」と読んでしまい、シーサーのケンにあきれられたりする。

琉神マブヤー◉演：知念臣悟

叶（カナイ）◉演：知念臣悟

与那原《よなばる》犬《けん》（ケン）

カナイやクレアのいる福地工房へ迷い込んできた犬である。クレアなどの普通の人間にはただの犬にしか見えないが、カナイには犬のような格好をした変なおじさんに過ぎず、普通に話すこともできる。本人いわく、正体はマブヤーであるカナイに助言を与えにやってきたシーサーの妖精だという。

さて、このシーサー。沖縄といえばすっかりおなじみの獅子像であるが、城門や墓陵、集落の入り口などに据えられる大型のものと、民家の屋根に設置される小型のものがある。これらはともに魔除けを目的とするものであり、その意味ではマブヤーと同じ側に立つ存在であることは言うまでもない。

与那原 犬（ケン）◉演：山城智二

注目すべきは、ケンのキャラクターである。基本的には助言者としてカナイの知らない沖縄の文化伝統について教授する立場にあるが、その過程で振りまかられるのは「笑い」の要素だ。この要素は、『琉神マブヤー』シリーズ全体にまんべんなく散りばめられているもので、このヒーローものを語るうえでなくてはならない重要な要素であることをあらかじめ記しておきたい。

この「笑い」の要素に関しては、その都度ひとつひとつ解説しながら見ていくことにする。

福地《ふくち》紅亜《くれあ》（クレア）

岩次郎の娘で、なかなかのチュラカーギー、つまり美人。カナイに思いを寄せている。カナイもまた恋心を抱いているが、互いに言い出すことはなく、ときに思いはすれ違う。

沖縄の新世代としての印象を強く漂わせ、アクセントも言葉づかいも、沖縄色をあまり漂わせない。たとえば、のちのシリーズで婚礼などの祝いの席で舞う古典舞踊を「かぎやで風《ふう》」と言って、オバァから「かじゃで風」だと笑われたり、内地に行くと言って一度沖縄を離れたりする点など、島を愛しながらも都会へ憧れるごく一般的で現代的な沖縄の若者を象徴する存在である。

福地紅亜（クレア）◉演：桃原 遥

福地《ふくち》岩次郎《がんじろう》

クレアの父親であり、カナイの育ての親、そしてヤチムンの師匠でもある。ふだんは自分の工房で陶芸にいそしみ、カナイに陶芸を教えている。軟なところのあるカナイに対して、まさにその名の通り岩のように頑固な職人気質を見せる。

「ヤチムンは手で作るんじゃない、こころで作るんだ」というのが岩次郎の教えであるが、カナイはなかなかその境地に達することはできない。そんなカナイに対して、ある日岩次郎は、「おまえがやっていることは遊びだ、遊ぶなら海に行け」と言う。このときにカナイは石につまずいてマブイを落とし、マブイグミによってマブヤーがカナイの身体に入り込んだのである。

福地岩次郎◉演：新垣正弘

岩次郎がたびたびカナイを海へと行かせたのは、単なる遊び場としてではなく、海に何か超絶的なものを見出していたからかも知れない。ニライカナイが海の果てにあるという神話が頭をよぎる。

オバァ

村の若者達を暖かく見守る雑貨屋「山城《やましろ》ストアー」の店主。伝統的な沖縄の文化について何でも知っている長老的な存在で、マブイグミの達人でもあり、実際海でマブイを落としたカナイにマブイグミをして、それをきっかけにカナイはマブヤーに変身できるようになる。

浜辺でのマブイグミは、「魂よ、降りておいで」というウチナーグチ（沖縄ことば）の呪文を唱え、背中に少量の砂をかけたあと、背中をパンパン叩くやり方であるが、マブイグミのやり方は多様であり、その詳細については第二話でくわしく述べることにする。

オバァ◉演：吉田妙子

ハブデービル

ある意味、影の主人公と言っていいほどの重要性を持つ、悪の軍団マジムンの首領である。これは、先にも述べたニライカナイの両義性と通底するものであるが、両義性については第二章でもう少し詳しく触れることにする。

影の主人公と言ってはばからない理由は、結果的にマジムンが奪うマブイストーンの意味を彼が一つひとつ解説する役割を担うことになるからだ。手下のクーバーがたずねる。「でも、なんでウチナーグチを話せなくなっただけで、沖縄はおしまいなんですか？」。それに対するハブデービルの答えがすごい。

「いいか、ウチナーグチっていうのは口でできてると思うか。言葉っていうのは心でできてるわけよ。だから、ウチナーグチのマブイストーンは言葉を消すために奪ったんじゃない。ウチナーンチュの心を消すために奪ったんだ」

ここには言語文化がアイデンティティを規定するという社会言語学的な本質が語られている。ふつう、これは子ども向けのヒーローものにおける悪役の口からサラッと出る類のものではない。この点においても、マブヤーがタダのヒーローものでないことがわかるだろう。

ハブデービル◉演：仲座健太

ハブデービルのモチーフが沖縄に多く生息するハブであることは言うまでもない。コブラ以上の毒を持つとされ、沖縄では新任の警察官にはハブ捕獲のための講習が行なわれるほどである。近年噛まれて亡くなる人はほとんどいないようだが、この猛毒を持つハブがマジムンの首領であるということは、処置を誤れば致命的な結果を招きかねないということをも象徴していると言えなくもない。

ハブデービルが重要な存在であることの理由は他にもある。それは、沖縄の「笑い」を代弁している点である。たとえば、悪の軍団マジムンのテーマ曲の歌詞には次のようにある。

我んねーメーナチドゥーカッティ　いくちなてぃんヤナワラバーでー　生まれも育ちもハゴー山　やぐとう口癖「ハゴー！」だばー

我んに気安く近づくと　手足のハブがチラ突くどー

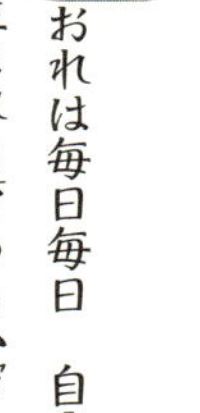

気ぃちきれ　ヤナワラバー　我んもたまには噛まれるさー

標準語に訳せば、次のようになる。

おれは毎日毎日　自分勝手で　いくつになっても悪ガキで
生まれも育ちもハゴー(汚い)山　おれの口癖も「ハゴー(汚い)!」だぜ
おれに気安く近づくと　手足のハブが顔を突くぞ
気をつけろ　悪ガキども　おれもたまには噛まれるぜ

自分の手足に付いたハブに自分自身が噛まれるというのは、何とも間抜けで滑稽極まりない。この滑稽さが、ハブデービルをより身近な存在にしている大きな要素となっている。

では、何故、ハブデービルをより身近に感じることに意味があるというのか。

このことは、先に述べたニライカナイの両義性と大きく関わっている。つまり、マジムンが奪うマブイストーンに込められた沖縄の伝統文化や生活様式、価値観といったものがなくなる原因が、必ずしも悪意や理不尽さによるものではないということ、言い換えれば、進歩や発展という名の下で一般の善良な市民自らの考えや行動ひとつでそうなる可能性もあるということなのだ。

この点で、悪のマジムンは必ずしも悪とは言えない存在となる。あえて悪と言うにしても、それは善なる市民の心のなかに巣食う悪のことであって、つまり、その悪を世に解き放ってしまう可能性は万人にあるということだ。

笑いによって引き起こされるハブデービルへの親近性は、こういった誰にでも起こり得る可能性としての悪への共感を呼び起こし、自らを善と信じて疑わない一般市民と重ね合わせる役割を果たしているという点で、きわめて重要な意味を持っているといえる。

オニヒトデービル

首領が陸の毒なら、副首領は海のギャングともいえるオニヒトデである。

沖縄といえば海、海といえばサンゴ礁。そのサンゴ礁を食い荒らし、「サンゴの破壊者」と異名を持つのがオニヒトデだ。サンゴ礁を破壊する者は、間接的にその象徴するところである沖縄を破壊する者に他ならない。そのような点からも、オニヒトデービルは悪のマジムンの副首領にふさわしいといえる。ハブほど強力ではないが、毒を持っていることも確かである。

オニヒトデービルには、重大な秘密がある。

オニヒトデービルが初めて言葉を発するのは、第十話の「カチャーシーのマブイストーン」のところであるが、それまでの話で生き別れた弟を探しているという実業家が登場する。ムーンジマおきなわ沖縄本店社長の大金城新雷《うふきんじょうにらい》である。ニライという名前ですぐにピンとくることだろう。そう、何を隠そう、彼こそがカナイの兄。つまり、二人合わせてニライカナイなのである。

　重大な秘密とは、じつはこのニライの正体こそがオニヒトデービルだということである。その意味でも第十話の闘いの場面は興味深くもあり、同時に難解でもある。マブヤーはこの闘いで初めてオニヒトデービルに敗れるわけであるが、そのときにニライに戻ったオニヒトデービルが「これからはおれがおまえを守ってやる」と言い、カナイに自分が兄であることを告げる。それを聞いたマブヤー、つまりカナイは倒れたまま、言葉にならない悲痛な叫び声をあげる。

　この場面はいったい何を意味するのか。マジムンの副首領がマブヤーを守るとはどういうことなのか？

　またしても、先に述べたニライカナイの両義性が頭をよぎるが、この点についてはのちに第十二話で詳しく見ていくことにしたい。

森の大主《うふぬし》

チルダイ森に棲む森の主であり、ニライとカナイの関係をよく知るのみならず、マブヤーに対しても重要な示唆を与える役割を持つ。

　二人は赤ん坊のときにこの森に置き去りにされた兄弟であること、弟のカナイは育ての親の岩次郎に拾われ、兄のニライは何者かにさらわれたことを大主は森を訪れたカナイに明かし、オニヒトデービルに敗れたマブヤーを修行へと誘う。

オニヒトデービル・大金城新雷（ニライ）
◉演：平安信行

森の大主◉演：かっちゃん（川満勝弘）

森の大主は言う。「おまえは必要な力はすべて持ってる。力が十分発揮できないのは、心がついて行ってないということよ」。そして、こう問いかける。「おまえは力さえあれば、誰にでも勝てると思うのか」。

それに対して、カナイであるマブヤーは当然だと言わんばかりに「思う」と答える。

さらに大主は、問いかける。「じゃあ、おまえは赤ちゃんに勝てるか」

このような禅問答とも取れるようなやり取りを含めた修行を森の大主はマブヤーに課し、マブヤーを精神的に成長させることにより沖縄の平和を取り戻すための役割を担うのである。

マングーチュ

マジムンのなかの紅一点。その名前からしてマングースがモチーフとなっていることは明白である。

本来は沖縄にいなかったマングースであるが、ハブ被害を減らすための益獣として輸入したのがそもそもの始まりだ。しかし、結果は益獣とは真逆で、ハブを食べないばかりか、食べてはならない貴重な動物を食べてしまうことで、沖縄の生態系をも壊してしまうほど数の増えた害獣と化している。ただ、沖縄観光におけるハブとマングースの戦いは有名で、ハブにとってマングースは天敵であるというイメージは広く定着している。

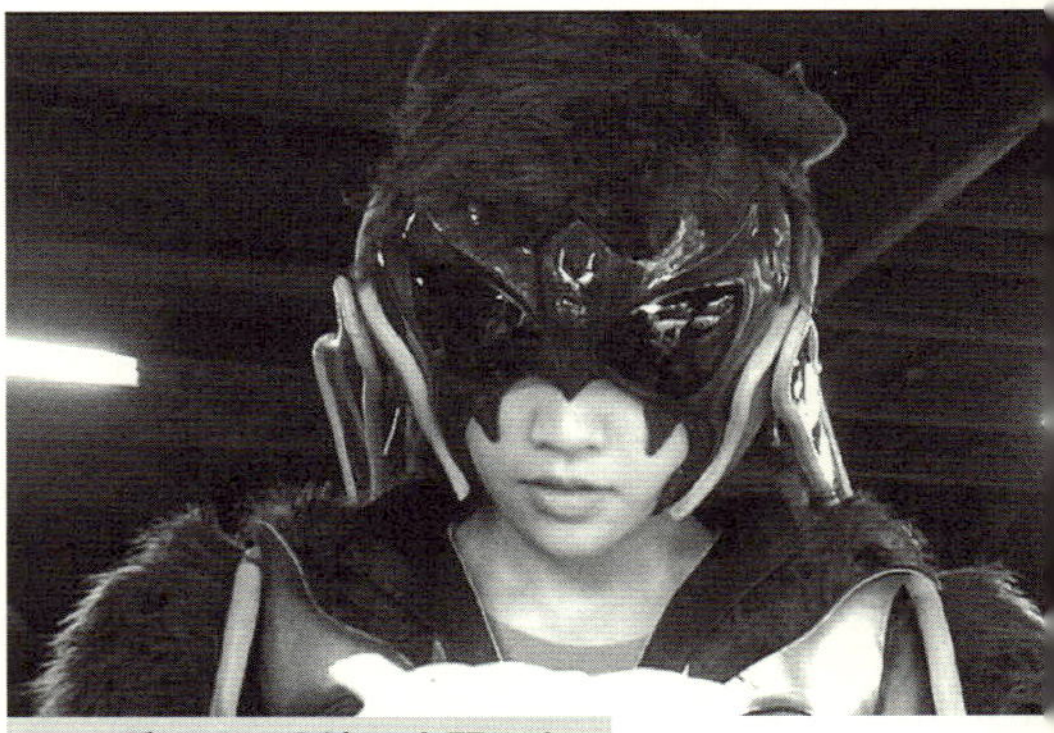
マングーチュ◉演：上門みき

このことはマングーチュとハブデービルの関係にもそのまま反映されている。マングーチュはハブデービルにとっては扱いにくい、苦手な手下であり、他のマジムンのようにハブデービルの命令に常に忠実なわけではなく、勝手な判断に基づく単独行動も少なくない。
つまり、他のマジムン軍団とはある程度距離を置いて接し、まったくウチナーグチを話さないだけでなく、アクセントもまったくの標準語であることからしても、そのアウトサイダーぶりは際立っている。そのせいか、ときにマジムン軍団を裏切るような予期せぬ行動を取ることもあり、またマブヤーにはほのかな、のちにあからさまな恋心を抱くようになる。

クーバー1号／2号

クーバーとは、沖縄の方言で蜘蛛《くも》のことをいう。悪の軍団マジムンの戦闘員である。掛け声は「ハゴー（汚い）」。ほとんどしゃべることはないが、第一話の「ウチナーグチのマブイストーン」のところで、ウチナーグチを奪ったにもかかわらず、相変わらず掛け声がウチナーグチの「ハゴー」であることでハブデービルに突っ込みを入れられるという絶妙なボケを演じる一方で、「でも、なんでウチナーグチを話せなくなっただけで、沖縄はおしまいなんですか?」と、的を射た社会文化的な質問をハブデービルに振り、ハブデービルがマブヤー史上最高と言っても過言ではない例の名セリフを吐くことへと誘導する。

子どもたちにとても人気があり、ウチナーグチを話せない子どもたちがマブヤーを見たせいで自宅などに出没した蜘蛛を指さして、「クーバー、クーバー」と叫ぶ現象が起たらしい。

クーバー1号、2号
◉演：照屋 哉、金城博之（現・ハンサム金城）

第三節 攻撃技

マブヤーのマジムンとの戦い方については、きわめて大きな特徴がある。それは絶対に相手を殺さないことである。

ヒーローものの代名詞ともいえる『仮面ライダー』や『ウルトラマン』では、ショッカーの怪人や宇宙怪獣の最期は死である。ライダーキックやきりもみシュートに吹っ飛ばされた怪人は、だいたいが工事現場のような広場で木端微塵に消えてなくなり、八つ裂き光輪で真っ二つにされた後、スペシウム光線を浴びたバルタン星人は空中で爆死する。

つまり、善と悪の二項対立のなか、死によって悪を消滅させるという構図である。悪は怪人や怪獣といった存在そのものであり、悪をやっつけること、すなわちその存在を消すことこそがヒーローの役割というわけだ。

ところが、マブヤーの場合、悪はマジムンそのものではない。マジムンの存在が悪なのではなく、マジムンが行なう行為が悪なのである。昔からの諺に「罪を憎んで人を憎まず」というのがあるが、まさにそれだ。また、悪はマジムンのみならず、自らを善と信じる者の心にも潜む可能性を残しているからこそ、マブヤーはマジムンを絶対に殺さない。

では、どうやって懲《こ》らしめるのか。

スーパーメーゴーサー

直訳すると「超拳固」。
飛び上がって、青い光の飛沫を放ちながら撃つのが基本型。
第一話から登場した。

技は主に二つ、ひとつはスーパーメーゴーサー、もうひとつはティーダヤーチューである。メーゴーサーとは拳固《げんこ》のことであり、訳せば「超拳固」、ティーダは太陽、ヤーチューは灸《やいと》、つまり「太陽の灸」ということになる。拳固も灸も、いまは懐かしいかつてのお仕置きの代表的手法である。

昔から拳固をやるときに「はぁ～っ」と息を吹きかけることが往々にしてあるが、この理由には諸説あるものの、おそらくは拳固を与える相手、特に子どもたちにけっこう痛い拳固を受けるためのレディネス、つまり心と身体の準備をさせる役割があったと考えられる。同時に、若干の間を入れることで、もう二度としまいという反省の猶予を与えるという絶妙な効果もある。

灸もまた同じ本質を持つ。かつてはお灸による家庭医学的治療が日常的であった時代があったが、その日常性が産んだお仕置きの一つである。悪いことをすると、手の甲にもぐさを載せられ火をつけられたり、お尻に仏壇の線香の火を押しつけられたりする。しかし、多くの場合は、やるという脅しだけで実際にすることは少なかった。かりに一度はしても、執拗に繰り返すというのはいわゆる虐待の域に入り込むことになり、しつけの範疇からは遠ざかる。つまり、灸は熱い、熱いのは怖いという子どもなりの想像の連鎖が、「灸を据える」という口だけの警告で十分な威力を発揮したわけである。

もうひとつ、忘れてならないのは、拳固も灸が行なわれる方向性は、必ず「大人から子どもへ」、言い換えれば、「成熟した者から未熟なものへ」であるという側面だ。心身ともに成熟した大人が、いずれも未熟な子どもに対して、物の道理や事の善悪を教えることこそが、拳固や灸の唯一無二の目的なのである。

マブヤーのスーパーメーゴーサーもティーダヤーチューも、まさにこれらの本質や側面を踏襲した攻撃技に他ならない。マジムンとて、親から生まれた貴重な命、そのキャラクターからして自然を代弁していることも明らかである。そんなマジムンに対して、罪を憎んで人を憎まず、改心さえすればそれでいいという思いから、殺すということはけっしてしないで、お仕置きにとどめておく。

先祖崇拝の盛んな土地柄からしても、縦社会の意味と機能が浸透している沖縄の社会文化を色濃く反映させた攻撃技であり、そこにはかねてより度々触れているニライカナイの両義性を底流に含んだ『琉神マブヤー』という作品の根幹に関わる重要性が色濃く反映している。

ティーダヤーチュー

直訳すると「太陽の灸」。
指笛を鳴らし体をひねって撃つ。
第六話で初登場。
またその回ではカナイがクレアのために、
ティーダヤーチューを花火として打ち上げた。

第四節

各ストーリーの詳細とポイント

プロローグ

最初の場面は、カナイが草むらに倒れているところから始まる。なぜそこに倒れていたかわからないまま、カナイは山城ストアーのオバァの所へ行く。オバァは「いじめ」られたんじゃないか、「である！」[5]とカナイをはやすが、身体の節々を痛がるカナイはその理由が答えられない。そこへクレアがやってきて、カナイが三日も行方不明だったことが明かされる。

三日も留守にしたカナイを岩次郎は厳しくとがめるが、その理由として「出産の立会い？」とか「免許更新？」といった古典的なボケをかまし、クレアとカナイに「いやいやいや」と突っ込まれる。

この笑いの要素は、小那覇舞天《おなはぶーてん》[6]や照屋林助[7]から今に至る沖縄における笑いの意味と機能を本質的に受け継ぐものであり、勧善懲悪を基盤とするヒーローものでありながらも、そこかしこに笑いが散りばめられている点が、シリーズ全般を通しての大きな特徴となっている。この点については、追々詳しく触れることにする。

5 そうに違いないと断定するときのウチナーグチ。若干、笑いの要素が入る。
6 おなは・ぶーてん（1897～69年）。沖縄県出身の演劇人、歯科医師。本名は小那覇全孝。「沖縄のチャップリン」と称された。
7 てるや・りんすけ（1929～2005年）。沖縄の音楽家、漫談家。戦後の娯楽・芸能をけん引した沖縄ポップカルチャーの第一人者。愛称は「テルリン」。

第一話

「ウチナーグチのマブイストーンがデージなってる」

森のなかに登場するのは、悪の軍団マジムンの首領ハブデービル。地図を片手にウチナーグチ（沖縄言葉）のマブイストーンを探し当てた彼は、いつものように「シャーシャッシャッシャッシャッ」と高笑いをしながら言う。「これで沖縄の連中はウチナーグチが喋れなくなるぞ」。

　次の場面は例のオバァが経営する山城ストアーの前。オバァと近所の青年が挨拶を交わしている。「はいさい！　オバァ。ちゃーがんじゅーね？」[8]「はぁ、もう、オバァはちゃーがん……」と言ったところで、奪われたマブイストーンの影響が出る。オバァの言葉遣いが急に変わるのだ。

「ええ、あたくし、元気ですのよ。暇なときにはフィットネスクラ～ブで汗をかいてますから」

「あぁ、そうですかぁ。それは何よりです」

　そこへ別の若者が通りかかる。

「おぉ、宮城君、どこに行くんだ？」

「ちょっと野暮用でさ」

「達者で。今日も入道雲がでかいやぁ」

8　漢字で書くと、「常頑丈」。いつも元気だという意味。

　最後はオバァ。

「ほ～んと、よいお天気だこと。おほほほ」

　そして、次の瞬間、ストアーの壁に掛けてある「めんそーれ」の看板が、「いらっしゃいませ」に変わる。

　この置き換えは、単にウチナーグチが標準語になったというのではなく、いかにも東京ではこういう言い方をするのではないかという、ステレオタイプの東京イメージを示す意図が込められている。その言い回しが正しかろうが間違っていようが、そんなところに焦点はない。都会の連中がいかにも使いそうな、ややもすると鼻に付くその言い方を、彼らのイメージ通りそのままに置き換えることで、逆に都会が意図せずにして放つイメージを揶揄《やゆ》しているところに笑いがある。

　つまり、つねに周辺化され、客体化されることで揶揄の対象となってきた沖縄が、『琉神マブヤー』のこの第一話目にして、中心である東京を揶揄し返したのだ。したがって、この置き換えの滑稽さは、沖縄のそれではなく、むしろ東京のそれなのである。ウチナーグチが沖縄からなくなることでアイデンティティの危機感を示すという沖縄の意識と、結果的には東京を笑い飛ばす沖縄、いや沖縄のみならず、周辺であり続けるすべての地方道府県の無意識が、見事にコラボレートした意味深長な置き換えだと言ってもいいだろう。

　そして、早くもここでシリーズ上最高傑作ともいえる、思わず

山城ストアーの前で会話するオバァと近所の青年。劇中にしばしば登場するこの青年を演じているハンサム金城（当時のクレジット表記は金城博之）は、クーバー２号の「中の人」でもある。

唸ってしまう名台詞がハブデービルの口から出るのである。

何気のベストタイミングで、手下のクーバーがたずねる。

「でも、なんでウチナーグチを話せなくなっただけで、沖縄はおしまいなんですか？」

ハブデービルが答える。

「いいか、ウチナーグチっていうのは口でできてると思うか。言葉っていうのは心でできてるわけよ。だから、ウチナーグチのマブイストーンは言葉を消すために奪ったんじゃない。ウチナーンチュの心を消すために奪ったんだ。シャーシャッシャッシャッシャッ」

言葉は心でできている。何と哲学的な響きか。この単文に伝統や精神、社会やアイデンティティといったものがすべて集約されていると言っても過言ではない。星の数ほど作られた日本のヒーローもので、そんな深い台詞《セリフ》を吐ける悪役がかつていたであろうか。ハブデービルの笑いを多用するキャラクターが、かえってこの台詞を際立たせ、ハブデービルへの半ば尊敬の念にも似た親近感を呼び起こすのである。実際、筆者が取ったアンケート[9]においても、マブヤーと並んでハブデービルの人気が飛び抜けて高かったこと、そして、とくに大人に人気があったことは、そのことを裏

9　アンケートは2011年10月29日、30日の両日、『琉神マブヤー The Movie 七つのマブイ』の先行上映に合わせて、北谷町ミハマ7プレックス前にて行なった。詳細については、巻末に資料として掲載しているので参照のこと。

付けている。

　さて、このあとカナイがマブヤーに変身し、無事ウチナーグチのマブイストーンを取り返すことで沖縄にウチナーグチが戻ってくるわけであるが、カナイのマジムンへの対応にも笑いが伴う。マジムンにいじめられている青年を遠くの歩道橋の上から眺めながら、「はっ、何アレ？　怪物？　どうしよう？　デージ恐い！」と言って助けるのを躊躇するのだ。しかし、カナイのなかに入り込んだマブヤーの魂は勝手にカナイを変身させてしまう。

　こうして徐々に悪と対峙するマブヤーとしての自覚に目覚めていくカナイ。これは最初から出来上がった完全無欠なヒーローの姿ではない。庶民と同じ目の高さで「育っていくヒーロー」のそれである。笑いの効果も含め、何のどんな点が悪なのかを探りつつ徐々にヒーローとなっていく点もまた、特徴の一つと言えるだろう。

　さて、このあともう一つ大きな展開がある。それはケンの出現である。ケンはカナイにマブヤーとの関係を理解させる役割を果たすシーサーであるが、通常は犬の姿でカナイのいる福地工房の辺りをうろついている。カナイとだけは人間のように会話できるが、普通の人の目にはただの犬にしか見えない。

　このケン、登場当初から笑いが炸裂するわけであるが、当初はケンの存在が理解できずに逃げ惑うカナイをケンが追いかける場面には、チャップリンやバスター・キートンをすぐさま想起させるピアノ音楽が流れ、コミカルさを増幅させる役割を果たしている。

第二話　「マブヤー誕生でデージなってる」

　第一話の最後に登場したシーサーのケンは、カナイに起こった三日前の出来事を思い出させる。

　三日前、ヤチムン（焼き物）をひねっていたカナイは、岩次郎に「おまえがやっているのは遊びだよ。遊ぶんだったら海に行け」と言われて浜へとやってくる。そこで出会った山城ストアーのオバァに「マブイを落としている」と言われ、マブイグミをしてもらう。

　前にも述べたが、マブイグミとは、転んだり、溺れたり、驚いたりといったショックで身体から魂が遊離（マブイウティ、魂落ち）したのを、取り戻すために行なう呪術のことをいい、年配の女性がこの役割を担うことが一般的である。

「マブヤ、ウーティクーヨ、マブヤ」（魂よ、追いかけておいて、魂よ）

　山城ストアーのオバァはそう言って、浜辺の砂を少しつまんでカナイの背中に降《ふ》りかけては、呪文を繰り返し唱える。そして、見事にマブイグミを成功させる。

　ここまでは、世代を経て受け継がれてきた伝統行事への畏怖、畏敬の念がその場を覆い、儀式には清廉な緊張感が漂うが、マブイグミが終わったとたんのオバァの一言がまた傑作である。

「今日のマブイグミは久々に手ごたえがあったさ！」

そう言って、ガッツポーズをとるオバァ。マブイグミという伝統文化が人びとの生活にいかによく溶け込み、日常的なものであるかを示す証拠だ。神妙さと笑いが、つねに同居している。それが人間と文化の関わり様を考えるうえで重要な示唆を含んでいることを直感的に感じさせるはずだ。

一般に伝統や文化と言っても、形だけのリチュアル（儀礼・儀式）であるものも少なくない。それどころか、保存のためだけという伝統文化さえあり、それらは日常の生活とは直接的には関わらないことがほとんどである。つまり、人びとの生活という実存とは無縁の、無機的で形骸的なものでしかない。残念ながら、そこに笑いはない。副産物としてのそれはあったとしても、その文化そのものがわれわれの精神を揺さぶり、本質的な笑いを生み出すことはないのである。

マブイグミに象徴される沖縄の伝統文化はそうではない。単なる儀式でもなければ、保存のための文化でもない。いまでも人びとの日常にしっかりと根を下ろし、生活を潤す大切な機能を持っている。つまり、有機性に富むものなのである。オバァのコミカルさに透けて見えるのは、まさにこの伝統文化の日常性と有機性であって、そこにこそ笑いは生まれるのである。

オバァにマブイグミをしてもらったカナイの身体には、なぜか

自分が犬ではなくシーサーであることを力説するケン。しかしカナイにはケンが、自分のことをシーサーだと思っている、犬の格好をしたオジサンにしか見えない。

砂をつまんでカナイの背中に降りかけながらバンバンと叩くことで、カナイにマブイグミをほどこすオバァ。

琉神マブヤーの魂が入り込む。そのことを知らずに浜辺で呆然とするカナイ。そこへハブデービル率いるマジムン軍団がやってきて、オバァと彼氏をいたぶりはじめる。ちなみにこのシリーズではほとんどの場合、オバァには常に若い彼氏がいる。イケメンをはべらし、「ハニー」と呼ばせてしまうオバァ。この奇妙な組み合わせは、これまた一見沖縄式のお笑いのネタのように見えるが、その実、沖縄女性のたくましさ、凛々しさ、豪快さがいくつになっても失われないことを暗示する装置と化していることを忘れてはならない。

さて、カナイの意識はあくまで普通の人間のそれなので、マジムンを見て怖がり、二人を助けたいがどうしようかと迷う。次の瞬間、カナイは勝手にマブヤーに変身する。しばらく闘った後、急にマブヤーが苦しみはじめ、まずはマジムンが、続いてマブヤー自身が天高く飛んで行ってしまう。そして、まる三日間、マブヤー、いや、カナイは草むらに倒れたまま気を失うのである。

この場面をどう解釈するかは、さほど重要ではないかも知れない。ただ、ヒーローの魂を宿したカナイが、その自覚もなく、また強力な能力もコントロールできないことによる混乱と見て取ることもできよう。この混乱は、すでに述べた「育っていくヒーロー」、「庶民の感覚を持ったヒーロー」としてのマブヤーの重要な側面を強調するうえで、むしろ効果的な混乱として解釈するのが適当かも知れない。

第三話
「石敢當《いしがんとう》のマブイストーンがデージなってる」

カナイがマブヤーの魂を宿してから数日後、今度はマジムンが石敢當のマブイストーンを盗んでしまう。石敢當とは、

> 中国起源の除災招福の石版で、時代を下ると駆邪が目的となる。中国での起源は不明であるが、石に対する信仰にもとづき、災厄を除く意味を明示するために、石敢當と刻んだといい、中国古代の武人名とするのは俗説とされる。―中略―中国では地域により造立場所は異なり、村落の入口、池辺、四辻、T字路の突きあたり、路傍、家の門前や一角など多種多様である。沖縄での造立場所はT字路や三叉路の片隅が多く、道の突き当りが一般的である。ときおり四辻にも立てる。その理由として、人の足先が悪く、その蹴り入りを防ぐために、ヤナカジ（悪風、邪気の意味）を防ぐために設置するとされる。悪ゲーシ（悪返しの意）などとも呼ばれる。[10]

つまり、石敢當とは沖縄、かつての琉球の中国との関係を強くほうふつさせるものであるとともに、古くから伝わる「魔除け」

10 『沖縄民俗辞典』、pp.23-4

街角にある魔除けの石敢當は、マジムンたちとって目障りで頭痛の種。

として広く信じられている重要な伝統文化なのである。

にもかかわらず、ストーリーはカナイが石敢當を、「いしとりとう」と読みあぐねている場面から始まる。隣でチューチュー[11]を吸いながら聞いていたケンがたまらず、あれは「いしがんとう」と読むのだと助け舟を出す。むろん、カナイに石敢當の意味がわかるはずもない。そんなカナイにケンは呆れ顔で説明する。

先の辞典には俗説とされるとあるものの、一般的には広く沖縄の人びとに浸透しているように、ケンは石敢當とは昔の勇者の名前で、その名前にあやかった魔除けであることをまずは告げる。そして、台風の被害や交通事故に遭わないようにとか、直進しかできない魔物を封じるために、三叉路などの突き当りに置いて災いが入ってこないようにするのだと教えるのである。

そして最後に、ウチナーンチュならばそれくらい知らないと「恥《ハジー》」だと言ってカナイを諭す。古臭いものとして伝統が隅へと追いやられる一方の近代社会において、それを軽視することが恥であるということを高らかと、いやごく当然のこととして訴えかけるところなどは、やはりこの物語がただのヒーローものではないことをあらためて感じさせる。

さて、石敢當のマブイストーンを奪い、沖縄じゅうに災いがあふれまくると喜ぶハブデービルの横で、マングーチュがさりげなくたずねる。「なんで沖縄にはこんなに石敢當があるわけ、あっちこっちに?」

ハブデービルは答える。

「石敢當っていうのは魔除けだわけよ。この石敢當には沖縄じゅうが平和になりますようにという願いが込められているわけさ。シニハゴー(超気持ち悪い)だろ⁉」

最後はマジムンらしいセリフで締めくくったものの、それまでのハブデービルの説明の仕方には、沖縄への愛情すら感じさせる響きがある。ヒーローのマブヤーであるカナイは石敢當の意味どころか、読み方すら知らなかったのとはきわめて対照的に、悪の

11　細長い透明のビニールの筒に入った果汁ゼロの色つきジュースで、よく凍らせて「チューチュー」吸うところからこの名がついた。

マジムンであるハブデービルが石敢當の意味を説明するという、何ともあべこべな展開もまた、ニライカナイの両義性とも関わって、『琉神マブヤー』シリーズの根幹をなす特徴だといえる。

さて、マジムンによって石敢當のマブイストーンが奪われたことで、ケンやカナイの目の前で石敢當の石版が次々と消えていく。ちょうどその頃、福地工房から外へと出かけるクレア。その後ろを猛スピードで突っ込んでくる車。石敢當のマブイストーンが盗まれたゆえに起きた災いだ。危うく轢かれそうになるところを、マブヤーに変身したカナイが助ける。ここで初めてマブヤーのヒーローを自覚したようなセリフである「タッピラカス！」が出る。タッピラカスとは、「畳んで平らにする」というニュアンスからくる「叩きのめす」という意味である。

しかし、その直後にもまた笑いが入る。さっき片手で突っぱねて止めたばかりの車をマブヤーがしずしずと交通整理して右折させるのだ。その姿をにぎにぎしく見ているマジムンたち。その片隅で、マングーチュはこのとき初めて目にするマブヤーを「カッコイイ〜」と叫び、うっとりすることをはばからない。そして、始まる闘い。あっという間に「スーパーメーゴーサー」でお仕置きをされるクーバーたちを連れて逃げ去るハブデービル。同時に、石敢當のマブイストーンは取り戻され、石敢當は元あった位置へと戻る。そして、沖縄は今まで通りふたたび石敢當に守られた平和な島へと戻るのである。

第四話
「テーゲーのマブイストーンがデージなってる」

クレアが厳しい口調で電話の相手に話しかけている。

「ダメダメ！　これはビジネスなんですから、一度約束したことは守ってもらわないと。言い訳は聞きたくありません！」

そう言って電話を切ったクレアが、ため息混じりにぽつりと漏らす。

「まったくテーゲーなんだから〜」

聞けば、福地工房が焼き物を卸す今度の取引先の相手がとても「テーゲー」なのだという。テーゲーとは、

大概、だいたい、おおよそ、程ほど、適当のこと。ものごとを深刻に突きつめて考えない態度や精神を表わす沖縄の方言[12]

であり、説明は、沖縄には「沖縄《ウチナー》タイム」と呼ばれる、ゆったりとした時間感覚があり、かつては会合や行事の開始時間が一時間から数時間単位で遅延することがあったと続く。筆者の経験では、それは過去の話ではなく、今現在もなお、同じように沖縄タ

12 『沖縄民俗辞典』、pp.350-1

イムは存在している。筆者は「三時間遅れの文化」と勝手に名付けていて、大学の集中講義の打ち上げなどはそもそもの始まりが九時頃、盛り上がってくるのは深夜零時、お開きは朝の五時ということに、当初は面食らったものだ。しかし、誰一人として機嫌を損ねたり文句を言ったりする者はおらず、また全員が集まらないと宴が開かれないわけでもない。来た者から順に勝手に飲み食いをはじめ、来ている者同士で話に花を咲かせるのである。逆に、途中で抜ける者もいて、その場合も誰もまったく気にする様子もなく、いる者同士の「ユンタク」[13]は相変わらず盛り上がったまま続いていく。

　この「気にしなさ」は、まさに沖縄のテーゲーの気質によるものである。言い換えれば、ある一定の道徳倫理的な領域内であれば、寛容に受け入れたり、気にせず流したりするのがテーゲーという気質なのだ。

必ず良いヤチムンをつくるとは約束できないから自分も「テーゲー」だ、とクレアを優しく諭す岩次郎。

　ピリピリするクレアが取引先に文句を言いに出て行くのを見送りながら、カナイは独り言を言う。「なんだ、あいつ、偉そうに。ウチナーンチュはテーゲーでいいばょ」。カナイにしては珍しく、わかった風な口である。しかし、そこは鋭く岩次郎がばっさり切り捨てる。

「おまえのはテーゲーじゃない。いい加減！」

　つまり、テーゲーといい加減はちがうというのだ。そして、まさにここがツボなのである。この点については、後ほどまたあのハブデービル親方がうまい具合に触れてくれるので、そのときまで待とう。

　さて、文句を言いに出かけたクレアだが、そっちこっちでウチナーンチュのテーゲーさに出くわし、幻滅を重ねる。クレアにとって、沖縄のテーゲーは良くないことであるようだ。

13　一般に「お喋り」と訳されるが、「よむ」の系統の語彙。ただべらべら喋るというのではなく、日常的な語らいという意味合いが強い。

同じく、ケンに促されて外出するカナイ。ケンは何か良くないことが起きそうだと言う。そして、二人が若者たちとすれ違ったとき、若者のひとりが「テーゲーだけは絶対に許せん」と言うのを聞いて、ケンは「テーゲー」のマブイストーンが奪われたことに気づく。

外出中のクレアの目に、キッチリカッチリ歩いている人びとの姿が飛び込んでくる。そして、その先にはマジムンが。ハブデービルはうれしそうに叫ぶ。

「これで沖縄からテーゲーがなくなったぜぇ」

それを聞いたクレアは、「すごい」と喜ぶ。と同時に携帯が鳴り、クレアは驚きの声を上げる。その理由はまたあとにして、ここでハブデービルが重要な発言をする。

「規則正しいっていうのは気持ちいいなぁ」

すると、手下のクーバーがまた絶妙な突っ込みを入れる。

「でも、親方。テーゲーがなくなって良かったんですかぁ?」

そう聞かれたハブデービルは、「わん（おれ）、良いことしたのか？ ま、いいか」とちょっと戸惑うのである。つまり、この戸惑いこそ、先に述べたテーゲーといい加減はちがうという岩次郎の言葉の意味とつながっていく。クレアが感じるようなテーゲーはまさにいい加減という意味であり、ハブデービルが戸惑う通り、テーゲーを奪ったのは「良いこと」をしたことになる。だからこそ、クレアは「すごい」と喜んだのだ。

しかし、正しいのはやはり岩次郎だった。テーゲーとは、「ものごとを深刻に突きつめて考えない精神」なのであり、その精神の価値を誰より一番強く痛感することになるのは、他の誰あろうクレアなのである。さっきの電話は、クレアの手違いで注文の数が違っていたためにキャンセルするという電話だったからだ。

さて、テーゲーのマブイストーンを巡って、いつものようにマブヤーに変

道行く人たちみんなが手を振って足を上げ、並んで“行進”する様子を見て盛り上がるマジムン軍団と、それがマジムンのしわざだと気づくクレア。

身したカナイはマジムンたちと戦う。そして、マブヤー、いやカナイのウチナーンチュとしてのテーゲーさが戦いにも出る。クーバーに対して、スーパーメーゴーサーを発動するとき、今回に限っては「スーパー！」としか言わなかったカナイ。それに対して、ハブデービルは文句を言う。

「ちょっとぉ！　タイム、タイム。スーパーの後にメーゴーサーまで言ってから撃って！」

するとカナイ、いやマブヤーは空を指さし、「暑いから短縮！」と答える。

呆れ顔のハブデービルは一言。「シニテーゲー（超テキトー）！」

こうして、またマジムンをやっつけたマブヤーとケンは、テーゲーのマブイストーンを無事取り返し、沖縄にテーゲーの精神を復活させる。

テーゲーをいい加減だと言って偉そうに腹を立てていたクレアだったが、いざ自分が注文で手違いをしてしまったために岩次郎に会わす顔がない。縮み上がって父に謝るクレア。すると、岩次郎は言う。

「なんで？　間違いでしょ。いいよ。テーゲーさ、テーゲー」

それを聞いて安心したクレアは、急に岩次郎のヤチムンをほめそやすが、逆に岩次郎に「おまえも相当テーゲーだな！」と笑われるのである。

第五話
「エイサーのマブイストーンがデージなってる（前編）」

エイサーといえば、沖縄のお盆。沖縄は旧盆なので、その日にちは年によって八月上旬から九月上旬までの間で移動する。沖縄の盆についての詳細は以下のとおりである。

旧暦七月十三〜十五日（地域によっては十六日）に行われる祖霊祀り。ブンともいう。一般に、沖縄諸島ではシチグヮチ（七月）、宮古ではストゥガツ（七月）、八重山ではソーロン（精霊）と呼ばれる。しきたりには地域差があるが、大まかには次のとおりである。旧暦七月七日の七夕の日、墓を掃除して花や酒を供え、線香を焚き、盆が近づいたことを先祖に告げる。十三日のウンケー（お迎え）は、先祖の霊を迎え入れる日で、仏壇や位牌を清め、生花や果物、提燈やグーサンウージ（祖霊の杖となるサトウキビ）のほか、アダンの実など六〜七品の供物を仏壇に飾る。また祖先の霊と一緒にやってくる悪霊のため、仏壇の片隅にミンヌクー（水の子、芋など野菜を細かく刻み水に浮かべたもの）を供える。夕方には門の両脇で迎え火を焚き、家族一同で先祖の霊を迎え入れる。十四日のナカヌヒー（中の日）には三度の食事を仏壇に供える。この日には親戚の仏壇をまわることが多い。十五日のウークイ（お送り）は、先祖の霊を送り出す日である。夜が更けてから家族一同で仏壇を拝み、水を張った容器で紙銭（カビジン）[14]を焼き、供物の一部や生花をそこに入れ、ミンヌクーと一緒に門外へ出して線香を焚き、霊を送り出す。以上は家族の行事だが、盆の期間中、集落の行事も行われる。沖縄諸島ではウシデーク[15]やエイサー、村芝居など、宮古では綱引きやクイチャー[16]など、八重山では盆アンガマ[17]などがある。[18]

この旧盆において、先祖の霊がこの世に帰ってきているときに祖霊供養のために踊られるのがエイサーなのである。ウークイ[19]の夜に踊られることが多く、青年会を中心とした若者の集団が三《さん》線《しん》の音楽に合わせ、太鼓を打ち鳴らしながら踊り進み（道ジュネーという）、道沿いの家々をまわる。まずは念仏歌を演唱し、続けて数曲の民謡を演舞する。太鼓のリズムと三線の伴奏、指笛に合わせて、「エイサー、エイサー」「ヒヤサーサー、スリサーサー」などと掛け声をかける沖縄ならではの夏の風物詩である。今回はそのエイサーのマブイストーンが奪われる。

カナイとケンが広場に入っていくと、青年会の連中がエイサーの練習をしている。話によれば、このところカナイはエイサーには参加していないらしい。「参加しないんだったら帰ったら？」と冷やかされるカナイを団長がなぐさめる。

「みんなクレアのファンなわけよ。一緒に住んでるおまえを羨ましがってからよ。変な態度取るわけさ～」

「クレアって、おれ別に関係ないっすから～」とはぐらかそうとするカナイだが、うっとりした視線は皆に冷たいお茶を配るクレアにしっかりと注がれている。団長は、カナイの指笛は最高だから気が向いたらいつでも参加してくれとエイサーに誘う。それを横で聞いていたケンが、素直になれとカナイを諭す。ケンの理屈はこうだ。素直になれば、エイサーに参加する。エイサーに参加すれば、彼女ができる。つまり、クレアとも付き合えるということらしい。なぜなら、沖縄のカップのほとんどはエイサーで誕生しているからだという。いわゆる「旧盆カップル」、つまり「ウークイラブ」と、ケンは名づけているらしい。ケンによれば、旧盆

14　一般的には「ウチカビ」と呼ばれる、先祖があの世で使うお金のこと。お盆が近づくと沖縄じゅうのスーパーや商店の店先に並ぶ。

15　沖縄諸島の民俗芸能。シヌグ、ウンジャミ（海神）などの豊饒祈願祭祇の神事の後、ムラの婦女子によって踊られる集団舞踊（『沖縄民俗辞典』p.48）。

16　沖縄宮古諸島の芸能。歌謡と舞踊があり、本来は神への祈りのためのものであったが、村落成員の長寿や子孫の繁栄、結婚といった生活書面の喜びを表現する芸能へと拡がって行った。

17　八重山諸島に伝わる、集団で練り歩き、所作をする行事。家々を回って、念仏謡をうたって巻踊りをして、仏壇の前で歌舞音曲を演じて祖霊の供養をする（『沖縄民俗辞典』、pp.18-9）。

18　『沖縄民俗辞典』、pp.466-7

19　お送り、つまり旧盆最終日のこと。

には祖霊を慰めるという表のテーマのほかに、もうひとつ裏テーマがあるという。それは子孫繁栄。

すぐにケンは最後のは嘘、冗談だと訂正し、この部分はお笑いの一部と化すわけであるが、発想としてはまんざらまったくの嘘とも言い切れない。というのは、ジェームズ・フレイザー[20]も『金枝篇』でその本質に触れているように、洋の東西を問わず、祭りの元来の主題は豊穣への感謝、祈りであり、そこには生命の死と再生というテーマが切り離せないものとして横たわるからである。つまり、先祖への慰霊行為と子孫繁栄とが同時並行で行なわれる機会、空間が祭りなのだとすれば、エイサーもまた立派な子孫繁栄のための機会であり空間なのである。

ケンの言う「旧盆カップル」も「ウークイラブ」も、実は沖縄では広く認知されているものではないかと推察される。というのは、沖縄にはモウアシビ（毛遊び）の伝統があったからだ。モウアシビとは、

> 沖縄の諸村落において第二次世界大戦前まで行われていた青年男女の夜間野外での集団的交遊の一形態。モーとは原野のことで、それに毛の字をあて、毛遊びと書くのが通例となっている。モーではなく、浜辺で行う村落では浜遊びとも称した。未婚者のみ参加し、一村落内で行うこともあれば、数村落にわたることもあった。ふつう、男女が車座になり、三味線の上手い男性と歌の上手い女性を真ん中にして、歌舞を楽しんだ。夜なべ仕事を終えた後、明け方までほぼ毎日のように行われたが、常に同じ顔ぶれがそろったわけではない。モウアシビで意気投合した男女が性関係を持ち、女性方への通いの期間を経て、結婚に至る事例が多かった。しかし、それは婚姻当事者の意志が比較的尊重される平民百姓の村落においてであり、士族においてはより親の意志が強く働いたので、必ずしも結婚に至るとは限らなかった。また士族の村落はモウアシビへの参加を厳禁する例もあった。風紀上、教育上悪いという理由で、官憲の取締りにあい、早いところでは明治時代に、遅いところでも一九三〇年代後半にはおもてだったモウアシビは姿を消した。しかし、一部の地域においては第二次世界大戦以後もしばらくは行われたようである。[21]

このようなモウアシビが行なわれる場所をアシビナー（遊び庭）と言ったが、エイサーやほかの祭りが繰り広げられる空間もまた一種のアシビナーにほかならず、その意味ではエイサーは男子同士、女子同士、そして男女交遊のための重要な空間であったといえる。

そんなエイサーの空間的な機能を知ってか知らでか、クレアは、

20　イギリスの社会人類学者、１８５４~１９４１年。

21　『沖縄民俗辞典』、p.515

パーランクー（小太鼓）の使い方がわからなくなったエイサーの青年団。「（バチの上に載せて皿回しのように）クルクル回すんじゃないか？」と思いつきを口にして、「こんなんじゃ夏来ないですよ！」と即否定される。

踊れず、太鼓も叩けず、音感もゼロで、今年も参加しないと言うカナイに、下手でもいいから気にせずに参加すればいいと励ます。

そんなエイサーのマブイストーンを奪うマジムン。池のほとりで、マブイストーンを手に入れたハブデービルたちは歓喜の雄叫びを上げる。

「これで青年会も全滅ですね～」とクーバー。

「それどころか、ご先祖様もウークイできないぜ～」とハブ親方。

やはり、ハブデービルのセリフには、どうしても耳が行ってしまう。エイサーが先祖をあの世へ送り返すための重要な祖霊行事であることを教示する役割、悪のマジムンのくせに先祖をちゃんと「ご先祖様」と呼んでいる点のお笑い加減、これらはいずれも絶妙なのである。

さて、エイサーのマブイストーンが奪われて、青年会の連中は混乱する。太鼓の使い方がわからない、踊り方もわからない。エイサーそのものを忘れてしまうのだ。そこへマジムンたちがやってきて、ちょっかいを入れる。慌てて駆けつけるカナイだが、マングーチュの蹴りに気を失ってしまう。気が付いたカナイはマブヤーに変身し、マジムンたちを追いかける。

ここで、マジムンでは初の武器が登場する。「マジムン三線」である。マジムン三線とは、三線を引いた音波でマブヤーの脳を苦しめ、動けなくしてしまう武器である。再び気を失ってしまうカナイ、そしてマブヤー。マジムンの手によって処刑場へと運ばれる。

第六話

「エイサーのマブイストーンがデージなってる（後編）」

処刑場である海の岩場へと運ばれたマブヤーは、変身が解けてカナイに戻り、カナイは鎖ではりつけにされたまま波打ち際に放置される。身動きの取れないカナイに、荒波が容赦なく打ちつける。やっとのことで片手をはずしたカナイは、指笛でケンを呼び、ケンに助けられる。

ちんびん[22]を食べながら一息つくケンに、カナイは助けてもらった礼を言う。そのとき、ケンは大事なことを教える。

「いいか、自信を持つことはいいことだけど、でも過信はするな。いまのおまえはただのうぬぼれ屋さんだよ」

力を過信してはいけないという、ヒーローとしての重要な心構えをケンは教えたのだ。それは、ときにうぬぼれ、失敗することもあるというマブヤーの人間的な側面を強調するものでもある。人は誰も己に対して謙虚でなければならない。そうなることで初めて、自己としての主張も、他者との共存も可能となるのだから。

場面はふたたび、エイサーを忘れてしまった青年会の団員達の会話へと戻る。このままだと彼女もできないと嘆く若者たち。そんななかで、ある青年がこう問いかける。

「でも、考えてみてください。エイサーがなくなっても、別にいいんじゃないすか？　だってご先祖様が来なくても、誰も気にしてないさ～」

それに呼応して、もう一人が言う。

「おれ去年よ～、仕事が忙しくてエイサー参加できなかったさ。だけどよ、全然バチ当たってない」

そして結局、今年はエイサーなしで済ませようという結論に達する。その様子を陰で見ていたマジムン軍団。今回こそは自分たちの勝利だと、祝杯を挙げようと誘うハブデービルだが、ここでも一発ギャグが入る。「いつもはＣランチだけど、きょうはＢランチでもいいからさ～」。喜ぶクーバー1号と2号。しかし、喜び勇んで帰途に着くマジムンたちの前に、ふたたびマブヤーが現れる。

またもやマングーチュのマジムン三線にやられそうになるマブヤーだが、すきを見てケンがエイサーのマブイストーンを取り返した途端、遠くから聞こえてきたエイサーの太鼓の響きに掻き消されるように、なぜかマジムン三線が効かなくなる。うろたえるマングーチュに対してマブヤーのティーダヤーチュー（太陽の灸《やいと》）が炸裂、マングーチュは吹っ飛ばされる。ちなみに、ティーダヤーチューの熱を集めるためマブヤーが毎回吹くのが指笛であり、それはカナイが青年会の団長から「デージ最高」と言われたもので

22　小麦粉を水で溶き、鉄板で薄く焼き、黒糖を溶かしたものを巻いた沖縄のお菓子。

ある。

闘いが済んで家路に着くカナイとケン。

ケンは言う。

「エイサーがなくなると、ウヤファーフジを思いやるこの気持ちっちゅうのが沖縄からなくなるからな～」

ウヤは親、ファーフジは祖父母、つまりウヤファーフジとは先祖のことであるが、一口に先祖といっても沖縄では二つのレベルで拝されるという。

> 沖縄は特に先祖崇拝の盛んなところであるが、先祖は二つの次元で把握される。物故した死者は、年忌供養・正月十六日・清明祭・盆などの機会に墓や仏壇の位牌を対象に拝まれる。他方、最終年忌を迎えた遠祖は、神ともみなされ、各家庭の火の神、門中本家の神御棚《カミウタナ》（祭壇）を通して拝まれる。[23]

注目すべきは、先祖がやがて神格化されて拝まれるという点である。第一のレベルでの祖霊崇拝は沖縄に限らず、また程度の違いこそあれ、全国的に行なわれていることである。墓参りや仏壇への礼拝は、いまだ衰えぬ日本古来の風習だ。しかし、第二のレベルには沖縄の特異性を見出さずにはいられず、なかでも重要なのが「火の神」、つまりヒヌカンである。ヒヌカンとは、

マングーチュの「マジムン三線」が発する怪しげな音波攻撃に苦戦するマブヤー。

> 沖縄・奄美地方に分布する火の神の総称。ウミチムンともいう。ところによって発音は若干異なる。民家で土間に三つの石を鼎《かなえ》状に立てて炉としていたところは、それ自体を神体に見立てていたが、竈の普及によって小さな石三つをその上に置いて信仰の対象とした。現在もガスコンロの後ろに三つの石を置き、香炉と皿に盛った塩、水を入れたコップを一緒に主婦がまつる。毎月旧暦の一日と十五日に供物を供えて必ず拝礼し、自己紹介に続き火の神を通して様々な神を慰撫し、一

23 『沖縄民俗辞典』、p.69

家の繁栄を祈る。[24]

主婦はヒヌカンに拝礼するたびに信条を吐露することで心の平安を得ることも多いらしく、またヒヌカンが海の彼方のニライカナイへの中継ぎの役割を果たしている、つまり先祖のいるあの世へとつながっているとする点でも、沖縄の日常において重要な精神作用を促す役割を果たしてきたといえる。

ヒヌカンを含むウヤファーフジへの拝礼の重層構造から見えてくるのは、限られた個人の生とは対照的に、脈々と続く先祖から子孫への悠久のつながりである。そのつながりの一部として自分が存在し、また次へとつないでいく。そんな自分を介して受け継がれてゆく家族や一族の絆、知恵、価値観、そして、自分が存在する歴史の重みそのものを沖縄の人びとが肌で実感できているのは、これら二つのレベルで日常的に先祖を敬い、事あるごとに拝礼しているからに他ならない。

さて、無事エイサーのマブイストーンを取り返したカナイ。エイサーの持つさまざまな意味をわかったのか、衣装に身を包み、青年団がエイサーを練習する広場に姿を現す。優しくカナイを導き入れる団長に満面の笑みで返すカナイの、歯切れよく力強いパーランクー[25]の響きが広場にこだまするのだった。

24　同、p.440
25　エイサーに使用する片張りの小太鼓。片手に持ち、もう片方の手のバチ一本でたたいて音を出す。

第七話
「チャーガンジュウのマブイストーンがデージなってる」

大勢が寄り集まって浜辺でわいわいとバーベキューが行なわれている。沖縄では日常的に行なわれるビーチパーリー（パーティ）である。第六話で触れたモウアシビ（毛遊び）とアシビナー（遊び庭）。アシビナー的な空間や機会としてエイサーはとらえることができるとしたが、ビーチパーリーもまた、まさに現代版アシビナーである。ここでもまた、人びとのコミュニケーションは促進され、ただでさえ高いウチナーンチュのコミュニケーション濃度はさらに高まるのだ。

楽しそうにバーベキューをするカナイたちを岩陰から見ながら、マングーチュが肉を取ってくるようにハブ親方に命令する。そして、ここでもいきなり親方の笑いのエッセンスが振りまかれる。

「なんでよ！　ワンは肉泥棒か！　そんな地味な悪いことはしないっ！」

その横の岩場で、なぜかチャーガンジュウのマブイストーンを釣り上げるクーバー。それまで「自然に感謝、食べ物に感謝」と言いながら、食を大切にする心を説いていた岩次郎が、突然、「チャーカメ（食べまくれ）！　チャーカメ！」と言って暴飲暴食にたたいて音を出す。

チャーガンジュウのマブイストーン。「今回のマブイストーンはかなり地味だけど、かなりヤバイぜ」と語ってそれを封印するよう命じるハブデービル。

走る。同時に、ラジオからニュースが流れる。「臨時ニュースです。沖縄が全国長寿ランキングで最下位。つまり、ビリとなりました！」

沖縄からチャーガンジュウが消えたのだ。ちなみに、チャーガンジュウとは「いつも元気」という意味である。漢字で書くと「常頑丈」、文字通り、常に頑丈ということだ。沖縄では、特に高齢者に向かっては「元気ですか？」の問いかけは、「チャーガンジュウね？」になる。この言葉、沖縄の社会では思いのほかもてはやされていて、那覇市役所には「ちゃーがんじゅう課」という部署まである。[26]ここでは主に高齢者の福祉に関するサービス相談を行なっている。

さて、まんまとチャーガンジュウのマブイストーンを釣り上げたマジムン軍団の首領、ハブデービルは喜ぶ。

「これでどんどんメタボになって、チャーガンジュウじゃなくなるぜぇ。人間どもはフラー（愚か者）だからよ～」

そして、すでに横に変身して現れているマブヤーに向かって、つい「なぁ、マブヤー？」と呼びかけてしまう。動揺して構えるもときすでに遅く、マブヤーの手にはチャーガンジュウのマブイストーンが握られている。ストーンをケンに投げ渡したマブヤーは、戦闘態勢に入る。今回はオニヒトデービルとの一騎討ちだ。オニヒトデービルの攻撃に苦戦しながらも、最後はスーパーメーゴーサーでやっつける。

今回もまた、無事にチャーガンジュウのマブイストーンを取り返したマブヤーとケンだが、注目すべきはまたここで流れるラジ

26 http://www.city.naha.okinawa.jp/kakuka/tyaganjyu/

オニュースの内容である。

「先ほどお伝えした沖縄県が全国長寿ランキングで最下位というニュースは間違いでした。しかし、依然沖縄の人は……」

ここでニュースは聞こえなくなるが、ここに沖縄の長寿にまつわる憂いが含まれていることは明らかだ。それを補うように、カナイが見事な問いを発する。

「ケン、ウチナーンチュがチャーガンジュウじゃなくなったのは、ホントにマジムンだけのせいなのかな?」

「沖縄が沖縄である限り、ウチナーンチュはチャーガンジュウだよ」とケン。

カナイはうれしそうに納得し、「わかったよ、ワタブー（太っちょ）」[27]とケンをへこませて去って行くわけだが、ケンの言葉からはある思いが読み取れる。それは、「沖縄が沖縄である限り」というくだりに集約されている。つまり、カナイの問いにも暗示されているように、ウチナーンチュが健康長寿でなくなりつつあることの責任はウチナーンチュ自身にあり、ウチナーンチュ自らの手で本来の沖縄を取り戻すことが必要であることをケンは説いているわけだ。

ここで問題になるのは、では、本来の沖縄とは何か、という問題である。チャーガンジュウという観点でとらえた場合の、本来の沖縄を考えるとき、忘れてならない哲学思想がある。それは「ヌチグスイ（命薬）」という考え方である。

> 沖縄の長寿社会を支えてきたものとして、昆布・豚肉・島豆腐の高い消費量とともに、沖縄の温暖な気候による通年の緑黄色野菜類の栽培や、海藻類と近隣に自生する薬草類とを併用する食生活が考えられている。沖縄の野草・野菜は、沖縄方言で命の薬を意味するヌチグスイとして健康と長寿を支えてきた。[28]

これはまさに医食同源に通底する思想であり、沖縄が長年、長寿日本一の座をずっと守り続けてきたことは、この思想が継承されてきたことの結果であった。しかし、近年、その座を他県に奪われたことで、この伝統が崩れてきていることが危惧されている。ケンが言うのは、せっかくの風土気候に培われてきた先祖伝来の食文化と、ヌチグスイという伝統的思想を再認識、再評価することこそが、ウチナーンチュ自身にいま求められていることであり、そうして初めてチャーガンジュウという観点における本来の沖縄が取り戻せるということなのである。「沖縄が沖縄である限り」というケンの言葉には、そうあってほしいという切なる願いが込められているのである。

27　ちなみに照屋林助の『ワタブーショー』は、林助が太っちょだったことがその名の由来となっている。

28　『沖縄民俗辞典』、p.521

第八話
「イチャリバチョーデーのマブイストーンがデージなってる」

カナイとクレア、そして岩次郎の三人がグスク（城跡）を訪れていたとき、相変わらずウチナーの伝統文化に疎《うと》いカナイが、グスクとは何かと岩次郎に問う。岩次郎が答える代わりに、通りすがりの一人の青年が答える。

「グスクというのは、もともとは聖域を意味したという説もあるそうです」

そして、おもむろに差し出される名刺。そこには大金城新雷《うふきんじょうにらい》（ニライ）とあり、肩書はムーンジマおきなわの社長とあった。ニライは、幼いときにこのグスクの近辺で弟と生き別れになった過去を語りはじめる。その話に微妙に反応する岩次郎。何か知っている風だ。ニライもまた、岩次郎たちの居場所を聞いて、あえて会いに来たらしく、何か思い出したら教えてほしいと頼んで去って行く。去り際、ニライは、ここで会ったのも何かの縁、ウチナーンチュはイチャリバチョーデーだとカナイたちに話しかけるが、その表情には何か因縁めいた含みが漂う。

まずはこのイチャリバチョーデー、ウチナー言葉のなかでももっともよく知られたもののひとつであるが、その意味とはこうである。

「一旦出会えば皆兄弟と同じ」という意味の沖縄の諺。「行逢りば兄弟」とも表記する。しばしば、「何隔《ヌーフィダ》ティヌアガ（何の隔てがあるか）」という文句が続く。久手賢親雲上《クデケンパーチン》（生没年不詳）作とされる有名な組踊「大川敵討」の一節に、「いきやへは兄弟何うち隔のあが」のセリフが見られることから、その起源は琉球王朝時代にさかのぼることが推察される。―中略―この諺は、沖縄の人々の深い人情、同胞愛、平等主義、平和主義、あるいは他者に対するホスピタリティーや寛容な精神などを表したものとされ、最近では、沖縄の人々あるいは沖縄という場所に特有の心性（チムグクル）[29]を象徴する言葉として用いられることが多い。[30]

さて、このイチャリバチョーデーのマブイストーンを奪おうとするマジムン軍団。いきなりハブデービルの笑いから始まる。草むらにじっと寝そべって静かに待つマジムンたちに向かって、イチャリバチョーデーのマブイストーンが近づいてくるのだ。それをいとも簡単にまんまと捕まえるクーバー。ハブ親方曰く、「さすがイチャリバチョーデーのマブイストーン、ドゥシグァグァシー（友達のふり）をしたら自分から近づいてきよったぜ～」

29 チムは肝、ククルは心。これらを合わせて、「感情」や「考え」を意味する。
30 『沖縄民俗辞典』、pp.26-7

「グスク」の意味も知らずにグスクやってきたカナイに、クレアは、グスクとは城のことだと教えて岩次郎に同意を求めるが、岩次郎は「う〜ん、ビミョウ」と薄笑い。

こうしてイチャリバチョーデーのマブイストーンは奪われ、ナイチャー（内地人、つまり日本本土の人間を指す沖縄方言。大和人、ヤマトンチューともいう）のカップルにグスクを案内する観光ガイドのウチナーンチュ女性の態度が一変する。

「ヤッチャ〜、イチャイチャサンケ〜！（おまえら、イチャイチャすんな〜！） 何がイチャリバチョーデーよ、帰れ、帰れ！」

それを遠くで見ていた岩次郎にも変化が現れる。それまで、いったいどうしたのかと遠巻きに心配していたにもかかわらず、「いいよ、知らない人だから放っとけ」と急に無関心になる。

その変貌ぶりを見届けて、あれが人間たちの本当の姿だと大喜びするハブデービル。そこへカナイが立ち向かう。戦闘の最中、突然さっきのニライが現れ、「イチャリバチョーデーやさ！」と言って加勢する。しばらく二人で戦った後、逃げるマジムン軍団を追いかける途中、カナイはマブヤーに変身する。グスクで戦うマブヤーとマジムン軍団。形勢不利になったハブデービルは、突然妙な態度に出る。ストーンを捕まえたとき同様の、イチャリバチョーデーにちなんだ笑いがまた振りまかれる。シャナリ、シャナリと爪先立ちでレディー歩きをしながら、ハブ親方が言う。

「マブヤー、あんた、ウチナーの心を大切にするんでしょ⁉ だったら、うちらと友達になろう。イチャリバチョーデーさ！ だ〜？ 友達になろう！」

クーバーたちにからだを摺り寄せられて、マブヤー曰く「シニ（超）気持ち悪い攻撃」を受けながら戸惑っているマブヤーをグスクの上から見下ろすケン。近づいて隙を見つけたハブデービルが、猛毒の牙をマブヤーに向けた次の瞬間、ケンの「危ない！」の声に反応したマブヤーは間一髪難を逃れ、ハブ親方の毒牙は代わりにクーバーの頭にグッサリ。力なく、「ハゴー」と叫ぶクーバー。そこへ、マブヤーのティーダヤーチューが炸裂、マジムンたちはグスクからどこか遠くへと吹っ飛ばされる。

無事、イチャリバチョーデーのマブイストーンが取り戻された沖縄には、ふたたびイチャリバチョーデーの精神が戻って来る。

２体のクーバー相手に苦戦するカナイ。そこに「一緒に戦おうぜ、兄弟！」と加勢しにやってきたニライ。この時はまだ、ニライが生き別れになった兄であることをカナイは知らない。

観光客につらく当たっていたガイドの態度も元通りになり、再びイチャリバチョーデーの続きを話しはじめるが、若さゆえか、その先を思い出せずに詰まっているところへ岩次郎が助け舟を出す。

「イチャリバチョーデー　ヌーフィダティヌアガ。人と人には何の分け隔てもない。イチャリバチョーデーっていうのはね、みんなわかり合える、助け合える、そんな意味があるんだ」

ナイチャーの観光客はじめ、ウチナーンチュのカナイやクレアたちもまた、岩次郎の話に聞き入るのだった。

闘い済んで、無事ストーンを取り返したカナイとケンだが、グスクの上で再びカナイが意味深長な問いを発する。

「おれ達は誰とでもわかり合えるって、本当なのかな？」

そして、今度ばかりはケンも口を閉ざしたまま、カナイの問いに答えることはない。想起されるのは、沖縄に直結する基地問題[31]や教科書問題[32]にまつわる、日米両政府にわかってもらえない沖縄の不条理。さらには、世界平和から近代化による個人主義、利己主義の蔓延に至るまで、縦横双方の歪みへと連想は発展する。

他者に対するホスピタリティーや寛容な精神という沖縄伝統のチムグクルは、沖縄に限らず、広く世の中一般において普遍的に重要かつ基本となるものである。カナイの不安のごとく、それが希薄になりつつあるのだとすれば、人や物が行き交う現代世界だからこそ、その重要度はより一層増していることを、われわれは再認識する必要がある。

31　文部科学省は2008年度から使用される高校教科書の検定結果を公表し、日本史教科書では沖縄戦の「集団自決」（集団死）で日本軍による自決命令や強要があったとする五社、七冊に対して、「沖縄戦の実態について誤解する恐れがある」として修正を求める検定意見を付けた。この新基準について修正撤回を求める機運が沖縄県内で高まり、2007年に十万人を超える人びとが集まり、「教科書検定意見撤回を求める県民大会」が開かれた。

32　日米安全保障条約の名のもとにおかれた米軍基地にまつわる諸問題。沖縄本島における米軍基地の占める面積は全体の五分の一。在日米軍基地の74％が沖縄に集中しており、ヘリや戦闘機の墜落事故や騒音問題、米軍兵士による犯罪等、深刻な問題を引き起こしつづけている。

第九話

「命《ぬち》どぅ宝《たから》、トートーメー
二つのマブイストーンがデージなってる」

オバァが家のなかにいると、外の通りから若者たちが戦争反対や基地廃絶を訴える声が響いてくる。慌てて外へ出たオバァは若者たちに感心し、軽く冗談を交えながら頑張って反対するようにエールを送る。そこへ入れ替わりに一人の少女が、かわいらしい犬を抱いて、仏壇の線香が切れたからと買いに来る。平和を愛し、先祖を大切にする沖縄がそこにある。

今回マジムンたちが奪ったのは「命どぅ宝」のマブイストーンと「トートーメー（位牌）」のそれである。

命どぅ宝とは、

　何をおいても命こそが大切であるいう意味。沖縄戦の際、難民の一人によって叫ばれたとも伝えられる。一九五〇年代に伊江島土地闘争[33]のスローガンとして用いられ、さらに一九八〇年代の反戦平和運動のなかで広く普及した。[34]

さて、まんまと奪った命どぅ宝とトートーメーのマブイストーンを両手にして喜ぶハブデービル。

「これで沖縄も戦争が大好きになるぜ～。戦いの島、命の軽い沖縄の誕生だ！」

「仏壇からトートーメーがなくなって、先祖崇拝沖縄が終わるぜ～。でも、毎月いちいちウートートー[35]しなくていいから、沖縄の人たちも喜ぶはずよ～」

人びとを困らせることが目的であるはずの悪のマジムンの言葉とはとても思えない、こんな言葉がハブ親方の口をついて出るが、これもまたテーゲーの場合と同様、一見いいようで実はそうではない、つまるところは悪いことなのだという変則的悪事への称賛なのである。

こうして奪われたトートーメーと命どぅ宝のマブイストーン。

33　伊江島の土地の約六割が米軍に強制接収された際に起こった反対運動。阿波根昌鴻（あはごん・しょうこう、1901～2002年）は、「全沖縄土地を守る協議会」の事務局長、「伊江島土地を守る会」の会長として、1955年から56年にかけて、沖縄本島で非暴力による「乞食行進」を行ない、米軍による土地強奪の不当性を訴えた。

34　Weblio 辞書『沖縄大百科』http://www.weblio.jp/content/%E5%91%BD%E3%81%A9%E3%81%85%E5%AE%9D?dictCode=OKNDH

35　神仏にお祈りをするときに手を合わせて唱える言葉で、古語の安名尊（あなとうと）がなまったもの。

「戦争反対」「世界から基地をなくそう」「平和を守ろう」「オカアサンとオバァ、喧嘩だけしないで」と切実なシュプレヒコールをあげながらデモ行進する若者たち。これもまた沖縄の日常のひとコマ。

仏壇の前で、オバァと彼氏は消えてなくなった位牌に気づかず、そこに何が置いてあったかわからなくなってしまう。祈りの対象を忘れてしまうわけだ。時計を置いたり、トイレットペーパーを置いたりする彼氏に、オバァは容赦なく蹴りを入れる。ここにもまた笑いがあるが、オバァですら位牌のことは完全に忘れてしまっているという意味では事態は深刻だ。

さっきまで反戦を訴えていた青年らにも変化が起きる。看板を下ろして、山城ストアーの前に坐り込む彼ら。その前を偶然通りがかったカナイに、青年のひとりが声をかける。そして、これがまたシニカルでニヒルな問いなのである。

「あのさ、今さらなんだけどよ、なんで戦争ってダメなの?」

いつもケンや岩次郎に教えてもらってばかりいるカナイも、さすがに今回は青年たちの質問に答える。

「なんでって!? ダメだろ。理由が必要か? 人として、ダメだろ!」

しかし、青年たちは別にいいのではないかと言って、虚無的な態度を取る。

と、そこへニライがやってくる。ニライは言う。

「戦争はなるべくない方がいい。でも、ときには必要な場合もある。愛する人たちを守るために」

「争いで解決していいの? そうなれば、戦争はずっと繰り返される。人間の知性は未来永劫に変わらない」とカナイ。

そんなカナイにニライは問いかける。「カナイ君、この沖縄が悪の軍団に攻められた場合、君はどうする? 闘うだろ?」

黙り込むカナイ。

そして、このやり取りを見ていた青年たちは、やはり戦争は必要だと納得する。ふと目をやると、さっき女の子が抱いていたかわいらしい犬が箱に入れられて捨てられている。それを見て、大笑いする青年たち。ここで、初めてカナイはマジムンがマブイストーンを盗んだことに気づく。

マブヤーに変身して、マジムン軍団に闘いを挑むカナイ。なぜか今回はオニヒトデービルが相手になるという。激しい攻防戦を繰り返すも、なかなか決着がつかない。そして、ここで初めてオニヒトデービルが言葉を発する。「どうした、そんな攻撃ではおれは倒せんぞ〜」。そして、何度も繰り返し殴りつけるマブヤーに向かってオニヒトデービルは叫ぶ。「いいぞ、もっと怒れ！　怒るんだ！　いいぞ、いいぞ！」。わざと殴らせていたかのように、いとも簡単にマブヤーを跳ねのけたオニヒトデービルは、「おれとおまえは似た者同士のチューバー（強者）だ」という意味ありげな言葉を残しながら、いつにもまして強いマブヤーのティーダヤーチューに吹っ飛ばされ、闘いは終わる。

こうして、ふたたび命どぅ宝とトートーメーのマブイストーンが取り戻された沖縄。捨て犬を抱き上げるクレアのもとに、飼い主の女の子が慌てて戻って来る。厳しい目で女の子を見ながらクレアは言う。「命どぅ宝と言いながら、意外とペットを捨てる人って多いからさ」。マブイストーンが戻ったからといって、皆が皆命を宝物として大切に扱うとは限らない。クレアの言葉にはそんな嘆きとそうあってはならないという願いが詰まっているようだ。

一方、山城ストアーの奥の部屋では仏壇に位牌が戻り、彼氏と二人、ご先祖様にウートートーするオバァの姿があった。何に対して何をどう祈るかがわかったことで、オバァたちはふたたび心の平穏を取り戻したようだ。

それに対して、浮かない様子のカナイ。オニヒトデービルを殴り続けたあの感触と「もっと怒れ」という言葉がずっと引っかかっているのだ。それを見透かしてか、ケンが声をかける。

「きょうのおまえの闘い、シニ変なだったぜ。力に頼り過ぎてる。そして、怒りで闘ってる」

それに対し、勝てばいいとか、やるかやられるかだとか言って、逆切れするカナイ。カナイ本人もまた、心に迷いがあるようだ。その証拠に、カナイはぽつりと不安をもらす。

「沖縄の人たちに命どぅ宝の精神は戻って来たけど、でもおれには戻って来てないのかな？」

悪と闘うことが使命であるマブヤーの魂を宿したカナイ。戦争はときに必要だと説くニライ。オニヒトデービルの「もっと怒れ！」の声。悪のマジムンから沖縄を守るために、闘いたくないのに闘わねばならない、そして勝たねばならないという宿命に、カナイは翻弄され始めているのだろう。しかし、命どぅ宝の精神は、カナイ、そしてマブヤーによって確実に守られていることも忘れてはならない。カナイは、相手を傷つけ、やっつけるという精神性そのものに疑念が出始めているのかも知れないが、以前にも触れているように、マブヤーの攻撃技は拳固《げんこ》と灸《やいと》であって、相手の命を殺《あや》めることにはならない。つまり、お仕置きなのである。お仕置きは、つまるところ、本人のためを思ってのことであり、そこにはきわめて寛容な愛情が込められている。この点においても、『琉神マブヤー』シリーズには、沖縄の大切なチムグクルである「命どぅ宝」の精神が徹頭徹尾に貫かれているといえるのだ。

第十話

「カチャーシーのマブイストーンがデージなってる」

今回もツカミは笑いである。「ヤッター（おまえら）、踊ってないで早く作業しで〜」。すると、青年たちが一人ずつ順番にカチャーシーを踊りながら登場する。そして、オチは五人目が入ってくる前に「入ってくる準備するな！」である。キレのいいギャグもさることながら、とくに二人目の青年のカチャーシーのキレはすばらしい。

沖縄では祝いの席にはつきもののこのカチャーシー。詳細は次のとおりだ。

> 沖縄地方で祝宴の後に行われる即興踊りのこと。かつてのモーアシビ[36]（野遊び）でも盛んに行われた。三線の早い演唱（早弾き・草引きともいう）にのせて踊る。カチャースンは、すべてのものをかき混ぜるという意で、カチャーシーの語源は、歌や踊りに島人の喜怒哀楽をかき混ぜて即興の歌舞に打ち興じるところに由来するといわれる。踊りそのものの本来の名称はアッチャーメーグヮーと称する。踊り方は、古典舞踊の足さばきが床面をすって運ぶすり足であるのに対して、カチャーシーは床面をトントンと軽く踏みながら踊り、両手は軽く頭上に挙げて手の平を返しながら踊る。祝宴の後には、主催者側の主人が最初に踊りはじめ、次いで列席者が踊り、最後には総出で乱舞になって終わるのが普通である。[37]

36　脚注20を参照。

かき混ぜることをカチャースン、日々の喜怒哀楽をかき混ぜて表現する踊りがカチャーシーとは、なんと哲学的なことか。そういえば、沖縄料理などでよく耳にするチャンプルーという言葉も混ぜるという意味である。チャンプルーの「語源はインドネシアはじめ諸説あり、料理に限らず〈混ぜ合わせる〉の意味で広く用いられている」[38]とのことだが、古くから独立した島の王国として様々な人や物が行き交っていた沖縄にとって、「混ざり合う」ことは自然かつ必然の理《ことわり》だったにちがいない。小さな島であるにもかかわらず、人類普遍の道理にまで行き着く深淵な哲学や思想を育んできたのは、こういった「混ざる」「混ぜる」ということを繰り返してきたからなのではないか。事実、イチャリバチョーデーにしても、「出会って混ざる」、つまり融合する、ひとつになるという意味であるし、テーゲーもまた、厳密とずさんの境界が溶け出して「混ざり合った」ことによって生み出される寛容な精神性のことだ。このテーゲー同様、価値観や感情を片方だけに寄せるこ

37　『沖縄民俗辞典』、p.133
38　同、p.331

となく、酸いも甘いも、あらゆる感情をすべて混ぜこぜにして、踊りという身体表現に集約させるカチャーシーは、「混ぜる」という沖縄の地理的、歴史的特性を含み込んだ日常的な伝統文化なのである。

さて、場面変わって、公民館のなかでは青年実業家のニライが青年会の代表にカチャーシー大会の費用の補助を申し出ている。大会の看板や飾りつけに忙しいなか、油を売る青年の頭を先輩格の青年が丸めた新聞紙でポンポン叩いている。冗談でやっているにもかかわらず、一緒に作業していたカナイが突然立ち上がり先輩青年の腕をねじり上げる。一瞬、凍りつく場の雰囲気。全員がドン引きでカナイを凝視するなか、クレアはやり過ぎじゃないかとカナイをとがめる。あれくらいがちょうどいいと開き直るカナイの横を、睨みつけるようにニライが通り過ぎていく。

マブヤーとしてマジムンと闘うことで、カナイのなかに勝つための暴力性のようなものが育ってしまったのか。自身が言うように、カナイにはまだ命どぅ宝の精神は戻って来てはいないのだろうか。

今回狙われるのは、そのカチャーシーのマブイストーン。森のなかで得意げにカチャーシー・ツリーを紹介するハブデービル。木の形がカチャーシーを踊っている姿にそっくりだという言葉に、「微妙」と首をかしげる手下たち。納得いかない顔をしつつも、ハブ親方はその木の根元でカチャーシーのマブイストーンを手に入れ、こう解説する。

「いいか、カチャーシーっていうのは、ウチナーンチュのパワーの源だわ。しかもよ、カチャーシーを踊ることによって皆の心がひとつになるわけさ。ハゴー(気持ち悪い)だろ？ しか〜し、これさえ奪えば、ウチナーンチュはカチャーシーが踊れなくなって元気もなくなる。その絆はボロボロ。ユイマールも崩壊だぜ〜」

なるほど、混ざり合うのは本人の心模様だけではなかったのか。自己と他者とが混じり合う、「私＝私たち」というインターサブジェクティブな効果をも、カチャーシーはもたらしてくれるというのか。このように、悪のマジムンがハゴーと言って否定すればするほど、逆にそのものの善なる価値は証明される。ハブ親方によって代弁されたカチャーシーの「絆を育む」という観点、つまりユイマールについて少し見てみよう。ユイマールとは、

沖縄における労働力交換の慣習。イーマールーともいう。直訳すれば、結い回りである。したがって、用語や慣習は日本「本土」と共通のものである。地縁・血縁を通じて数個の農家で行う。サトウキビの刈取りや製糖、田植えや刈取りなどが中心で、第二次世界大戦前までは耕地面積の多寡に関係な

く、相互扶助的に行われた。前後は経営規模に応じて、金銭での調整がなされている。家や墓のユイマールもあった。[39]

さらに、沖縄で相互扶助について語るならば、「ムエー（模合）」についても触れないわけにはいかない。ムエーとは、

沖縄における頼母子講・無尽講の一種で、相互扶助的な借金・貯金の仕組み。模合《もあい》ともいわれ、普通ムエーと称される。親睦を目的とするものや知人・友人の苦境を手助けする個人的なものから企業の資金調達にまで用いられる。個人的な場合は通例、一月に一回、五千円から三万円程度の金額が多い。人数も普通十人前後である。今日では金銭のみが対象であるが、貨幣経済が浸透する以前はコメや砂糖などの生活物資が主な対象であった。[40]

39 『沖縄民俗辞典』、p.533
40 同、p.502

カチャーシー・ツリーの枝振りがカチャーシーの振り付けにそっくりだとハブデービルが力説するが、いまひとつ賛同を得られない。

カチャーシー、ユイマール、そしてムエー（『4（ユーチ）』の第四話にはモアイのマブイストーンが出てくる）。これらに共通するのは、連帯、助け合い、親睦、そして絆である。これは沖縄のというよりは、日本古来の、ひいては全人類的に育んできた必然的伝統の形態であり、近代の個人主義的傾向に押されてこれらの伝統が衰退した都市部を中心とする大多数の地域と、そうでない沖縄や本土山間部のような少数地域との間に差ができてしまっただけで、いまなお必要かつ重要な本質を兼ね備えていることに違いはない。その証拠に、各地域では「祭り」の復活を求めて、さまざまな取り組みがなされたりしている。しかしながら、その文化的基盤が脆弱であるがゆえに、表面的で一過的な催しに終わる傾向は否めない。その意味でも、沖縄の社会文化的基盤の強靱さにはやはり目を見張るものがある。

さて、カチャーシーのマブイストーンが盗まれたことで、公民館は混乱する。看板からカチャーシーの文字が消え、舞

台で練習していた青年たちは何の練習をしていたのか思い出せない。クレアまでが、「カチャーシーって何?」とカナイに聞く始末。「何言ってる? カチャーシーはあれだろ!」とカナイが指差す舞台では、青年たちがフラダンスを踊っている。こうして一笑い取ったところで、カナイはまたマジムンのせいだと気づくのである。

マブヤーに変身したカナイとケンが行くと、そこにはまたあのオニヒトデービルが待ち受けていた。辺りにハブデービルやクーバーたちがいる様子はない。それまで一度もなかったオニヒトデービル単独での登場は、何か特別な含みを漂わせる。それが何であるかは、のちにわかることになる。マブイストーンをちらつかせながら、「欲しければ力ずくで奪ってみろ!」とマブヤーを挑発するオニヒトデービル。自分に向かってティーダヤーチューを撃ってみろとさらに挑発を重ねる。ティーダヤーチューを撃つマブヤー。すると、なんとオニヒトデービルもまた同じティーダヤーチューで返すではないか。ぶつかり合うティーダヤーチューとティーダヤーチュー。互角にぶつかり合い、はじけ散ったオニヒトデービルのトゲのかけらが、カナイを追いかけて近くまで来ていたクレアに当たり、クレアは気を失ってしまう。

激高したマブヤーに対して、オニヒトデービルはなおもマブヤーの心に潜む「怒り」を挑発的に引っ張り出そうとする。力任せに殴り合う二人。そして、ついにマブヤーはオニヒトデービルの前に初めて敗北する。と、次の瞬間、オニヒトデービルはニライの姿になり、倒れたマブヤー、つまりカナイに向かって、「これからは俺が守ってやる」と言葉をかける。反目するカナイに、ニライは自分がカナイの兄であり、二人は兄弟だと明かす。それを聞いて、声にならない声で断末魔のような叫びをあげるカナイ。

そんな隙をついて、マングーチュが福地工房に忍び込み、これまでマブヤーが取り返してきたすべてのマブイストーンをまんまと手に入れる。オニヒトデービルに奪われたカチャーシーのマブイストーンも取り返せないまま、これまでにない深刻な状況の下、話は次の第十一話へと続いてゆく。

マブヤーとオニヒトデービルの、ティーダヤーチューの撃ち合い。オニヒトデービルのトゲが衝撃で飛び散って、近くにいたクレアに刺さってしまう。

第十一話
「マブヤー修行でデージなってる」

オニヒトデービルに敗れ、ウージ（サトウキビ）の林のなかをトボトボと胸を押さえながら歩くカナイ。駆けつけたケンにクレアの具合を聞くが、ケンは首を横に振る。そして、さらに衝撃的な事実をカナイに告げる。マブイストーンがすべて盗まれたというのだ。つまり、マジムンはすべてのマブイストーンをふたたび手に入れたことになる。自暴自棄になりかけたカナイに向かって、ケンは厳しい口調でチルダイ森に連れて行くと言い放ち、先を急ぐのだった。

二人は、カナイに初めてマブヤーの魂が入った浜辺にやってくる。そこでケンはカナイが赤ん坊のときに捨てられ、岩次郎に拾われたことを告げる。そして同時に、森の大主《うふぬし》が鍛え直してくれるからと、カナイに森に入って行くように促す。

マブヤーに変身して森へと分け入るカナイ。その前に、チルダイ森の大主が現れる。大主はあらためてカナイとニライの身の上について話しはじめる。約二十年前、この森に二人の赤ん坊が置き去りにされ、カナイは岩次郎に、ニライは何者かにさらわれた。大主は言う。

「カナイ、おまえは必要な力はすべて持ってる。力が十分発揮できないのは、心がついて行ってないということよ。おまえは力さえあれば、誰にでも勝てると思うのか？」

「思います」と答えるカナイに、大主はなおも詰め寄る。

「じゃあ、おまえは赤ちゃんに勝てるか〜？」

この問いの意味が理解できないまま、カナイは大主との修行へと入っていく。

大主が最後に発したこの赤ちゃんの問いには、いったいどんな意図が込められているのだろうか。大主の問いは、誰にでも勝てるわけではない、たとえば赤ちゃん、という文脈で発せられたものである。ならば、赤ちゃんには勝てないはずだという答えがあらかじめ想定されていると考えて然るべきだろう。なぜ、赤ちゃんには勝てないのか。それを知るには、赤ちゃんがいったい何を象徴しているかを考える必要がある。

表面的には、まったくの無力な存在で、一人では何もできない絶対的弱者である。赤子の手を捻《ひね》るという言葉の通り、無力の者を負かすことはたやすい。しかし、同時に、泣く子にはかなわないという言葉もあるように、赤ん坊を負かすことに抵抗を感じない人間はいない。それは、赤ん坊が命というものをもっとも強く象徴する純粋無垢で愛すべき存在であるからだ。

闘う相手を、表面的な力関係だけで見るならば、赤ん坊を含め、マブヤーにかなう者は確かにいないことになる。しかし、大主がマブヤー、いやカナイに求めたのは、表面的な力だけでは測れな

チルダイ森での修行の最後の相手は、マブヤー自身だった。「もうひとりのマブヤー」は、額に葉っぱを付けている。

い内実を見透かす能力と心構えなのである。敵という立場であれ、他者の内面を見透かす力を身に着けることで、何が善であり、何が悪であるのか、そして、そのバランスを探ることが重要だということであろう。このことは、大主に言われる前からすでにケンによって指摘されていたことであり、オニヒトデービルがカナイを煽って、力任せの闘いへと走らせたこととも関係する。結果、カナイは敗れたわけであり、大主の「心がついて行ってない」という言葉はまさにそのことを言い当てている。

ケンも大主も、カナイに対して望んでいることは一つ。それは、精神的に成長することである。悪をどうとらえるか、善とは何か。そして、力とは何なのか。そうなることで初めて、マブヤーは本当のヒーロー性を発揮できるのである。

これら一連のカナイの内面的葛藤や、ケンや大主といった周囲の存在の力添えに象徴されるのは、マブヤーが「成長させられる、成長するヒーロー」であるということだ。マブイストーンが奪われるたび、沖縄の伝統文化や習慣のひとつひとつの意味を知り、またそれがなくなったときの困難や悲しみ、不安や不満、不充足感を知るにつけ、カナイ自身、ウチナーンチュとしてさまざまな学びを得ることになる。そして、言うまでもなく、このカナイの視点はわれわれ視聴者とそのまま重なるのである。ウチナーンチュであれ、ナイチャーであれ、沖縄の人びとの暮らしに根を下ろしてきた伝統文化の意味と価値は、見るものの目と心に十分に伝わってくる。

チルダイ森ではマブヤーの修行が進んでいる。クーバーに化けたキジムナー[41]の子どもと闘い、次にはもう一人のマブヤーと闘う。そして、この闘いが今回の修行のカギとなる。

パンチにはパンチ、キックにはキックと互角に戦うマブヤーともう一人のマブヤー。互いに繰り出したスーパーメーゴーサーもまた互角にはじけ飛ぶ。もう一人のマブヤーがティーダヤー

41　沖縄諸島で木の精と考えられる妖怪。キジムナーはキジムンの愛称的語形で、沖縄本島北部ではブヤガヤ、セーマなどと呼ばれる。姿は赤毛の長髪で赤ら顔、体格は小さな子どもで長い手足を持つ。魚の左目が好物で、蛸を嫌う。ガジュマルの古木を住処とし、夜中に家に入り込み、家の人を押さえつけて苦しめたりもする。

チューを繰り出そうと構える。それに習うようにマブヤーもまたティーダヤーチューの構えを見せるが、そのとき、大主がマブヤーに問いかける。

「どうする、カナイ？　撃たれたら撃ち返す、撃ち返したらまた撃ち返される。これはいつ終わる〜？」

それを聞いて、マブヤーは撃とうとしていたティーダヤーチューをやめてしまう。そして、祈るように両掌を合わせ、もう一人のマブヤーのティーダヤーチューを防御するのである。その直後、もう一人のマブヤーはマブヤーのなかに吸い込まれるようにして消える。

マブヤーから戻ったカナイに大主は言う。「シタイヒャー（でかした）、カナイ、よくやった！　これでおまえは本当のマブヤーだ」

こうして、百年に一度の修行を無事乗り越えたカナイは、百年に一度しか使えない技を百個手に入れる。すでにここには笑いが入っているが、ケンによる技の紹介を見てみると、いずれも沖縄の特質を混ぜ込んだユニークなものばかり。まずは、台風のパワーですべてをなぎ倒す「ぱいかじ（南風）ツイスター」、相手を健康にしながら勝つ「ゴーヤーヌンチャク」、強烈なガスで相手を気絶させる「ぷーひゃーひーひゃー」、相手をめちゃくちゃかゆくさせる「ガジャン（蚊）チョップ」、変な顔で相手をビックリさせる「やなかーぎー（ぶさいく）モーメント」、オバァ直伝の「カメーカメー（食べろ食べろ）攻撃」。あきれたように、しかし、落ち着いた真面目な顔で、紹介はもういいと断るカナイ。その肩に切り込んだ大主のウージ（サトウキビ）を交わすことなく微動だにしないカナイを見て、ケンと大主は互いに顔を見合わせ、修行がうまく行ったことを確信する。

そんな間にも、真っ黒な台風が猛烈な勢いで沖縄に近づきつつあった。テレビでは一刻も早い避難を県民に呼びかけていた。

「変な顔で相手をびっくりさせる、やなかーぎー（ぶさいく）モーメント」を実際にやってみせるチルダイ森の大主（演：かっちゃん＝川満勝弘）。ただでさえインパクトの強い面相がさらに強烈に。

第十二話

「兄弟《ちょーでー》対決でデージなってる」

気を失ったままのクレアのもとで、ケンにうながされ、マブヤーは大主から習った技の一つ、「旧暦ワープ」を早速使う。これで時間を戻し、クレアにオニヒトデービルのトゲのかけらが当たる前にケンにクレアを助けさせようというのだ。見事、その技は効果を発揮し、ケンはクレアを災難から救う。余談であるが、このときケンは向こう側にいる過去のケンと挨拶を交わす。現在のケンが過去のケンにむかって、指鉄砲でバンと撃つのだ。撃たれた過去のケンは「ウッ、やられた！」とばかりに胸を手で押さえる。微笑ましいツーカーのコミュニケーションだ。そういえば、このやり取り、どこかで見たことがある。そう、大阪。難波を歩いているおっちゃんに「バキューーン！」とやれば、必ず「ウゥッ！」と撃たれた真似をくれるというアレである。そんなことをやってくれるのは大阪くらいだと思いきや、沖縄でも健在だったのだ。大阪も沖縄も、人と人の心理的な距離がじつに短い。自己と他者の距離感が近い場所では、誰もがホッとする微笑ましさがあふれている。

　クレアの無事を見届けたカナイは、自分が捨てられていたという浜辺にふたたび出かけて行く。そして、そこに兄のニライが現れ、「沖縄の心をなくす準備はできたか」とカナイにたずねる。

大主から教わった100個の技のひとつという触れ込みの「旧暦ワープ」。ケン曰く、「これは旧暦の日付っぽく、過去に強引にタイムトリップできる、という大技だ」そうである。

「なんで、そんなに沖縄嫌うの？　沖縄の大切なものばっかり奪おうとするの？」

　カナイは落ち着いた声でニライにたずね返す。

「人間がやってきたことの真似をしただけさ」とニライ。

「は？」

「大切なものを奪うのはいつも人間さ。ハーベールー（蝶々）たちは野原を奪われ、ジンジン（螢）たちは川を奪われ。ヤンバルクイナ[42]だって仲間を奪われた。そこでデージ（とても）ワジワジして（怒って）生まれたのがハブデービル親方さ。親方は考えたわけよ。だったら、人間からも大切なものを奪おうやっさーって。このきれいな海に囲まれた島に住むみんなが大好

42　沖縄本島北部の特産種クイナ科の留鳥。体長三〇センチほどで、太く赤いくちばしと脚が目立つ。国内希少動植物種で絶滅危惧種。

きな沖縄の心を奪おうってな。シニ（とても）いい考えだろう？」

そんなニライに、カナイは静かにつぶやく。

「かわいそうに。おまえたちはワジワジする気持ちが大きくなりすぎて、心が黒く染まってしまったんだな」

「おまえも闘うときは黒く染まってるだろ？」とニライ。

そして、兄弟対決が始まる。怒りにまかせて、激しい攻撃を次々と仕掛けるオニヒトデービルとは対照的に、マブヤーは終始落ち着いた様子で、積極的に自ら攻撃しようとはしない。できれば、闘うことを避けたいと願っているかのようだ。何度オニヒトデービルに挑発されても、今回ばかりはマブヤーは自ら手を出さない。怒りが頂点に達したオニヒトデービルはティーダヤーチューを繰り出し、マブヤーはその直撃を受けて膝をつく。しかし、また立ち上がり、オニヒトデービルのパンチを浴びてはまた膝をつくことを繰り返す。結局、最後まで手を出さなかったマブヤーは、オニヒトデービルの耳元で静かにこうささやく。

「エエッ（おい）、アンシワジランケ（そんなに怒んな）」

それを聞いたオニヒトデービルは、がっくりと膝をつき、闘うことをやめてしまう。

見ていたハブ親方が、「何やってる？　早くとどめをさせ！」とけしかけるが、次の瞬間オニヒトデービルからマブイが落ちそうになる。思わず、「ニーニ（兄さん）！」と叫ぶカナイ。自分にはそう呼ばれる資格はないと人間らしさを取り戻したニライを横に、やっぱり人間はダメだと嘆くハブデービル。おまえにはもう用はないと、オニヒトデービルをヒジュルーゾーンへ送る。ヒジュルーとは、ウチナーグチで「寒い」を意味する。そして、ハブデービルは、いよいよ最後のときが始まるという意味ありげな言葉を残して去って行く。

このニライとカナイの闘いには、冒頭からずっと気になっていたニライカナイの両義性が見事に反映されている。怒りが過ぎて心がゆがんでしまったというカナイの指摘が的を射ている一方で、ニライが指摘する人間の身勝手さはまさにその通りであり、自然破壊に対する人間の悪行は申し開きのできるものではない。そればかりか、自然を守らねばならないと思う人間の善なる心もまた、先人の知恵によって積み上げられてきた伝統文化を軽視したり無視したりすることで壊れかけてすらいる。その人間を懲らしめるための悪行ならば、悪いのはマジムン軍団ではなく、むしろ人間の方ではないのか。マジムンを代弁するニライは必ずしも悪とは言えず、逆にそんな人間を守ろうとするマブヤー、つまりカナイも善とは言えないのではないか。このように、ニライとカナイ、マジムンと人間を通して、善と悪が複雑に交錯する。

この章の冒頭で、ニライカナイについて次のように書いた。

ニライカナイが神の在所であり、そこからさまざまな豊穣がもたらされるという観念、理想郷としての観念だけでなく、ときには悪しきもの、災いをもたらすものの住むところという伝承もあり、その両義的な意味は琉球列島の来訪神信仰の解釈に重要な鍵となる。[43]

ニライカナイという場所が、一般の理想郷という意味に留まらず、このように一歩踏み込んだ解釈に基づき、善なるものと悪なるもののカチャースンするところ、つまり混ざり合って存在するところととらえた場合、まさにそれは悪の手先であるオニヒトデービルのニライと、善なるヒーロー、マブヤーのカナイが闘うことになるこの世そのもの、そしてそこに住む人間そのものを象徴しているとは言えまいか。同じ人間のなかにも、必ずある善なる部分と悪なる部分。これらがカチャースンして、人間は存在している。そして、ときには、どこからが善でどこからが悪かがはっきりしないこともある。カナイがニライに最後に掛けた「アンシワジランケ（そんなに怒んな）」という言葉に込められた思いは、そんなニライカナイに象徴されるこの世の、人間の善悪織り交ぜた両義的な存在を温かく包み込む言葉であるととらえるべきだろう。そして、その温かみに包まれたことで、オニヒトデービル、つまりニライは、近代合理主義的な善と悪の二項対立思考がもたらす非生産的な怒りという感情を鎮めることができたわけである。

「早くマブヤーにとどめをさせ！」とハブデービルが促すが、その眼前でオニヒトデービルのマブイが落ちようとしていた。

ニライカナイ、カチャーシー、チャンプルー。酸いも甘いも、悪も善も、混ざり合った存在、それが人間なのだという哲学を、沖縄の伝統文化は長きにわたって育み、また伝承してきたのだ。

さて、必ずマブイストーンを取り返すと誓いながら歩くカナイとケン。これからも協力して一緒に闘おうと言うカナイに、ケンは自分の役割はもう終わったと告げる。追いすがるカナイを冷たく突き放すケン。そして、消えていく。悲しみをこらえながら、家路に着くカナイ。そうしている間にも、真っ黒なマジムン台風は沖縄へと向かっているのだった。

43 『沖縄民俗辞典』p.398

最終話

「9つのマブイストーンがデージなってる」

九つのマブイストーンの入った壺を手に、これで沖縄もおしまいだと息巻くハブデービルとクーバーたち。その頭上を真っ黒なマジムン台風が覆い尽くす。混乱したまま、わけもわからずに歩き出す人びとに混じって、カナイは福地工房を遠巻きにしながら、「お世話になりました」とばかりに一礼する。覚悟を決めたカナイはマブヤーに変身し、マジムン軍団との最後の闘いに挑む。

最後の闘いだけあって、今回は今まで一度も自ら闘ったことのなかったハブデービルがマブヤーと一騎討ちをする。しばらく互いにパンチを繰り出した後、ハブ親方はとっておきの必殺技を繰り出す。「スーパーあんしぇーやー（さらばだ〜）！」吹っ飛ばされるマブヤー。

場面変わって、何の大会かわからない大会会場に人びとは集まってくる。司会者が一人の三線《さんしん》弾きの新良《あら》さん[44]を紹介し、新良さんは沖縄民謡とは似ても似つかない音楽を弾き語り、人びとを落胆させたかと思うと、次の瞬間マジムン顔に変身し、真っ黒な三線で耳障りな音を立てながら、「いつまでもこの島があると思うなよ」などと叫ぶ。

場面はふたたびマブヤーとハブデービルの闘いへ。ここで、スーパーあんしぇーやーの攻撃に弱ったマブヤーにハブデービルが語りかける。

ハブデービルは問う。カナイがたしなむ沖縄空手とハブ（デービル）の共通点は何か、と。

言葉に詰まるマブヤーに、ハブデービル自らが答える。

「いいか、沖縄空手もワッター（おれたち）ハブも、自分から攻撃することはないば〜。それがなんでワー（おれ）とヤー（おまえ）は闘ってるば？」

「人間はよ、ワッター（おれたち）よりず〜っと後にこの島に移り住んだくせして、ドゥカッティ（自分勝手）だばよ！この島はイッター（おまえたち）だけの島か〜っ⁉」

詰め寄られるマブヤーは、少し間をおいてから穏やかな口調で話しはじめる。

「ウチナーグチ、石敢當、テーゲー、エイサー、チャーガンジュウ、イチャリバチョーデー、トートーメー、命どぅ宝、カチャー

44　新良幸人（あら・ゆきと、1967〜　）。石垣市白保出身の音楽家。パーシャクラブのメインボーカルで八重山民謡の唄者としても随一の実力派。2008年、宮良長包音楽賞受賞。『2』の第七話にも出演した。

シー。沖縄の大切なもの。そして、マジムン、おまえたちも大切だ」

その理由をマブヤーはこう続ける。

「オレは全力でマブイストーンを守ってきた。でも、おまえたちが奪ったりしなければ、その大切さに気付かないままだった。だから、それを教えてくれてありがとう。ニフェ（感謝）」

戸惑いながらも、マブヤーの言うことなど無視してマジムン台風を呼び寄せるハブデービル。そんなハブ親方に対して、マブヤーはなおも「ニフェ」を言いつづける。そして、最後に空に向かってティーダヤーチューを撃つ。それを追いかけるようにして、天高く舞い上がる九つのマブイストーン。とたんにマジムン台風は消滅し、島に伝統文化が戻って来る。むろん、カチャーシーも。何の大会かもわからずに集まっていた人びとは新良さんらが爪弾く「唐船《とうしん》ドーイ」[45]に合わせて一斉にカチャーシーを踊りだし、それを見たハブ親方は「ハゴッサー（最悪〜）！」と叫ぶが、その手はちゃっかりとカチャーシーを踊っている。手下のクーバーたちに至っては、もはや乱舞状態だ。「マブヤー、覚えとけよ〜！」という捨て台詞を残して去りつつも、カチャーシーは踊り続けるという、ハブ親方お得意の笑いで締めくくられる。

気持ちとは裏腹に体が勝手にカチャーシーを踊りだすハブデービルたち。「マブヤー、覚えとけよ〜！」と啖呵を切りながらも、踊ったまま去って行く。

前にも書いたように、カチャーシーの語源といわれるカチャースンはすべてのものをかき混ぜるという意味である。島人（シマンチュ、つまり島の人びと。ウチナーンチュと同様、沖縄の人びとを表す方言）の喜怒哀楽はもとより、良きも悪きも、敵も味方も混ざ

45　琉球民謡のなかでも最もポピュラーで代表的なカチャーシーの曲。エイサーのトリの定番で、祝い唄の曲の一つ。速弾き。

り合って、生きていること自体を祝うのがカチャーシーであるならば、マジムンの告白を聞き、素直に人間の至らなさを認めたマブヤー、いやカナイの気持ちは、まさにカチャーシーを踊るにふさわしいすがすがしさに満ちていたにちがいない。そして、それは沖縄の伝統文化を一度失い、その意味と価値を再確認した沖縄の人びとの気持ちとも重なるのである。

ふたたび、福地工房に戻ってヤチムンをひねるカナイ。昔どおりの平和が戻って来たようだ。ただひとつ、大きく変わったこと、それはカナイ自身の心、精神性だった。自分のヤチムンを見ながら、不出来だと笑うカナイに向かって岩次郎はしみじみと言う。

「カナイ、ようやくおまえのヤチムンになったな。ようやく」

それを聞いて、大きく「はいっ」と答えるカナイ。その顔は静かにこみ上げる喜びと幸せに満ちている。そして、ここにもこの『琉神マブヤー』というヒーローものの特質的な本質が象徴されている。それは、やっぱり

「成長するヒーロー」。

出来合いのヒーローではなく、未熟で不完全なウチナーンチュのカナイが、マジムンと闘いながら、奪われたマブイストーンの意味をひとつひとつ理解していく、つまり沖縄の伝統文化の大切さをだんだんとわかっていくことで、徐々にウチナーンチュとして、そして一人の人間として成長していく。しかも、そのきっかけを作ってくれた、ともに沖縄を愛し、自然を愛したがゆえに人間への怒りを募らせたマジムンへの感謝をも忘れることなく、だからこそ、他のヒーローのようにマジムンを破壊したり殺したりせずに、メーゴーサーとヤーチューでお仕置きをする。

このカナイの姿は、それを観る視聴者のそれとも重なる。結果的には、テレビの前に鎮座する子どもたちは、カナイが成長するのと同じように、沖縄の文化を少しずつ理解し、徐々に成熟していく。これは何も子どもたちに限ったことではない。大人もまたそうである。ウチナーグチをしゃべれず、伝統文化の意味についても希薄になりつつあるウチナーンチュの大人が増えるなか、流ちょうなウチナーグチをしゃべり、沖縄的笑いを振りまき、そのうえ沖縄文化をけなしつつも面白おかしく説明してくれるハブデービルが、マブヤーと同じくらい、あるはそれ以上に人気があるのも[46]、マジムンをも含めて、登場するキャラクターおよび視聴者が全員でともに成長、成熟していくことの心地よさをこの作品に感じるからに違いない。その意味でも、『琉神マブヤー』は沖縄の伝統文化を有機的に活性化する機能を持った、特筆すべきポップカルチャーなのである。

46　映画『琉神マブヤー THE MOVIE 七つのマブイ』公開に合わせて取った、元祖『琉神マブヤー』（テレビ版／DVD版）について焦点を当てたアンケートの結果を巻末に付録しておくので参照されたい。

RYUJIN MABUYER INTERVIEW

ヒーローを支えたお笑い三銃士

『琉神マブヤー』シリーズの肝は〈笑い〉にあり。沖縄のお笑いの伝統と革新の拠点FECに集った男たちの、初陣の記録。

聞き手◉山本 伸

——13年前ぐらいから沖縄国際大学に呼んでいただいて、ジャマイカとかトリニダード・トバゴのカリブ文学の集中講義をしているんですが、その教え子の一人が結婚した相手が「おいどん」という芸人さんで……。

山城智二（以下、山城）　えー、マジすか！　ウチの事務所（FECオフィス）にいた芸人ですよ。今は芸人を辞めたけど。

仲座健太（以下、仲座）　おーおー。

ハンサム金城（以下、金城）　今でもライブを見に来てくれるんですよ。

——それで昔からFECという名前は聞いていて。もちろんその頃にはすっかり『琉神マブヤー』のことは知っていました。私は和歌山県の熊野の近くの出身で、熊野は内地でもかなり変わっているというか特殊な場所でして、山神信仰もあって、「見えない存在」とか、

もうあたりまえなんです。凧揚げするのに風が来ないと、「風の神を呼ぶんだ」って口笛を吹いたり。

金城　へー。

――そういうところがちょっと沖縄と類似性があるなと思っていて。だから沖縄にはスッと入れました。

山城　あーなるほど。

――それで『マブヤー』を見て、「これはすごい！」と思った。どこがすごいかというと、真面目な内容なのに「笑える」ってところ。それに、ヒーローも悪者も、特にハブデービルがそうだったんですけど、非常に謙虚で、嫌みがない。「笑える」「真面目」「謙虚」、この三拍子が揃っていて、これはもうすごいと。

山城　エヘヘヘ。

――それで、できるだけその面白さを伝えられないか、と思いを込めて書いたのが今回の本なんです。作品の内容が濃いですし、ウチナーグチ（沖縄言葉）もナイチャーにはぜんぜんわからないと思うので、そのあたりの解説を加えながら。そのわからないウチナーグチが、実はウケてるんですよ。

一同　へー。

――2011年、劇場版が公開された時に『マブヤー』についてアンケートを取ったんですが、「『マブヤー』の好きなところは？」という質問の3分の1が「笑い」で、3分の1が「方言」。

撮影◎嶺井政司

金城　ホントだ。

仲座　でも、僕らも喋れるかと言われたら……。

金城　ちゃんとしたウチナーグチは喋れないかも知れません。

◎大スベりするかもしれない

――山城さんがFECを立ち上げられたのは、どのような経緯で？

山城　もともとFEC自体は、1989年に沖大のサークル（演芸集団フリーエンジョイカンパニー）からスタートしまして。最初はお笑いをやるようなサークルではなくて、自由に楽しく大学生活をエンジョイしようよということで、毎月遠足をしたりボーリング大会したり、軟派な（笑）サークルからスタートしてます。で、学祭のときにお笑いのステージをFECでやろうということになって。それでやったらすごい大盛況。300人ぐらい入る場所で1日で5回ぐらい公演したら、客席が全部埋まって。それで調子に乗って、FECをお笑い系のサークルにしようと。うちの兄貴（山城達樹、96年急逝）と、もう一人渡久地《とぐち》政作がいて、これが一期生になるんですが、その二人が「ファニーズ」というお笑いコンビを組んで、そこからスタートしました。彼らが卒業する代になって、これを機に事務所を立ち上げて本格的にプロ活動をしようと。それが始まりですね。

――お笑い芸人の事務所というのは、それまで沖縄にはあったんですか？

山城　僕らの一つ上世代に、玉城満《たまきみつる》さんたちの「笑築過激団」という……。

――ああ、『お笑いポーポー』の。

山城　そうです。ぼくらは、その次の世代みたいな形になります。笑築過激団はコント主体だったけれど、僕らは、それまで沖縄にはなかった、漫才を主体とした笑いを作っていこう、ということで団体を立ち上げたんです。それが1993年で、翌年から毎月1回、定期的な舞台を自分たちで打つことにして、それがずっと続いて、これが今年で22年目になります。舞台を主体にしつつ、芸人をどんどん増やしていって、「沖縄のお笑い」を確立しようということでずっと活動してきました。

――山城さんご自身は、お笑い以外の、たとえば映画『Nothing Parts 71』なんかにも俳優として出演されてますよね。かなりシリアスな感じの芝居をされてますよね。スカルを持って。ケンとぜんぜん違うんですね。

山城　まったく違いますね。もう沖縄のダークサイドというか、まぁ素の部分、真っ暗闇の部分を描いてまして。

――『アコークロー』にも出ていらっしゃいますよね。僕は台湾で学会発表したことがあるんです。

山城　おお、そうですか！

――今はもうみんな合理的で見える世界しか通らない世の中になっているなかで、「見えない世界」というのが実はすごく大事な精神性だと思っているので、そのあたりの関心から取り上げた映画が、『アコークロー』と、それからもう一つ、ユタが出てくる映画……、えーっと……。

山城　『サーダカー』？

――それです！

山城　そうなんですか。僕、もともと映画が好きで。僕がお笑い始めるきっかけは、ちっちゃい時から面白いこと、笑わせることが好きだったんですけど、映画もずっと観ていて、なかでもスティーブ・マーチンという俳優がめっちゃ大好きで。彼の出ている映画はみんな好きなんですけど、特に『サボテン・ブラザーズ』を観たときに完全にハマッてしまった。それで「面白いことを表現したい」って思うようになって、学校で映画の面白いシーンをマネしたりしてました。その延長上で、芸人活動をしつつも、ずっと映画を観てましたし、映画に関わる仕事もしたいと思ってきました。

――今はラジオ番組も持っていらっしゃいますね。

山城　ローカルの放送局の番組ですが、映画コーナーさせてもらったり、映画コラム書かせてもらったりとか、ずっと映画に関わることをやっていたら、映画好きな人たちが周りに集まってくるというか、惹きつけられるようになって。そこで『マブヤー』の脚本家の山田優樹さんと出会うんですよ。山田さんはもう映画が大好きで、それで気が合った。それじゃラジオで一緒にミニ番組を作って、映画パロディとかをやろうってことになって、そういうのをずっとやっていたんですね。一銭のお金にもならないんですけど、とりあえず局にも内緒で用意しておいて、3時間か4時間の番組のなかの5分だけディレクターにもらって、映画コーナーやったりとか、ずーっと遊びでやっていたんですよ。

それで山田さんが沖縄の特撮ヒーロー番組を作るってなった時に、すぐ声をかけてもらって、やるんだったらやっぱり、誰かわからない人じゃなくて、ずっと今までやってきたメンバーとやりたいと言ってくれて、それで『マブヤー』を一緒に作るという流れができたんですよ。

――『マブヤー』のケン役のオファーが来たとき、どう思われましたか？　例のアンケートでは、「ケンをぜひカムバックさせろ！」という声もあって、特に大人に人気があります。僕もケンの熱烈なファンなんですけれども。

山城　ハハハハハ。ありがとうございます。嬉しいですね。自分がやった役で、いちばん多くの皆さんに観てもらっているのはケンじゃないかな。今でも僕、結婚式の司会とかしてたら「あれ？　なんで今日はケンじゃないの？」って言われますからね。あれから何年経ってるのって感じなんですけど、今でも言われる。やっぱり相当インパクト強かったのかなって思いますね。実はケンというキャラクターは、山田さんから「大スベリするかもしれない」って言われてたんです。

――それはちょっと意外です。

山城　オファーの時に山田さんが僕に言ったことを今でも覚えているんですが、『マブヤー』っていう新番組をFECと一緒に作りたい、『マブヤー』にはいろんなキャラクターが出るんだけど、一個だけ、自分はチャレンジしている部分があって、これはもしかしたら大スベリするかもしれない、でもちょっとやらないか、と。どういう役か訊いたら、主人公の隣にいるシーサーの化身なんだけど、単なるシーサーをやっても面白くないから、これが犬なのか何なのかよくわからない、一般の人には犬に見えているけど、カナイから見ると変なおじさんに見える、そういうのやりたいんだよ、と。ただ、大スベリする可能性、大ケガする可能性あるよって言われたんだけど、聞いた瞬間面白いなーって思って。それだったら、何か僕らしいこともできるだろうってことで、即決でやると返事しました。

――途中でギャグが出てくるときなんかは、けっこうアドリブですか?

山城　そうですね。もちろん脚本はあるんですけど、筋に沿っていれば、それを面白くアレンジしてふくらませるのは僕らサイドで、という了解は最初から出来上がっていました。むしろそのへんは芸人さんが一番よくわかっているはずだから、と。現場では実際、山田さんが書いてきた台本をベースに、ここはもっと現場に合った面白いくだりにならないかなー、とセッションみたいな感じになるんですね。午後から撮影が始まるんで、「智二さん、何個かここのパート、午後までに考えてみてくれませんか?」と。それで自分なりに考えて、で、いざ撮影が始まっていろいろ試していくんですよ。とっても楽しかったですよ。一緒に作ってるって感じがして。変に押しつけもなくて、脚本の面白さと、現場の面白さと、芸人というかキャストの面白さが合わさって、言葉がどんどん出来上がっていく、という感覚がすごく現場にあった。だから、怖いもの知らずのところもあったと思うんですけど、ともかく自分たちの持っているエッセンスを全部ドラマに、キャラクターに吹き込もうと思ってやりました。

――確かにそれぞれのキャラに、それこそ魂が込められてましたね。

山城　さっき方言が面白いっていうアンケート結果がありましたけど、たぶん僕ら芸人がキャラクターを演じて、それに合った方言とかおかしなことを言うのがウケたっていうのは、もし単にそれだけだったら、観ている人たちに届かなかったと思うんですよ。それは脚本の山田さんと、気心の知れている監督の岸本司さんがやっぱり僕らのニュアンスをわかってるので、そのリズムや空気感という、その目に見えない

山城《やましろ》 智二《ともじ》

1971年那覇市出身。ＦＥＣオフィスの芸人兼代表取締役。2005年にスタートさせた公演「基地を笑え！お笑い米軍基地」が大きな反響を呼び、現在も毎年継続公演中。俳優としては、『琉神マブヤー』のケン役のほか、『ハルサーエイカー』（ノーグ・ヘラー役）、映画『アコークロー』『天国からのエール』などに出演。

匂いというかカジャー（沖縄方言で匂い）というか、そういったものもすべてわかってそれを受けてくれたから、ああいう映像に落とし込めた、と僕は認識しているんです。あの面子じゃなかったら、あの空気感は絶対出せてないでしょうね。

ハブデービルは人見知り

仲座　僕は、高校時代にちょっと舞台に立ったりとかやってたんですが、高校卒業を迎えて進学か就職かとなったときに、お笑いをやりたかったんですけど、お笑いか学校の先生かという選択肢になって。どっちもその時は深く考えていなくて、親に言って褒められるのは学校の先生だったんで、それで一応、福岡の九州共立大ってところに行ったんですよ。でも、自分の覚悟も何にもないまま行ってるし、そもそも、地元の南風原（はえばる）の喜屋武（きゃん）って狭い世界で生きてきたんで、外に出たときに初めて「あ、オレ、知らない人としゃべれない」って気がついた。

一同　（笑）

仲座　生まれてから今までずっと、知ってる人としかしゃべったことないから（笑）。だから、ゼロから友達とか知り合いを作ることができない、みたいな状態で。自分でそのことに初めて気づいて、そこからはもう、外との世界をシャットアウトしてしまって。学生仲間や先輩とケンカもしましたし、沖縄県人会ともケンカして。「なんでこんなところに来てから沖縄の良さに気づくのか。沖縄にいるときに気づけよ、おまえたち」と。それで、自分のなかで「このままじゃダメだぁ」となって沖縄に帰った。もう一つの夢、やりたいことがお笑いだったんで、「やっぱりお笑いだなー」と。その時は東京に行くとかは考えはなくて、まずもう沖縄に帰るのが大前提でした。

　で、FECが芸人のオーディションをするというのを見て応募したのがきっかけです。でも、FECとか沖縄のお笑い自体、まったく知らなかった。『お笑いポーポー』は知っていて大好きだったんですけど、もう沖縄のお笑いとか面白くないと思っていたので。最近、友達から聞いたんですけど、その友達に俺は言ったらしいんですよ。「FECに入るから見とけよ、俺が1年で沖縄を〝統一〟する」って。

一同　統一（笑）

仲座　統一ってぬーやが（何だ）？って話なんだけど、それで入って、最初にライブを見て、そこで衝撃を受けたんです。先輩たちがとっても面白い。びっくりして、それからいろいろなことに参加して、いろんな方に教わりながらちょっとずつお笑いを始めました。

　――お笑いコンビの「ハンサム」を作ったのはいつぐらい？

仲座　僕ら（仲座・金城）が入ったのが同じ年で1996年なんですけど、コンビ組むのが2000年で、その前の4年ぐらいはそれぞれピンで活動したり、別々にコンビ組んだりして。それで、お互いコンビ別れして、フラられたもん同士で残ったんで、じゃあバツイチ同士で組もうか、と。

　――で、うまく行ってるわけですね。

仲座・金城　（同時に）それはちょっと……。

一同　（爆笑）。

　――ハブデービルという役についてはどうですか？　アンケートでは絶賛されていますけれども。

仲座　こういう役だよって言われても、最初はぜんぜんイメージできなかったんですよ。それ以前から僕のことを見ていた山田さんや岸本さんが僕をハブデービルに推すんだから、絶対にできるはずだと思ってはいたんですが、外から見てそう思ってくださるのと、自分ができると思えるのとでは全然違って。正直どうなるかわからなかったですね。いちばん最初の撮影が、読谷の何とかという小学校の前で……。

山城　読谷の渡慶次（とけし）小学校だね。

仲座　そこのマチャーグヮー（商店）の前での登場だったんですけど、そのときは、ハブデービルの着ぐるみを着けたこともまだそんなになくて、照れながら演ってます。「変なメイクしてる俺」みたいな感じで、なんか顔に出てる。

――ハブデービルのブログが人気ランキングで1位になったりして、相当人気が出ましたが。

仲座　あの時は、ドラマと同時にヒーローショーを同時進行でほぼ毎週やっていまして、ヒーローショーのなかでハブデービルの時間がけっこう長かった。写真も撮ることができたし、ブログを書きながら、遊びながらやってました。そこが起点で、いろんな仕事に繋がっていますね。

――ユーチューブの動画で流れてましたよね。

金城　ヒーローショーがすごい話題になったんですよ、当時。今までの内地のヒーローショーでは、あらかじめ録音済みの声に合わせて、当てブリでやるというのが主流だったと思うんですけど、『マブヤー』に関しては、お金もないっていうのもあるし、とりあえず本人たちでやってみようと。で、喋るとなったら、マブヤーだとお面があって喋れないから、じゃあハブデービルで、ということになって。結局、ハブデービルを起点に30分のショーを作っていこうという流れになった。じゃあもう何はともかく喋らんとねーっていうことで、ハブデービルのあのキャラクターで、大人とか子どもとかそんなに意識せずにガンガンやってみよう、と。そしたら、ドッカンドッカン、もう大ハマリ。ヒーローショーを始めてからハブデービルの評価がガーッと上がっていった、という感じですね。

――クーバーは子どもに圧倒的な人気ですね。

金城　そうですね。キャラクターとしてはとっても人気がありました。クーバー1号2号は3人で回していて、僕は最初のキャストに入っていなかったんですけど、智二さんから「クーバーに欠員が出たから」と誘ってもらいました。ただ、顔出ないよ、喋らんよって。でもその頃は全然仕事もないし、なんだか楽しそうだからやりますよって。やってみて良かったと思うのは、テレビではそんなにではなかったんですが、

仲座《なかざ》 健太《けんた》

1976年南風原出身。99年第6回フレッシュお笑い選手権で大賞を受賞。その後、ハンサム金城とお笑いコンビ「ハンサム」を結成。『琉神マブヤー』の初代ハブデービル役のほか、『ハルサーエイカー』（サマリタン・ドブー役）、『オキナワノコワイハナシ』などに出演。

ハンサム《はんさむ》 金城《きんじょう》

1972年那覇市出身。仲座健太とお笑いコンビ「ハンサム」を結成。『琉神マブヤー』では「金城博之」名義で出演、クーバー２号とオバァの彼氏役を演じた。『oh! 笑いけんさんぴん』『ウチナーアットホームバラエティ ゆがふうふう』などに出演。

ショーで殺陣（たて）をたくさんやらせてもらえたことですね。

仲座　僕（ハブデービル）はあまり闘いませんでしたので。もっぱら「行け～」「ひんぎれ～」なので。スタートとゴールしかやってなかった（笑）。

金城　ちゃんとした人から習って、殺陣の指導をしてもらって。最終的には、バク転もできるようになったんですよ。でも、クーバー役が終わったら、あっという間にできなくなった（笑）。まぁでも、意外に動けるようになるんだなって思えて、そこらへんはとっても楽しかった。ただ、仲座が横で喋ってウケているのを見ると、ストレスが溜まるんですよ。

仲座　えへへへ。

――クーバー役以外に、吉田妙子さん演じるオバァの話し相手役で、第1話から登場していますね。

金城　沖縄言葉が奪われるってところですね。

――あのシーンの舞台となっている山城ストアー、ナビで探して行きましたよ。

金城　マジですか！　あー、なんかそういう方、多いみたい。自分たちで勝手にツアー組んで、山城ストアー行こうだとか、ここが闘った海岸沿いだとか。

――その山城ストアー前のオバァとのやり取りの最中に、ウチナーグチから標準語に変わるわけですが、それがあまり標準語っぽくないというか。

金城　あそこは、わざと棒読みでやってくれって言われてやりましたね。

――そこに、ちょっと標準語を馬鹿にしたような感じがあるんじゃないかという気がしているんですが。ちょっと面白がって言っているというか。吉田妙子さんも台詞で「フィットネス・クラァ～ブで」と伸ばして喋ってますし。

一同　（笑）

金城　よく見てますねぇ。まぁ、小馬鹿にするとか嗤《わら》ってるというところまではいかないと思うんですけど。結局、沖縄の人たちって、標準語ですら何が標準語かわかっていない、っていう表現だと思うんですよね。

◎お笑いの地産地消

——振り返って、FECにとって『マブヤー』という作品は何だったとお考えですか？

山城　僕らはあくまで舞台をベースにしている。僕らのホームグラウンドは舞台であって、そこで漫才、コント、喜劇をやってきた。『マブヤー』は、それとはまったく違う、テレビのドラマというフィールドのもの。僕らとしては、まったく新しい表現方法と出会ったというか、そういう感覚なんですよ。そのまったく違うフィールドでも自分たちの表現ができるんだっていう発見や喜びはありました。

仲座　それに、『マブヤー』のおかげで、事務所として知ってもらえた、というのもやはり大きいですね。当時僕らは『お笑い米軍基地』というのをやっていたんですが、それに予想しない多くの人たちからも評価をいただいた。

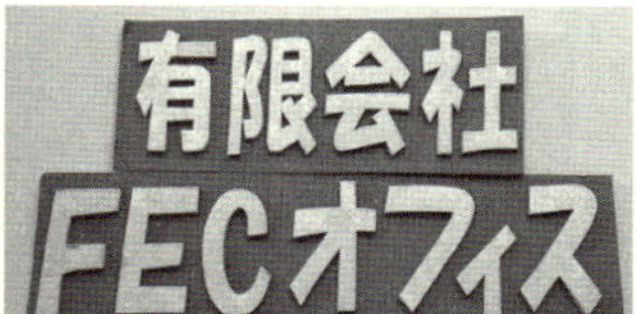

山城　FEC自体も『マブヤー』のおかげで、とっても大きくなることができました。それに「O-1グランプリ」という沖縄のお笑いコンテストが9年前からやっていて、ありがたいことにここ数年、うちの芸人がずっと優勝しているので、その効果もあったりして、けっこう若い子たちがFECに入ってくるようになってきています。

——最後に、今後はどういう感じで、それぞれあるいはFECとしてやっていくかということを、思っているままでいいのでお願いします。

山城　はい。僕らはもう沖縄という土地で活動している芸人であり、お笑いの団体なので、これからも変わらず、まずもって自分たちの言葉で自分たちの住んでいる場所を題材にしてお笑いを作っていくことを、とことん追求していきたいなと思っていて。

——「お笑い県産品」っていうのをやってらっしゃいますが、あれはどういうものですか？

金城　沖縄のお笑い団体みんなで作っていて、FECも出演させてもらっているテレビ番組ですね。

山城　最近、沖縄にも吉本さんが来て、このまえも吉本花月という劇場を作ったんですけど。それはそれでいいんですけれども、でも結局、沖縄に来る人が観たいものは、吉本のお笑いじゃないんじゃないかと思うんですよ。そこでやっている土着のお笑いでしかないはずなので、僕らがやるべきことは、とことんそれを深く掘り下げていくことだと思ってます。

山城　沖縄のお笑いは、もともとは喜劇というのがやっぱり主流でありベースだったと思うんですね。それを僕ら世代になって、その時々のアプローチがあるだろうということで、漫才に行ったりコントに行ったりするんですけど、たぶんそのベースというのは変わらない。沖縄のお笑いというのは脈々と受け継がれているというか、それを守りつつ、今の沖縄のお笑いというのを僕らは担っていけたらなぁというふうに思ってますね。

仲座　僕もそういうことなんですけどね。あと、ハンサムというコンビとしては、どんどんがんばって、それから東京行ってどうにか、とかいうのじゃなくて、ここ沖縄を特化していって、「メイド・イン・ウチナー」ってやつをやって行こうと。沖縄で特化して、かつ、ちゃんとみんなに伝えられるような面白さが表現できれば、その逆にまた東京や内地のほうからも来てくれるってことになるんじゃないかなと、そういう状況になれればいいな、と思いますね。

——せっかく九州で引き返してきたことでもありますしね。

仲座　そうですそうです（笑）。

一同　（爆笑）

（2015年3月16日）

補論

『琉神マブヤー外伝 SO!ウチナー』

『琉神マブヤー外伝 SO!ウチナー』は、一作目の『琉神マブヤー』の外伝として二〇〇九年一〇月から二〇一〇年一月まで琉球放送で放送されたもので、このシリーズとしては第二作目に当たる。一作目同様、沖縄の伝統的な価値観に焦点を当てた内容からなり、その大きな特徴は沖縄県の昔話を交えて物語が展開される点だ。話は以下の十三話である。

第一話　「がんばることとってSO!ウチナー」
第二話　「カミーのプーでSO!ウチナー」
第三話　「犬と猫でSO!ウチナー」
第四話　「琉球人魚でSO!ウチナー」
第五話　「怪力タラッチでSO!ウチナー」
第六話　「福の神ってSO!ウチナー」
第七話　「恩返しでSO!ウチナー」
第八話　「ニーブイ虫でSO!ウチナー」
第九話　「ペーちんってSO!ウチナー」
第十話　「勇気を出すってSO!ウチナー」
第十一話　「マジムンバナでSO!ハゴー」
第十二話　「屋良《やら》ムルチでSO!ウチナー」

第十三話「最終回もSO!ウチナー」

神の住むチルダイ森に出入りができる心根のきれいな若者ユンタとゆい。二人は特別な力を持った修行老人じんぶんぺーちんから昔話を聞かせてもらうことで、そのなかに含まれる沖縄古来の教訓を学んでいく。

ところが、その美しい沖縄伝統の価値観を今に伝える昔話の精神である「マブイバナ」がマジムンの手によって奪われてしまう。それをこの若い二人とマブヤー、ガナシーが一緒になって取り返すことで、沖縄の昔話、つまりSO!ウチナーな伝統的価値観を守っていくというもの。ちなみにSO!ウチナーとは、その使われ方から判断して「とっても沖縄っぽい!」とか「だからよー(ウチナー口特有の言い回し)」とかいったニュアンスのようだ。助けを求めてマブヤーを呼ぶときに叫ぶ言葉でもある。そういえば、シリーズを通してマブヤーはカナイの変身した姿として描かれるが、『外伝』ではマブヤーは単体で存在する。つまり、カナイという存在はなく、ガナシーもまたニライの変身したものではない。ふたりのヒーローは人間を助ける第三者であり、その意味ではむしろ沖縄の現在と未来を背負って立つゆいとユンタの心の成長にこそ焦点があてられていると言ってよいだろう。

ユンタとゆいは若い男女であるが、互いに恋だの愛だのといった、このような設定においてはごくありがちな関係が微塵もないのがすがすがしくも大きな特徴である。年の頃なら二十歳前後の男女が、まるで小学生同士のように教え合ったり反省したり。まさに潔癖で純真爛漫なふたりなのだ。それに輪をかけたように、頭に超の付くマブヤーの誠実さと優しさが二人を包み込む。

優しさのなかにも時に厳しさを滲ませるのが、二人に昔話を聞かせてはその意味を教えてくれるじんぶんぺーちんだ。琉球空手の達人で、三百年もの間ずっとチルダイ森のなかで修行を続けているぺーちん。一作目でいえば、オバァに当たる役割をしっかりと果たしている。沖縄伝統のフォークロアが生み出した大切な知恵や哲学をオジィやオバァが若い世代へとつないでいくという基本が、一作目に続きこの作品においても頑なに守られている点がすばらしい。

加えて目を引くのは、二人に絡んでくるウーマクー(やんちゃ)トリオの三人組。男子二名、女子一名からなり、ウーマクーなこと(やんちゃな悪戯)が大好きなウーマクーターである。なかでも外間みよ子[1]演じるウーマクーガールは、その容姿端麗さとは対極的なきわめてキレのいいコミカルさで本気で笑わせてくれる。

1 ほかま・みよこ。沖縄出身のファッションモデル、女優。父親はイギリス系アメリカ人で、母親は日本人のハーフ。オーディションでグランプリ受賞後、小学生から高校まで沖縄アクターズスクールに在籍、のちにスカウトされ沖縄美少女図鑑のモデルなどを務めた。本作品『琉神マブヤー外伝 SO!ウチナー』の脚本を手がけた山田優樹が企画、制作し、同じく脚本を書いた『オキナワノコワイハナシ』(2004~)にも出演している。

じつにファッションモデルにまで奥深く浸透している沖縄の笑い。ここでもやはり、ウチナーンチュにとって笑いがいかに身近であるかがわかる。このウーマクー達、そのウーマクーさとは裏腹に心根はとても優しく、いつの間にかユンタとゆいと仲良くなって、マジムンたちに立ち向かうことになる。これぞウーマクー、わんぱくではあっても性根は腐っていない。

❖主な登場人物

ゆい◉演：石原萌（写真左）
ユンタ◉演：大城康由（写真右）

小さい頃からチルダイ森で一緒に遊んできた幼なじみ。ゆいがユンタにマブイグミ（魂込め）をすると、ユンタに「マブイバナ」のマブイがこもる。ゆいを演じた石原萌は、『4』ではまったくキャラの異なる役（マジムン軍団の新キャラ・ミノカサーゴ）を演じた。

性根が腐っていないと言えば、マジムンの首領「マジムンキング」もなぜか憎めない。一作目のハブデービルに多くのウチナーンチュが大いなる親近感を覚えたように、マジムンキングにもまた同じ思いを抱かずにはいられない。その理由もまた笑いである。田原雅之[2]演じるマジムンキングの、タメがあって、落ち着いた間《ま》が特徴の、数々のギャグは、最初チョロチョロなかパッパで、抱腹絶倒の笑いを生み出す。次の場面に変わっているのにまだ笑いがおさまらないという恐るべき破壊力を持つ。

さて、このマジムンキング、他のマジムンと一緒にハゴー山に封印されていたが、護符を剝がされ復活、しかし封印の力が完全に解けていないために腰から下は岩に閉じ込められている。マジムンキングの企てはマブイバナを奪い、代わりに「マジムンバナ」の種をウチナーンチュの心に蒔くこと。そうすれば、悪のマジムンバナが花開き、沖縄じゅうがデージ（とても）たいへんな事態に陥るからだ。その一の手先がハブクラーゲンである。一作目のハブデービルに代わるリーダーで、チューバー（強者）フォームになったときのハブデービルの言動はかなり怖いものの、お笑いの要素は確実に引き継がれており、マブヤーのティダヤーチューで気前よく吹っ飛ばされていく姿はすがすがしくさえある。

2　1967年沖縄生まれ。舞台俳優。「シアターテン」主催。沖縄演劇協会理事。ピアノの調律師学校出身というユニークな経歴を持つ。

じんぶんぺーちん◉演：かでかるさとし

ゆいとユンタに沖縄の昔話を紙芝居で語って聞かせる老人。時間のないチルダイ森で300年間空手の修行をしている。「じんぶん」とはウチナーグチで「知恵」のこと。

龍神ガナシー◉演：末吉功治

本シリーズ初登場の、第二のニライカナイの勇者。ハブクラーゲンの猛毒にやられたマブヤーを救うため、毒を中和する「スーパー酢」を持って現れた。ガナシーを演じた末吉功治は、このあとの『2』ではガナシーに変身するニライ役も顔出しで演じた。

琉神マブヤー◉演：翁長大輔

第１作目でマブヤーとなったカナイは本作では登場せず、変身後の姿のマブヤーのみが、ゆいとユンタの「SO！ウチナー」というコールに呼ばれてニライカナイから降臨する。マブヤーを演じた翁長大輔はこのあとの『2』では、カナイ(二代目)役も顔出しで合わせて演じることになった。

ハブデービル◉演：じゅぴのり(プロパン７)

仲座健太が演じた初代ハブデービルから演者変更。マスクも顔の上半分を隠すゴーグルタイプのものに変わった。本作では第三話でマブヤーに敗れ、それ以降姿を消す。

オニヒトデービル◉演：金城諒、打越陽二朗

本作でオニヒトデービルをメインで演じることになった金城諒は、学校の先生からスーツアクターに転身したユニークな経歴の持ち主。

本作品『琉神マブヤー ＳＯ！ウチナー』は、一作目の『琉神マブヤー』に通底する「沖縄の伝統文化の再認識とその継承」を同じく前面に押し出した作品である。外伝という形はとっているものの、マブヤーシリーズが大切にするところを最も余すところなく含み込んだ作品であると言っても過言ではない。

マングーチュ◉演：比嘉彩乃

親を人間に殺され、マジムンキングが親代わりとなって育てた、という設定が新たに加わっている。巾着袋に好物の唐揚げを入れて携帯している。演者は上門みきから変更、二代目マングーチュを演じた比嘉彩乃はマブヤーとの肉弾戦のシーンもこなした。

ハブクラーゲン◉演：与那嶺圭一

だいぶ弱って人間にいじめられているところをマングーチュに助け出され、マジムンキングから与えられた精力増強剤（？）「マジムンZ」を飲んで復活。ハブデービルが去ったあとのマジムン軍団を率いる新リーダーとなった。マスクには、猛毒の触手が付いた凶悪な表情の戦闘形態（チューバーフォーム）と、触手のないとぼけた顔の通常形態（ヨーバーフォーム）の２種類がある。この画像は後者。

クーバー１号・２号◉
演：吉田智人、仲宗根豪、浦中孝治、翁長武義、打越陽二朗

クーバー２号は先輩クーバーの１号に命じられて「マジムンZ」を飲み、一瞬だけマッチョになった。その時だけはマブヤーも歯が立たなかった。

マジムンキング◉演：田原雅之

ウーマクーな若者が護符を剝がしたことで封印を解かれて復活したが、復活が完全ではなかったため、下半身が岩にめり込んだままの姿になっている。沖縄の「マブイバナ」を奪い、「マジムンバナ」の種をウチナーンチの心に蒔こうとする。部下のマジムンたちへの説教に、案外説得力あり。

ウーマクーＡ◉演：久田友介
ウーマクーＢ◉演：キム（写真右）
ウーマクーガール◉
演：外間みよ子（写真中央）
ナイスガイ◉演：MIJA（写真左）

マジムンキングの封印を解いたりハブクラーゲンをいじめたりするウーマクー（やんちゃ）な若者たち。三人組が基本で、時々メンバーが変わる。決めポースや「歳は取ってもいまだ思春期！ 死ぬまで青春反抗期！ 生涯義務教育！」などの決め台詞まである。

第2章

『琉神《りゅうじん》マブヤー2《ターチ》』

話　数	放　送　日	タ　イ　ト　ル
第一話	2010年10月2日	かぎやで風のマブイストーンがデージなってる！
第二話	10月9日	ヒジュルーゾーンがデージなってる！
第三話	10月16日	サンのマブイストーンがデージなってる！
第四話	10月23日	ハーリーのマブイストーンがデージなってる！（前編）
第五話	10月30日	ハーリーのマブイストーンがデージなってる！（中編）
第六話	11月6日	ハーリーのマブイストーンがデージなってる！（後編）
第七話	11月13日	三線のマブイストーンがデージなってる！
第八話	11月20日	空手のマブイストーンがデージなってる！（前編）
第九話	11月27日	空手のマブイストーンがデージなってる！（後編）
第十話	12月４日	ナミがデージなってる！
第十一話	12月11日	ナミがしにデージなってる！
第十二話	12月18日	マブイストーンがとにかくデージなってる！
最終話	12月25日	マブイストーンとかヒジュルーゾーンとかテーゲーむるデージなってる！

第一節

概要および主な登場人物

マブヤーのティーダヤーチューがマジムン台風を吹っ飛ばし、沖縄に平和が戻って来たところで元祖『琉神マブヤー』は終わりを告げたわけであるが、『琉神マブヤー２（ターチ）』はティーダヤーチューとともに天高く吸い込まれた九つのマブイストーンが、粉々に砕け散って沖縄中に降り注いだところから始まる。

『２』でメインテーマとなるのは、「ヒジュルー」である。ヒジュルーとはウチナーグチで「冷たい、冷酷な」を意味する。今回のマジムン軍団の目的は、人情に厚く、先祖崇拝にも熱心なウチナーンチュを、ヒジュルーな、冷酷な人間に変えてしまうことである。そのために、沖縄では広く信仰されている「ヒヌカン（火の神）」をなくせばいいと考えたマジムンたちは、策略通りカナイがヒジュルーゾーンに閉じ込められた兄のニライ（ガナシー）を助け

琉神マブヤー◉演：翁長大輔

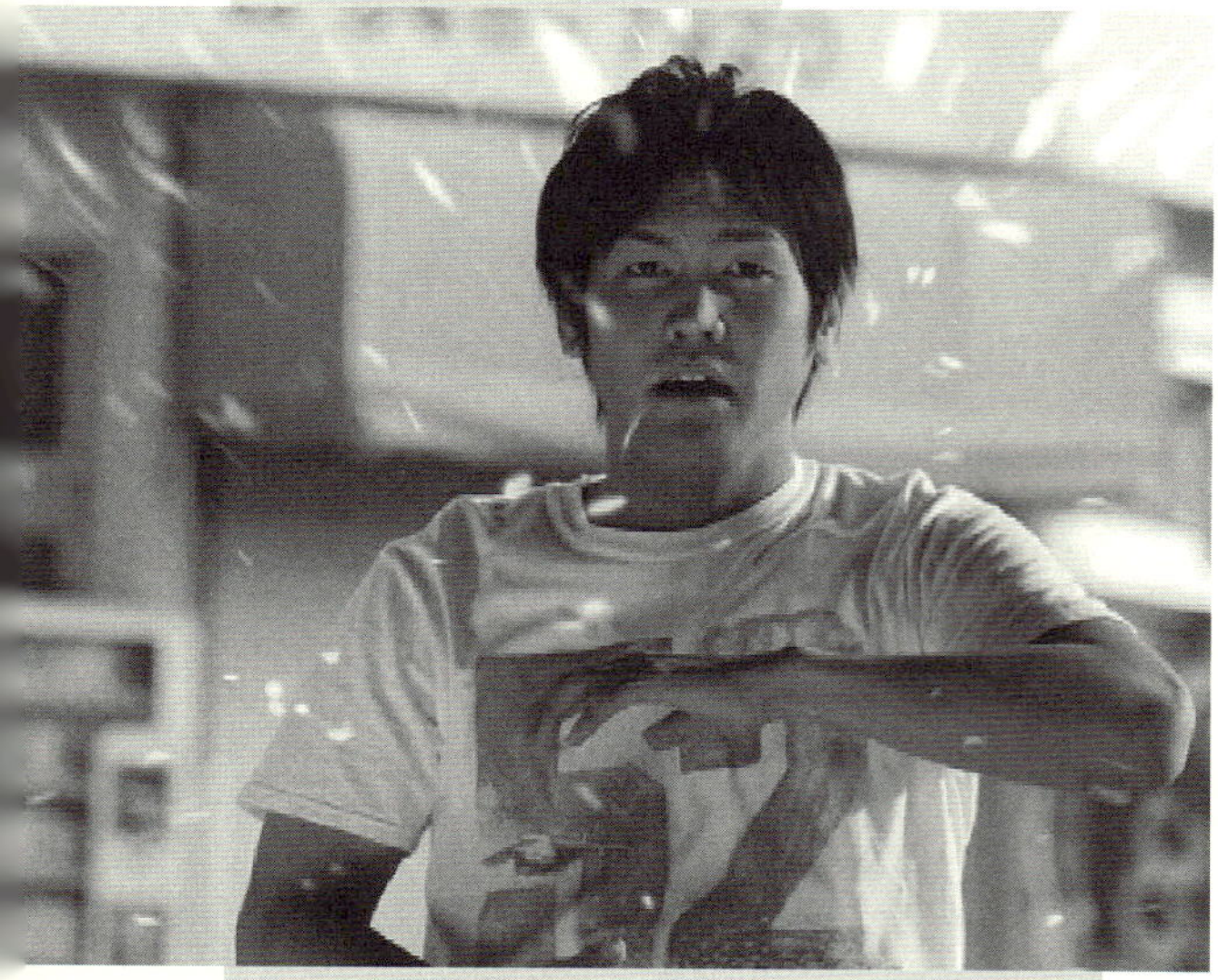

カナイ◉演：翁長大輔

知念臣悟が演じた初代マブヤー＝カナイ役から演者変更。カナイが登場しない『外伝 SO！ウチナー』で琉神マブヤーを演じた翁長大輔が、マブヤーだけでなくカナイ役にも起用され、このあとの『３』『４』でも２代目カナイを演じた。

るのを利用して、まんまとヒジュルーヒヌカンをこの世に送り込む。沖縄を冷たい島にしようと悪だくみをするマジムン軍団と、マブヤーを中心とした神人《カミンチュ》一族のガナシーおよびカナミーとの闘い。それが『琉神マブヤー2』なのである。

元祖『琉神マブヤー』、つまり『1（ティーチ）』と比べて大きく異なるのは、マジムン軍団の構成メンバーが入れ替わった点である。あのマジムン軍団の首領であったハブデービルがいなくなり、代わりにハブクラーゲンがその座に着いた。同時に、これまではハブ親方の取り巻きはオニヒトデービルとクーバーたちだけであったのが、ヒメハブデービルという手下が新たに加わった。いなくなったといえば、カナイにアドバイスをくれながら、ハブデービル同様お笑いの権化と化していたケンも登場しない。巻末のアンケートに寄せられた声にも聞かれるように、ハブデービルとケンはことさらその「笑い」のセンスで多くのファンの心を捕らえて離さなかった。それだけに、彼らの不在はシリーズにおいてきわめて大きな損失であると言わざるを得ない。筆者によるアンケートでは約八割のウチナーンチュが、このシリーズの魅力が「笑い」「方言」「沖縄らしさ」を挙げていること[1]からしても、この二人の存在はマブヤーシリーズの最大の魅力の一つであったこと

龍神ガナシー◉演：末吉功治

ニライ◉演：末吉功治

1　巻末pp.240-1の結果を参照のこと。

凰神カナミー◉演：仲本紫野

ナミ◉演：仲本紫野

を強調しておきたい。

その代わり、『2』では二人のヒーローが新たに加わった。「龍神ガナシー」と「凰神カナミー」だ。カナミーの加入は、沖縄を舞台としたヒーローものとしては当然の流れであろう。なぜなら、沖縄の社会を伝統的に支えてきたのは女性だからだ。事実、解説には次のようにある。

> 強いと言われる沖縄の女性だが、その基礎を築いた勇者。もちろん強さだけではなく母なる愛にあふれ、受け継がれてきたそのパワーは「アンマーパワー」と呼ばれる。超キモが座っていてめったなことでは驚かない。[2]

ちなみに、アンマーは母を意味する沖縄の親族語彙である。母のごとく、強くて優しいヒーロー、それが凰神カナミーなのだ。代表的な攻撃技は、「南風の一撃」を意味するフェーヌ・アタックと、『2』では出てこないが、カメーカメー攻撃。ここで、カナミーが象徴する沖縄の女性の存在をユタの話にまで少し発展させてみよう。

概してシャーマニズムが近代主義とは相容れないものとして否

2　DVD『琉神マブヤー2（ターチ）』付録のカナミーカード裏の解説。

定されることの多い現代において、合理主義の追求、見えるものしか信じないという価値観がさまざまなひずみを生み出しているのは周知の通りである。しかし、かのフランスの文豪カミュも述べているように、人間にとって本当に必要なのは得てして非合理なものであり、幸せや充足感といったものは必ずしも合理性の追求によって手に入れられるものではない。経済的に豊かであるという合理性が幸せをもたらすとは限らず、逆に代価を求めない非合理な愛情や友情といった精神性こそが人びとを幸せにするのである。

『琉神マブヤー』を見ていて、また前出のアンケート調査を通して実感するのは、そういった近代の合理性を斜に見る沖縄の視点である。そして、この視点を裏付けるもののひとつにユタを中心とする沖縄のシャーマニズムがある。ユタとは、

沖縄本島および広く南西諸島においてトランス（変性意識）状態で託宣・卜占・祈願・治病などを行なう民間巫女。男性もいるがごく少数。その性格はすこぶるシャーマニックである。ユタの呼称は主に奄美諸島・沖縄本島で用いられ、宮古島ではカンカカリャー、八重山群島ではムヌシリ、ムヌチー、ニガイビトなどと呼ばれる。ユタの語の由来ははっきりしないが、よくしゃべることをユタユンと呼ぶことに起源するとか、ウラル・アルタイ地方のシャーマン「ユタカン」から来

ハブクラーゲン◉演：与那嶺圭一

ヒメハブデービル◉演：浦崎明香理

ているとか言われる。ユタになる者は召命型のシャーマンに共通する心身異常（巫病）体験をもつことが多い。ユタ候補者は幼少時から神ごとに敏感で他人の運命を口ばしり、神にかかわる夢をよく見るといった経験をし、周囲からセヂダカウマリ（霊高い生まれ）とかセイダカウマリ（性高い生まれ）などと噂されて育つことが多い。二十代から三十代になって多くは夫婦の不和・離婚、病気、事業の失敗など生活上の不如意・困苦が引き金となって神ダーリ（神がかり）といわれる心身異常（巫病）に陥る。神にかかわる夢や幻覚が多発し、御嶽《ウタキ》や城《グスク》・洞窟《ガマ》などの聖地を巡って捜神を続け、先輩ユタの家を歴訪して指導を受けているうちにカミと直接交流が可能になりミチアケ（成巫）に至る。

近代沖縄においてもなお、ユタがこのように大きな存在として扱われるのは、沖縄が近代的発展のなかにシャーマニズム切り捨てを含み込まなかったからである。教育や産業、それにメディア等の近代化とユタの存在は、まったく別の次元で共存してきた。それは旧盆のウンケー[3]やウークイ[4]の行事を一家、親族をあげて行なうことを通常とするのと同質のものだ。これらの旧盆行事においても、つかさどるのは老齢な女性であるのが一般的であるように、沖縄の社会における女性には、単なる母性という象徴性以上のシャーマニスティックな機能が備わっていること、そして、それが沖縄の社会の屋台骨となってきたことをあらためて認識しておくことが肝要である。カナミーの出現は、その大きな本流のごく一部なのである。

もう一人の新顔はガナシー。マブヤーに次ぐ第二の勇者で、水龍の力を持っているとされる。赤ん坊の頃にハブデービルに拾われ、空手を習わされ、マジムンの計画に利用されようとしていたが、弟カナイにヒジュルーゾーンから救い出されたのをきっかけに正義に目覚め、一緒になってマジムン軍団と闘うことになる。殊に闘いの相手がオニヒトデービルとなるとムキになって怒りをあらわにするが、背景として『1』でオニヒトデービルと一体であったことが考えられる。まるで過去の悪の自分と決別するかのように、あるいは、そんな自分を善なる自分が叩きのめすかのように、このシリーズでは珍しく必要以上に暴力的な戦いが展開される。しかし、その怒りも森の大主《うふぬし》に申し出た修行を達成したことで、やがて冷静沈着に収めることができるようになる。

同時に、このシリーズではきわめて重要な要素である「笑い」の体質も豊富に持ち合わせており、たとえば空手家のオジイを安全のために頭をこづいて気絶させてからマジムンのもとへ駆けつけ、見事退治して帰ってきた後に、頭が痛い、どうしたんだろ、とオジイが言ったときのニライの斜を見る目線は爆笑、必見であ

3　お迎え。旧盆の間、この世で一緒に過ごすために祖霊をお迎えする日。
4　お送り。旧盆の間を一緒に過ごした祖霊をあの世へとお送りする日。

る。沖縄の長男体質のせいで、いつもアニキ風を吹かせてしまうところはご愛嬌といったところだ。座右の銘は、先のオジイに教えてもらった、「空手に先手無し」。この考え方は、ガナシーのみならず、『琉神マブヤー』シリーズの根幹をなすものだ。悪を退治するにも、自分から攻撃することはしない。そして、最後も敵を破壊するのではなく、お仕置きをするにとどめる。善悪が敵味方という二項対立的な分派ではなく、これまでもたびたび指摘してきたニライカナイという概念が持つ両義性のごとく、それぞれのなかに入り混じる、カチャースンな状態にあるという本シリーズの本質に通底する重要な哲学を堅持している。代表的な攻撃技は、ドラゴンメーゴーサーと「画期的な電気衝撃のお灸」という意味のカンナイ（雷）ヤーチューである。

マジムン軍団も大きく入れ替わる。ハブデービルに代わって、ハブクラーゲンが首領となり軍団を率いる。しかし、とくにヒメハブデービルの前ではボスとしての威厳はなく、いつもヒメハブにやり込められる。しかし、戦闘能力はハブデービルに比べてかなり高く、『1』ではめったに見られなかった首領とマブヤーとのバトルが毎回のように繰り広げられる。攻撃技は毒針で刺すこと、弱点は酢をかけられることであるが、実際作品中ではそのような場面は少なく、常にヤーチューやメーゴーサーでやり込められる。

ハブクラーゲンもまた、以前の首領ハブデービルの要素を継承し、作品における笑いの多くを占めるという意味で重要な役割を

❖その他の登場人物

福地紅亜（クレア）◉演：桃原遥

福地岩次郎◉演：新垣正弘

オバァ◉演：吉田妙子

オニヒトデービル◉演：金城諒

マングーチュ◉演：椎名ユリア

上門みきが演じた初代マングーチュ、比嘉彩乃が『外伝』で演じた２代目マングーチュから演者変更。椎名ユリアはこのあと『3』『4』および『1972 レジェンド』でも３代目マングーチュを演じた。

クーバー１号◉演：仲宗根豪

クーバー２号◉演：浦中孝治

ハブデービル◉演：ゴリ（ガレッッジセール）

森の大主（うふぬし）◉演：ヒゲのかっちゃん（川満勝弘）

森の妖精キジムコン◉演：Cocco

ウクレレ◉演：古堅晋臣

金物屋のオヤジ政次◉演：玉城満

果たしている。この笑いがあってこそのマジムン人気。マジムンは本当に悪者なのかどうか、子どもたちが迷ってしまうところに笑いの効用がある。悪は一カ所に存在するのではなく、そこかしこに点在するのであって、ときに自分自身のなかにさえ生じるものだということを、マジムンを一方的な悪の集積場にしないことで視聴者に体感させる。マジムンとの距離を縮め、心からは憎めない存在にするのが、まさにこの笑いなのだ。

ただ、『2』の冒頭しばらくは、それまでのハブデービルに慣れていた視聴者の多くにとっては、ハブクラーゲンの笑いのセリフやアドリブにおける「コク」や「キレ」にやや物足りなさを感じずにはいられなかったはずだ。その意味では、ハブデービル役の仲座健太のセンスの良さは絶賛されてしかるべきものだろう。並んで、その笑いの質の高さ、量の多さで好評を博した与那原犬（ケン）役の山城智二のシリーズ復帰を願う声も根強い。このことは先のアンケート[5]はもとより、たとえば「沖縄のうわさ話」[6]などといったネット網でも盛んに聞かれる声である。何か「大人の事情」があったことは重々理解できるが、『琉神マブヤー』シリーズにおいて笑いの要素がいかに重要な位置を占めているかを鑑みた場合、笑いの質と量はきちんと担保されなければならない。もはやすっかり定着したハブクラーゲンの笑いは、その本質を体現するうえでとても重要な役割を果たしている。

もう一人の新しい登場人物、ヒメハブデービルについても、笑いに関して同様に少し物足りなさを感じるが、ヒメハブの場合はヒジュルー[7]を象徴する存在であるので、別の重要性がある。マジムン軍団一の策略家で身勝手極まりなく、ボスのハブクラーゲンよりも態度がでかい。しかし、前のハブデービル親方同様、戦闘への参加意欲は低く、ほとんど闘うことはない。その意味では、影の首領といってもいいだろう。いずれにせよ、ヒメハブデービルがつかさどるのは、ヒジュルーゾーンを沖縄中に拡大させ、すべてのウチナーンチュの心を冷たくしてしまうことであり、これは『2』の大枠のテーマとなるものである。近代化とともに個人主義が横行し、人びととの心がだんだんと冷たくなる傾向を見せはじめるなか、沖縄もまたその例に漏れないという設定なのである。この点からすると、ヒメハブデービルは『2』を最も象徴する存在だと言っていいだろう。

5　240ページ以降のアンケート調査結果を参照のこと。
6　http://www.098u.com/2009/10/15421
7　ウチナーグチで「冷たい」を意味する言葉。

第二節　各ストーリーの詳細とポイント

プロローグ

元祖『琉神マブヤー』で、マブヤーがティーダヤーチューを天に飛ばしてマジムン台風を止めたまではよかったが、その代償に九つのマブイトーンは無数に分かれて沖縄中に散っていった。ストーリーは、カナイが兄ニライの閉じ込められているヒジュルーゾーンの入り口を探して森のなかをさまよう場面から始まる。

第一話　「かぎやで風のマブイストーンがデージなってる！」

相変わらずのクレアとオバァ。店の軒先でオバァがクレアにアイスケーキ（キャンディ）をあげている。店の名前は山城ストアーではなく久保田商店。チェーン店として経営しているとサラッと言うオバァにクレアは感心する。さらに、自称「ヤングキラー」のオバァは、二人の前でウクレレを弾く男性を新しい彼氏だと紹介する。

そこへやってくるカナイ。クレアとの仲が、何か気まずそうな雰囲気だ。店のわきにある部屋に入ろうとするカナイを追いかけ、クレアが問い詰める。

「なんで、うちから出て行ったの？　理由は教えてくれないし、勝手にひとりで住むって言い出して」

クレア自身の淋しさを隠して、父の岩次郎が心配していると続けるクレアに、カナイは黙ったまま部屋に入り、ドアを閉めるのだった。いら立ちながらも、もらったアイスバーでアタリを出したクレアは、ちゃっかりオバァに二本目をせがむ。

と、向こうから三線の音。数名の女性たちが扇子を片手に踊りの練習をしている。オバァによれば、「オドイジョーグー（踊り好き）」の人たちが練習しているのだという。聞こえてくる歌は、めでたいときに舞う「かぎやで風」である。いつの間にか、クレアも練習の輪に入り、楽しもうとしていたその矢先急に様子がおかしくなる。全員がかつてのディスコ「ジュリアナ東京」を彷彿《ほうふつ》させる扇子パフォーマンスを繰り広げながら腰振りダンスをするのだ。マジムンが「かぎやで風」のマブイストーンを奪ったせいだと気づいたカナイは、ヤチムンに精を出していたその手を止め、マブヤーに変身してマジムンのもとへと駆けつける。

一度はヒメハブデービルからマブイストーンを取り返すものの、すぐにハブクラーゲンに取り返されてしまう。ここで新しいマジムン軍団の幹部たちとマブヤーの初対面となるわけだが、この時点ですでにヒメハブデービルは上司であるハブクラーゲンを敬うことをせずに馬鹿にしていることが明らかになる。ハブクラーゲンに対して闘うように指図するヒメハブデービル。手下に命令されてしぶしぶ闘いに挑むハブクラーゲン。このあたりの掛け合いは明らかに笑いを意図したものだが、先述の通りいまひとつ笑えない。シリーズ第一弾のハブデービルの笑いが恋しくなる瞬間だ。ハブクラーゲンとの闘いはスーパーメーゴーサーで幕を閉じるが、どうやらハブクラーゲンはわざとマブヤーの技を受けてみたらしく、「大したことない」と不敵な言葉を残して去って行く。

さて、無事「かぎやで風」のマブイストーンが取り返され、人びとがふたたびかぎやで風を舞えるようになったのを喜ぶオバァとクレアだが、オバァはクレアに本当はかぎやで風ではなく「かじゃで風」が正しいと教える。ちなみに、このことはいまから以下に引用する辞典にも載ってはいない。辞典にも載らないような、そんな伝統文化のひとつかけらが、民間の口伝によって世代から世代へとまたひとつ伝えられた瞬間であり、その意味ではこの作品は辞典以上のものを伝えたことになる。

「かぎやで風」のマブイストーンが奪われると、たおやかな琉球の古典舞踊が一転バブリーな「ジュリアナ東京風」に！

さて、ここであらためて、このかぎやで風について見ておくことにしよう。かぎやで風とは、

> 琉球古典音楽の楽曲、またはかぎやで風節で踊られる舞踊のこと。国王の前で演奏されたことから御前風《ぐじんふう》ともいわれる。祝い事には欠かせない曲で、幕開けの曲として演奏、あるいは踊られることが多い。踊りは老人踊として老人老女で踊られるほかに、按司《あじ》[8]姿などその時時に合わせて衣装も人数も変えて多様に踊られる。祭りや舞台といった公の場だけではなく、結婚式の披露宴などさまざまな余興としても踊られている。[9]

8 古琉球では地域の支配者を意味する語であるが、近世琉球においては政治組織の中で、王子に次ぐ家柄・家格を表わす語（『沖縄民俗辞典』、p.5）。

9 『沖縄民俗辞典』、pp.122-3

祝い事のたびに演奏、または演舞されてきたかぎやで風は、沖縄の人びとの日常における喜怒哀楽の「喜」の部分を表現する演出装置として重要な役割を果たしてきた伝統文化なのである。結婚式では必ず舞われるというかぎやで風、いや、かじゃで風は、沖縄の慶喜をつかさどるうえでなくてはならないものなのだ。

喜ぶクレアの姿を遠巻きにうっとりと眺めるカナイの前に、突然一人の女性が現れる。カナイの名前、クレアが好きだということ、そしてカナイが琉神マブヤーであることを知っているこの謎の女性に、カナイは思わず身構える。

第二話 「ヒジュルーゾーンがデージなってる！」

謎の女性の正体がカミンチュのナミであることが、本人の口から明かされる。カミンチュとは、

> 沖縄本島を中心に村落祭祀を担当する神役の総称。女性神人《カミンチュ》は男性神人に比し儀礼上の地位は高く最高は祝女《ヌル》（ノロ）であるが、神人の種類と名称はさまざまである。[10]

沖縄社会における女性の存在がきわめて大きな位置を占めていることはすでに述べた通りであるが、女性神人の地位の方が男性神人よりも高いとされるという事実は、そのことをさらに裏付けている。

突如として現れたカミンチュのナミ。カナイが兄ニライを救い出すために必死に探しているヒジュルーゾーンのことを口にする。そして、二人は森のなかへと入っていく。途中、ナミから明かされるヒジュルーゾーンの実態。人のマブイ、つまり温かい人の心で世界が満たされれば消えてなくなるはずのものなのに、人の心の冷たさを栄養にして何万年もの間姿を隠していたというヒジュルーゾーン。そのヒジュルーゾーンが最近、また大きくなり始めているというのだ。ヒジュルーゾーンを大きくするのは、人の心の冷たさだとナミは嘆く。

そんな二人の目の前に、大きく口を開けた紫のヒジュルーゾーンの入り口が現れる。なかには、閉じ込められたオニヒトデービルと兄ニライの姿が重なって映し出される。ナミの制止も聞かず、ヒジュルーゾーンに手を突っ込んだカナイはマブヤーに変身してニライを引きずり出すことに成功する。しかし、これは一方ではマジムンたちの策略でもあり、同時にオニヒトデービルがこの世へと引き戻され、マジムン軍団の戦力増強につながってしまう。

「やっぱりオニヒトデービルは強そうだな。ハブデービルなんか

10 『沖縄民俗辞典』、p.143

より全然役に立つぜ〜」というハブクラーゲンの言葉に、ハブデービルの安否を尋ねるマブヤー。その響きには、敵というよりはむしろ仲間としての気遣いが漂う。マブヤーに負けたから、ヒジュルーゾーンに送ってやったと豪語するハブクラーゲン。しかし同時に、向こうでハブデービルに会わなかったかとつい二ライに聞いてしまうお茶目さも顔をのぞかせる。さらに笑いを誘うのは、その問いを受けて答える二ライの方である。「そういえば、いたような、いなかったような、ハブデービルの臭いのがフワッと来て、なんか、あ、臭いな、懐かしい」と言いかけたところで、カナイに「もういい」と止められる。それでもなお、「けっこう酸っぱい匂いだった」などとハブデービルの思い出話を続けようとする二ライに、カナイは「もういいよっ!」とピシャリ。ゾーンから救出されたばかりで、起き上がれないにもかかわらず、ここまでノリノリで経験を話そうとする二ライの姿は抱腹絶倒だ。この後も二ライはさまざまなところで笑いを誘う役割を果たす。

ナミが止めるのも聞かず、ニライニーニを救い出そうとしてヒジュルーゾーンに手を入れるカナイ。

仲間を仲間と思わない者はやっつけてやると憤るマブヤーに、敵を敵と思わないやつよりは頭がいいだろと返すハブクラーゲン。何気ないやり取りだが、ここにもニライカナイの両義性、つまり善と悪は時に入れ替わり、また混ざり合うという性質が色濃くにじみ出ている。

そして、久々のオニヒトデービルとの闘い。しかし、ここはいつもと変わらぬ結末、つまり、加勢したクーバーたちと一緒にオニヒトデービルはティーダヤーチューで彼方へと吹っ飛ばされて決着する。「ふ〜っ、危ね〜! 行かんでよかった〜」と胸をなでおろすハブクラーゲン。以前のハブデービル同様、ハブクラーゲンにも笑いを受け持つ役割が課せられている。マジムンという悪のなかに笑いを入れることで、悪への憎しみは緩和され、悪への親近感が増し、ひいては悪との境界が薄れていく。そこには憎めない悪が立ち現れ、われわれすべての人間の心に潜む悪の領域と善の領域が、悪をも受け入れる寛容さを伴いながら融合されていくのである。

無事カナイに助け出された兄ニライ。カナイの部屋でカナイとナミがニライの看病をしている。ニライはかなり上等なマブイを持っているから大丈夫だというナミの見立てに喜ぶカナイ。その一方で、ヒジュルーゾーンのヒヌカンと火ぬ神《ヒヌカン》のマブイストーンがマジムンの手にわたってしまった。ヒメハブデービルは、いつものようにボスをボスとも思わない態度で、ハブクラーゲンを前にこれが本当の沖縄の終わりの始まりだと高らかに喜ぶのであった。

第三話 「サンのマブイストーンがデージなってる！」

喜びとともに福地工房に舞い戻ったカナイを岩次郎は温かく迎え入れる。クレアも複雑ながらうれしそうだ。そんななか、今回はサンのマブイストーンが奪われる。ハブクラーゲンによれば、サンは魔除けだから大嫌いだという。オバァもカナイたちに食べさせてあげようとこしらえた揚げたての天ぷらにサンを載せ、魔物が触って腐らないようにとまじないをする。どうやら、このオバァの使い方が一般的らしい。辞典には次のようにある。

> 沖縄で、食べ物を戸外に運ぶ時などに、邪霊によって食物の精が抜かれるのを防ぐために食物に添えられる呪具。藁芯やススキ、バショウの葉などの先端を結んだもの。[11]

こうして邪気払いをした天ぷらだったが、岩次郎へのあいさつを済ませて戻って来たカナイが食べようとした瞬間、ナミが食べるなと制す。オバァは、大丈夫、サンが供えてあるからと言おうとするが、そのサンという言葉が出てこない。つまり、サンの概念そのものが消えているのだ。ここで、カナイとナミはマブイストーンが奪われたことに気づく。あわててマジムン退治に向かうカナイにナミはサンを手渡し、無事を祈る。カナイ自身、どうしてナミがそんなものをくれるのか、怪訝そうな表情を一瞬みせるが、気にせずにマブヤーに変身して先を急ぐのだった。

マジムンたちはサンがなくなったことで悪のパワーを全開できると大喜び。そこにマブヤーが駆けつけ、闘いが始まる。一進一退のなか、徐々にハブクラーゲンが優勢になり、倒れ込んだマブヤーにハブクラーゲンが毒針でとどめを刺そうとしたとき、マブヤーはナ

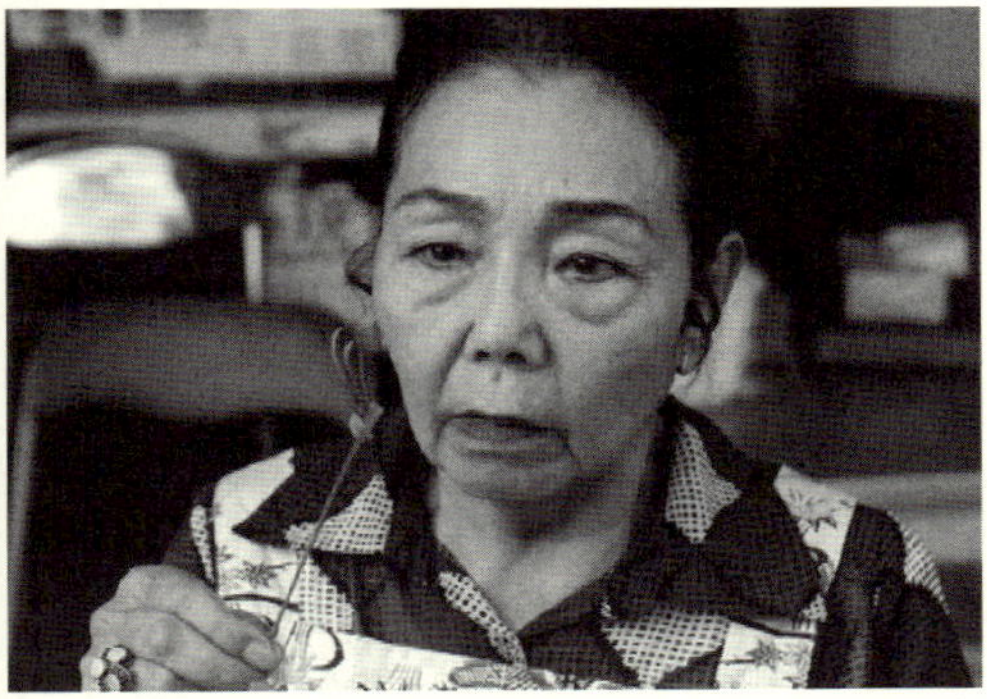
魔除けのサンが何なのか思い出せないオバァ。決して年齢による物忘れではない。

11 『沖縄民俗辞典』、p.229

ミが持たせてくれたサンを掲げる。そんな葉っぱが効くはずがないと豪語するハブクラーゲンだったが、「キイテルー!!」と気を失う。お笑いである。まさにあの吉本新喜劇のノリだ。やはり、『2』でもマジムンの親方は笑いをつかさどる立場なのだ。こうして、マジムンはまたもや憎めない存在へと変わっていく。

さて、ナミがくれたサンには神人の酢が入っていて、それが大の苦手だとハブクラーゲンは怖気づく。それを見たマブヤーはすかさずスーパーメーゴーサーを撃ち、ハブクラーゲンは気絶する。こうして、マブヤーはサンのマブイストーンを取り戻し、オバァから差し入れのアチコーコー（熱々）の天ぷらにはふたたびサンが載ることになるのだった。

第四話
「ハーリーのマブイストーンがデージなってる！（前編）」

カナイが港のハーリーの練習をボーッと見ているところを、クレアが急に驚かしたために一瞬カナイはマブイが抜けそうになる。ここで一つ発見するのは、笑いの要素はやはりマブヤー自身、つまりカナイにもあるということだ。驚愕してどうにか起き上がるカナイが、大笑いするクレアに向かって言った言葉。

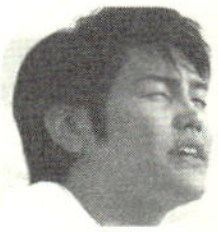

「笑い事じゃないよ。やがて、最終回だったよ」

ここでの笑いのツボは、番組が終わってしまうということを劇中人物自らが語っている点である。そして、その笑いには劇中人物のカナイが視聴者の側、つまり自分と同じ側に瞬間的に移動した感覚が含まれ、余計にうれしくなるのだ。それはちょうどブレヒトの『三文オペラ』[12]の最後で死刑の朝を迎えたメッキーの前に女王の使者が唐突に現れ、恩赦と年金と城を与える展開のようなものだ。この効果をシクロフスキー[13]は異化効果と呼んだが、マブヤーの劇中に引き込まれていた観衆は、このときあらためてこれが作り話だと視点を後ろへと引くことになり、作品との距離を仕切り直すことであらためて客観的かつ冷静に、しかもじっくりと時間をかけて鑑賞することになるのである。

さて、久しぶりに再会したカナイとクレアだったが、兄ニライをヒジュルーゾーンから救い出したことに喜ぶカナイに向かって、突然クレアは沖縄のことを勉強しに内地に行くと言い出す。沖縄のことを勉強するならば、どうして内地に行かねばならないのかと尋ねるカナイに、だからこそ行くのだとクレアは答える。沖縄から離れないとわからないことがあると言うのだ。ここにも、異

12　1928年初演のベルトルト・ブレヒト（1898〜1956年／ドイツ）の戯曲。
13　旧ソビエト連邦の言語学者、文芸評論家、作家。ロシア・フォルマリズムの中心人物。

干物の天日干し場で、大切な干物には触れないよう気づかいながら戦うマブヤーとハブクラーゲン。

文化理解のワンポイントレッスンが立ち現れている。異文化を知ることは自文化を知ること。そんな異文化理解のいろはがカナイとクレアとの問答のなかで何気なく触れられている点は、やはりマブヤーシリーズがそんじょ其処らのタダのヒーローモノではないことを強く物語っている。

その頃、マジムンたちもまたハーリーを眺めながら、沖縄からハーリーをなくすためにマブイストーンを盗もうとたくらむ。ハブクラーゲンによれば、ハーリーをやっているといつまでも神様を大切にするからだという。ハーリーと神様との関係、その詳細について少し見てみよう。

そもそもハーリー(爬竜)とは、

> 沖縄で旧暦五月四日に行なわれる競漕競技。ハーリー（糸満市ではハーレー、八重山諸島の鳩間島ではパーレー）の起源については、十四世紀の閩人《びんじん》三十六姓による招来説や『琉球国旧記』『那覇由来記』には、長浜太夫が中国南京の爬竜船を模倣して造り、太平を祝すために那覇港で競漕したという説、中国の屈原の故事から出た行事であるという説などがある。しかし必ずしも中国からの伝来ではなく、農耕儀礼と深く結びつく要素も多分にあることがわかっている。糸満のハーレーは豊漁祈願行事として行なわれている。—中略— 祈願の趣旨は、四方の神、海の神に対して西村・中村・南村の三組のハーレーに神の加護を祈り、また、神もそのハーレーに乗ってともに遊ぶことを請うのである。—中略— 競漕の後、白銀堂で勝った順に並んで輪になって神歌をうたい、その中の一人が神女たちと杯を通り交わす。[14]

なるほど、ハブクラーゲンの言う通り、人間同士が舟を漕いで競争するという行為を通して神との交流が生まれるとある。そして、沖縄の多くの祭祀がそうであるように、祈願の対象は五穀豊穣や大漁なのだ、と。確かに、ハーリーの目的は神への祈願であり、その向かうところは農漁業における豊かな収穫である。しかし、運営上のプロセスと結果において醸し出されるのは、これまた沖縄の他の祭儀にも共通し、また全人類的な観点からも言える「個のための集団、集団のための個」という重要な側面だ。ラグビー

14 『沖縄民俗辞典』、p.415

で言うところの"One for All, All for One"である。あるいは、「自己のための他者、他者のための自己」と言い換えてもいい。ハーリーという祭祀を通じて、自己が他者と気と力を合わせ、個が集団に寄与することで、個単独では到底達成できないような力を発揮でき、そのことで個の精神は大いに充足される。

　他の祭祀とは少し異なり、ハーリーや大綱引き[15]には勝敗がある。当然ながら人びとは勝利を目指し、気を合わせ、力を合わせることに躍起になる。その躍起さは人びとの結束をさらに固め、地域の協調性を増す原動力となる。このことは、ユイマールや模合同様[16]、単なる精神的な結束だけでなく、生産的、経済的な互助力を育み、培うことにもつながっていく。一言で言えば、「ハーリー」は人と神を縦につなぐだけでなく、人びとを横につなぐ役割をも果たしているのである。

　そんな大事なハーリーのマブイストーンを奪ったマジムンたち。マブヤーに変身して駆けつけるカナイ。ハブクラーゲンとの一騎討ちが始まるも、すぐにハブクラーゲンから意外な提案が持ちかけられる。今回はハーリーで勝負しようというのだ。早速、二艘に分かれて防波堤を目指すハブクラーゲンとマブヤー。ピッタリと息の合った漕ぎ手たちは、軽快にハーリーを前へと進めていく。

15　大綱引きについての詳細は、本節この後の第十二話「マブイストーンがとにかくデージなってる!」を参照。

16　ユイマールや模合についての詳細は、第1章第四節第十話「カチャーシーのマブイストーンがデージなってる」の部分を参照のこと。

　一方で、けな気にも兄とキャッチボールをしたいとグローブを買って戻ってきたカナイの制止も聞かず、チルダイ森に出かけたニライは、病み上がりのからだにもかかわらず森の大主《うふぬし》に修行を申し出、最初は冷たく拒絶されながらも結果的には修行を受けることになる。修行が始まってまず現れたのがマジムンの手下クーバーの姿をした妖精だったが、怒りと焦りにまかせて追いかければ追いかけるほど、クーバーは遠ざかり、ますます捕まえにくくなっていく。そして、いつのまにか後ろに回り込まれて攻撃を受ける。しかし、やがてこのことに気づいたニライは、心を静め、冷静になることで逆にクーバーを手玉に取れるようになる。修行相手としての役割を終えたクーバーはその姿を森の妖精へと戻すわけだが、ここでもまたシクロフスキー的笑いが取り込まれている。妖精の役をしているのがＣｏｃｃｏ[17]であることに気づいたニライが思わず「コッ……!?」と叫びそうになるのだ。観衆は笑いとともに入り込んだ視点を、一瞬引き戻されざるを得なくなり、再び引き込まれるまでの時間、つまり鑑賞そのものを長引かせることになる。おそらくこのことに製作者はもとより観衆でさえも気づいてはいないであろうが、まさに、まんまとシクロフスキー、である。

17　Ｃｏｃｃｏ(こっこ)は、那覇市出身の女性シンガーソングライター、作家、女優。1977年生まれ。

チルダイ森の妖精キジムコンを演じたのは、沖縄を代表するアーティストで、近年は映画や舞台で主演を務め俳優としても注目されているCocco。『3』にも同じ役で出演している。

第五話

「ハーリーのマブイストーンがデージなってる！（中編）」

接戦の二艘のハーリーだったが、マブイストーンを奪われ、マジムンの催眠をかけられているマブヤー艇の漕ぎ手たちは急に漕ぐのをやめてしまう。それを尻目にどんどんとゴールの防波堤へと漕ぎ進むハブクラーゲン艇。もはやこれまでかと思ったそのとき、マブヤーは後ろに向かってティーダヤーチューを放ち、その推進力で一気にゴールを駆け抜ける。「マブヤー、シニインチキ！デージ卑怯！」と悔しがるハブクラーゲン。

陸に上がったマブヤーはハブクラーゲンに、卑怯なことをされると悔しい、だから卑怯なことはしない方がいいという気持ちをわかってほしかったからやったのだと言い、卑怯なことをして悪かったとあらためて謝る。しかし、そんな説教を素直に聞き入れるハブクラーゲンであるはずもなく、マブヤーはやすやすと漕ぎ手たちに羽交い絞めにされ、まんまとハブクラーゲンの毒針を受けてしまう。

そんな頃、別の森のなかではヒメハブデービルの画策によっ

「たまには正々堂々と戦ってみるか？」とマブヤーにハーリー競走を持ちかけながら、実はちゃっかりインチキを仕掛けておいてマブヤーの船を出し抜くハブクラーゲン。

て、ヒジュルーゾーンが本格的に開きはじめる。それにつれて、人びとの心がだんだんと冷たくなっていく。クレアとオバァ、ウクレレとの会話もギスギスしたものとなり、クレアはいったいどうしたものかといぶかしがる。

ヒジュルーゾーンのことには気づきもせず、マブヤーはマジムンたちの手によって浜辺の土手ではりつけにされ、その下でマジムンたちは大はしゃぎをする。マブヤー、絶体絶命である。

第六話

「ハーリーのマブイストーンがデージなってる！（後編）」

はりつけにされたマブヤーを岩陰から見つめるナミ。取り出した赤い玉を使って、マブヤーの心に呼びかける。念じるだけで会話ができるのだ。しかし、何度話を聞くように呼びかけても、マブヤーは早く逃げろの一点張りで、冷静にナミの話を聞こうとしない。そうこうしているうちに、ナミはマングーチュに見つかってしまう。

その頃、森の大主《うふぬし》の修行を受けていたニライは大きな壁にぶつかっていた。大主が与えた試練は見えないものとの闘いだったからだ。見えないのはずるいと文句を言うニライ。それに対して、大主はこう切り返す。

「飛行機はずるいか？　音は？　引力は？　未来は？　見えないものがみんなずるいのなら、マブイもずるいのか？」

それを聞いたニライは、自分には今まで何も見えていなかったことを反省する。正義も、悪も、弟カナイの気持ちも。そして、これまでのことを走馬灯のように思い出しながらすべてを悟ったとき、ニライは龍神ガナシーに変身する。

ふたたび、場面は浜辺の土手の上。マブヤーと並んで、ナミまでがはりつけにされている。ハブクラーゲンの命令を受けたオニヒトデービルが放った大きな火の玉がマブヤーたちめがけて飛んでいく。これがぶつかればマブヤーたちの命はない。と、次の瞬間、その大きな火の玉は割って入った小さな手によって握りつぶされる。龍神ガナシー、ニライである。ガナシーは二人の縄をほどいただけでなく、ハーリーのマブイストーンもいつの間にか取り返していた。

オニヒトデービルとガナシー、ハブクラーゲンとマブヤーの各一騎討ちが始まる。怒りで逸《はや》るマブヤーに向かって、冷静になれと助言するガナシー。兄のニライであることにやっと気づいたカナイは、その助言を聞き入れ、ここで二人合わせての攻撃技、スーパードラゴンメーゴーサーが初めて炸裂する。

マブヤーとガナシーの働きによってハーリーのマブイストーン

は取り返され、同時にヒメハブデービルが森のなかで拡げようと躍起になっていたヒジュルーゾーンが小さくなる。若干のショックを受けながらも、焦る必要はないと不敵な薄笑いを浮かべるヒメハブデービル。それぞれのマブイストーンとは別の次元でヒジュルーゾーンが動いているという疑念をうかがわせる不気味な笑みだった。

第二のニライカナイの勇者、龍神ガナシー初登場。背面から襲いかかるオニヒトデービルの攻撃を余裕で受け止める。

第七話
「三線《さんしん》のマブイストーンがデージなってる！」

青年会館の前、「仲順流《ちゅんじゅんなが》り」[18]を練習する三線の音が流れるなか、兄弟仲良くキャッチボールをするニライとカナイ。そのうち、そろそろ座れと催促するニライ。キャッチャーの役をしろというのだ。じゃんけんで決めようとごねるカナイにニライは、「ターがシージャか（誰が年上か）？」と聞く。しぶしぶ座るカナイ。

年功序列、これもまた沖縄の社会文化の大きな特徴だ。命どぅ宝の沖縄にあって、一年でも早く生まれ、長く生きている人間は尊い精神で接しなければならないとするのは自然であろう。老人は弱者だから大切にしなければならないのではなく、長年の命そのものが尊いからこそ敬うべきだというのが沖縄の考え方だ。むろん、そこに長年の人生にわたる積年の知恵が内包され、経験を通しての成熟さが付随していることは言うまでもない。

その意味ではまだまだ未熟なカナイに、ニライはそれとなくクレアが東京に行く話を切り出す。沖縄が好きだと言っていたくせに、わけがわからないと不平そうなカナイ。青年会館の前では相変わらず三線の練習が集団で行なわれている。そのなかにオバァ

18　エイサーのときに演奏される定番曲で、子どもが死んだ母を探し求める話で、古い「継母念仏」が簡略化されたもの。

の恋人のウクレレの姿があった。仲間の一人がウクレレに向かって、ウクレレだけでなく三線もやるのかとたずねる。もともと三線が大好きなのだけれども、一度三線を離れてみたらわかることもあるかなと思ってウクレレをやっていると答えるウクレレ。それを聞いていたニライとカナイ。ピンと来ていないカナイを横にニライにはわかっていたようだ、同じことがクレアの東京行きにも当てはまるということを。

　さて、今回のマジムン軍団の狙いは、その三線のマブイストーンである。マングーチュにせこいと言われながらも、三線の横に置いてあったマブイストーンをこっそりと置き引きするハブクラーゲン。途端に練習していた三線の音は止み、青年会館の前では指導者の新良さん[19]の妙な掛け声に合わせた野球の素振りが行なわれている、しかも三線で。異変に気づいたニライとカナイは、ガナシーとマブヤーに変身して、マジムン軍団のもとへと急ぐのだった。

　以前の自分に別れを告げるように、馬乗りになってオニヒトデービルを殴り続けるガナシー。マブヤーがハブクラーゲンにティーダヤーチューを放ってマブイストーンを取り返してもなおも殴りつづけようとするガナシーを、今度はマブヤーが冷静になれと諭す。そんな含みを持たせて、マブヤーたちの闘いは終わる。

　一方、三線を思い出したウチナーンチュたちはふたたび三線の

19　新良幸人。57ページの註44参照。

三線の使い方が突如わからなくなり、バットの代わりに三線を振り回す青年団。劇中で三線を指導している青年会のOB（前列左側）が、「パーシャクラブ」のボーカルで沖縄民謡の名手の新良幸人（あら・ゆきと）。また、バンド「しゃかり」のカンナリ（上地一成）も唄三線でカメオ出演（前列右側）。沖縄のミュージック・シーンを代表するふたりが三線を振り回しているのが面白い。

練習に没頭し、指笛とともに「唐船《とうしん》ドーイ」[20]を早弾きで奏でるのであった。

第八話
「空手のマブイストーンがデージなってる！（前編）」

カナイは頭を抱えていた。突然東京へ行くと言い出したクレア、オニヒトデービルをあそこまで憎む兄ニライ、そして、ヒメハブデービルが恐ろしい計画を進行中だと告白してくれたマングーチュ。すべてがカチャースンになって、カナイへと迫ってくる。

急に空手を一からやり直すと言って、公園での練習に出て行ったニライのもとに一人の老人が現れる。金物店を営む政次という老人だ。金物店で冷たい水をごちそうになりながら、政次老人が公園で発した言葉「空手に先手なし」の意味をたずねるニライ。老人は「よく切れる刃物と一緒だ」と言って、のこぎりを手にする。空手も使い方を誤ると人を傷つける道具にしか過ぎないと言って、過去に犯した自らの過ちについてほのめかす。しかし、ちょうどその頃、町内の空手道場ではマジムン軍団が空手などなくなればいいと言って空手のマブイストーンを奪っていたために、急に老人の様子がおかしくなる。のこぎりを取り出して、公園の木を伐りはじめたのだ。この様子からマジムンの気配を感じ取ったニライは老人を気絶させ、ガナシーに変身して独りマジムン軍団のもとへと駆けつける。

マジムン軍団への怒りと憎しみに燃えるガナシー。とくにオニヒトデービルへの憎しみは人並みならぬものがあった。

20　琉球民謡の代表的なカチャーシー（三線の早弾き）の曲で、エイサーのトリの定番で祝い歌の一つ。

妙に威厳のある金物屋のオヤジをコミカルに演じているのは、かつて「笑築過激団」を結成して旋風を巻き起こし、現在は沖縄県の県議会議員を務める玉城満。そして、このマブヤーシリーズの産みの親の一人でもある。

第九話 「空手のマブイストーンがデージなってる！（後編）」

怒りを込めた鉄拳に打ちのめされるオニヒトデービルであったが、なぜか途中から急にガナシーのからだに異変が起きはじめる。胸が痛くて、起き上がることすらままならなくなってしまうのだ。それを見たハブクラーゲンは、何度も毒針を突き刺して勝ちどきをあげる。

その頃、ニライを心配して駆けつけるマブヤーのカナイとナミは途中でマングーチュに遭遇し、ヒメハブデービルと確執のあるマングーチュから思わぬ告白を受ける。マジムンたちの狙いはマブイストーンというよりはむしろヒジュルーゾーンなのだ、と。ガナシーの異変に気づき、先を急ぐマブヤーと、ヒジュルーゾーンを阻止すべくさらに詳しいことをマングーチュから聞き出そうと後を追うナミ。

瀕死の重傷を負ったガナシーはその頃、

投げ捨てられた空手の道着をたたむ、意外にマメなオニヒトデービル。

もうろうとする意識のなかでオニヒトデービルのことを回想していた。律儀に空手着をたたむ癖のあること、海岸の草むらで一人淋しく夜を過ごしていたこと、そして何より、かつては自分と一体であったこと。いままでのニライのオニヒトデービルへの憎しみは、つまるところ自分自身へのそれではなかったのか。悪としてマジムン軍団に利用され加担していた自分自身への怒りが、かつてのもう一人の自分であるオニヒトデービルへの憎しみに挿《す》げ替えられ、オニヒトを徹底的に否定し、抹消することで過去の自分を清算しようとしたのではないか。

こうして、オニヒトデービルへの感情を理解しはじめたガナシーは、空からのなぞの稲妻に撃たれそうになるオニヒトデービルの身代わりとなり、光に撃たれてしまう。そこへやっとマブヤーが駆けつける。元気を取り戻したガナシーが加勢し、二人してのマジムンとの闘いがまた始まる。戦いの途中、ガナシーがハブクラーゲンの顔の前で拳を止めたとき、ハブクラーゲンがどうして殴らないのかとたずねる。ガナシーは答える。

「悪者にも先手なし」

たとえ相手が悪であっても、暴力を積極的に行使することはいけないという、そう、あの政次老人が教えてくれた空手道の教えである。

マブヤーのティーダヤーチューに吹き飛ばされるクーバー一号と二号。ガナシーのカンナイヤーチューに吹っ飛ぶハブクラーゲンとオニヒトデービル。こうして、空手のマブイストーンは無事取り返されるのだった。

第十話「ナミがデージなってる！」

一方、マングーチュを追いかけて森のなかに入ったナミは、ヒジュルーゾーン拡張のために一心不乱に祈るヒメハブデービルを見つける。魔除けのサンを作った後、ヒメハブデービルに近づいたナミはまんまと首を噛まれて気絶してしまう。そうこうしている間にも、ヒジュルーゾーンはどんどん大きくなっていく。街のあちこちにヒジュルーゾーンが口を開けはじめ、そのせいで人びとのコミュニケーションはギスギスしたものとなっていくのだ。

腐った豆腐を売りつけたオバァにお客が謝れと文句を言いに来るし、とんでもない髪型にパーマをかけられた客が美容師にやり直せと怒りを爆発させる。

ヒメハブデービルの毒がからだじゅうに回ったナミは、心をマジムンに操られているらしく、様子がおかしい。マブヤーとガナシーがナミの後をつけると、たどり着いたのはマジムンたちのもとだった。そして、いつものように闘いが始まる。闘いが終わりに近づき、いよいよ二人合わせての必殺技、スーパードラゴンメーゴーサーを撃とうと身構えた次の瞬間、撃つなら自分を撃てと突然ナミが立ちはだかる。そして、今日からマジムン軍団に入ると宣言するのだった。

ヒメハブデービルに睨まれて金縛りの術を受け、さらに噛み付かれてヒメハブデービルの意のままに動かされるナミ。

第十一話「ナミがしにデージなってる！」

だが、しかし、ナミの言うことによく耳を傾けてみると、まんざら間違ったことを言っている風でもない。ナミ曰く、

「わたしはマジムン軍団に入る！　そして、人間が壊してきた自然や自然が持つ神秘さを守って、神々に許してもらう！」

ここで思い出すのが、今は亡きハブデービル親方の言葉である。

「人間はよ、ワッター（おれたち）よりず〜っと後にこの島に移り住んだくせして、ドゥカッティ（自分勝手）だばよ！　この島はイッター（おまえたち）だけの島か〜っ!?」[21]

人間の身勝手さについては、かつてオニヒトデービルであったニライ自らの口からも語られているし、[22] 今回のナミの語りを合わせれば、少なくとも三度は語られていることになる。ここにこの作品の奥深いメッセージ性がある。マジムン以上にあくどいことをしてきた人間、そんな人間のためにマブイストーンを守ろうとマジムンと闘うマブヤーたち。ナミの指摘は、マジムンに操られているとはいえ、マブヤーたちが抱えるパラドックスを見事に

21　詳しくは第1章第四節最終話「九つのマブイストーンがデージなってる！」を参照。

22　第1章第四節第十二話「兄弟《ちょーでー》対決でデージなってる！」を参照。

浮き彫りにする。

クーバーたちをバックにつけ、マブヤーやガナシーと闘うナミ。自分のマブイの声を聞けとガナシーたちに促されるナミの口からは、なおもこの作品『2』のメインテーマが語られつづける。

「ヒジュルーゾーンは人間の冷たい心がある限り消えない！　マジムンは人間が憎いだけで、山や海やそこにいる生き物たちを絶滅させるようなヒジュルーじゃない！　だから私はマジムンになってヒジュルーゾーンを見守ることにした。人間さえいなければ、ヒジュルーゾーンはこれ以上大きくなることはないんだ！」

そんなナミをいさめるように、ガナシーは穏やかな口調で返す。

「人間が悪いことをしたからといって、人間を全滅させるのか!?　君は君の嫌いなことをやろうとしているじゃないか。憎しみはそうやって間違いを生む。オレもそうだったからよくわかる。さぁナミ、マブイの声を聞くんだ」

ここで、自らのマブイの声に耳を傾けたナミが正気を取り戻す。そして、ヒメハブデービルに捕まる直前に森のなかに仕掛けておいたサンが間もなく反応し、ヒジュルーゾーンを封印する役目を

果たすことを明かすのだった。つまり、ナミはわざとヒメハブデービルに捕まり、森の外にマジムンたちをおびき出している間に仕掛けたサンが十分な力を蓄えるのを待っていたというわけだ。

ところが、ナミの力と引き換えにヒジュルーゾーンを封印するはずのサンが突然効かなくなる。その証拠に倒れていたナミが元気に復活する。混乱するナミたちを見て喜ぶヒメハブデービルたち。そして、ナミはヒメハブデービルの手によって突如頭上に現れたヒジュルーゾーンに吸い込まれていく。観念したように別れを告げるナミをなすすべもなく見送るしかないガナシーとマブヤー。しかし、次の瞬間、ナミは再び地上へと舞い戻る、マブヤー、ガナシーに次ぐ三人目の勇者、風神カナミーとなって。

カナミーもまた、しなやかな沖縄空手を思わせる蹴りを交えた攻撃でクーバーたちをやり込める。途中からマブヤーとガナシーも加勢するが、最後はカナミーの必殺技、フェーヌ・アタック[23]が放たれ、マジムンたちは空の彼方へと飛ばされていく。

こうして三人の勇者たちは、マジムン軍団の狙いである沖縄ひいては人間社会全体をヒジュルーゾーンに引き込むという企みを阻止することを誓うのであった。

その頃、ヒジュルーゾーンの様子を見に森へ戻ったマジムンたちは、森のなかに倒れているマングーチュを発見する。ナミが仕掛けたサンがヒジュルーゾーンを閉じようとしていた矢先、たまたま通りがかったマングーチュがサンをはずしたせいで、ヒジュルーゾーンは生き延びたのだ。ときにマジムン軍団をも斜に見るマングーチュも、しょせんは悪の一味だったというわけだ。この姿を見たハブクラーゲンは、ナミにまんまとサンを仕掛けることを許したヒメハブデービルの失敗をマングーチュが補ってくれたことを告げるが、当然ながらヒメハブデービルはおもしろくない。

23　直訳すると〝南風の一撃〟。沖縄では風にいろんな神力が宿っているとされ、最高峰の威力を持っている（マブヤーHPより）。

カナミーの技、マジムン軍団をまとめて吹き飛ばすフェーヌ・アタックのあまりの威力に「マジ？」とあきれるマブヤーとガナシー。

第十二話

「マブイストーンがとにかくデージなってる！」

オバァの店、久保田商店の前を通りかかるカナイ。路上では、人びとが大綱引きの準備を始めている。大綱引きもまた、先のハーリーと並んで地域の人びとの結束を高める役割を果たす重要な催し物のひとつである。大綱引きとは、

> 藁で大綱を作り、地域を東西・南北や上下に二分して、シマ（村）の人々が綱を引き合う行事。沖縄では、ツィナフィチともいう。豊作や健康の祈願、害虫の駆除を願う。勝敗は神意の表われとされ、豊凶を占うことも多い。奄美では八月十五夜ころの綱引きが多く、女組と男組の対抗では女組の勝ちが望まれるなど、女性の霊的観念の優位がある琉球文化圏と共通する。沖縄本島では、六月二十五日ごろのカシチー（コメの収穫感謝の祭り）のころシマを単位として行なわれることが多い。宜野湾《ぎのわん》市大山では、六月十五日前後の土・日曜で、南のメンダカリと北のシンダカリに分かれ、各々が男女の性器にかたどった綱を作る。御嶽での祈願ののち、貫抜き棒を差し込んで雌雄を合体させて実りを予祝する。勝敗による占いの様相は、勝連町平敷屋の綱引きが、ハカイジナ（卜占綱）と呼ばれることからも窺える。北中城《きたなかぐすく》村熱田の綱引きは、旧六月十四・十五・十六日の祭の中日に行なわれ、豊作の御礼と火の神への御願で、豊年をニライカナイから引き寄せるユークイだという。[24]

こんな大事な行事であるにもかかわらず、準備をする人びとの様子がどうもおかしい。店の前に置いてある本来はサービスのはずのお茶を飲んだ途端、一杯千円を要求するオバァ。飲んだ人は大慌てで、もういらないと憤慨して去って行く。カナイがそんな様子をいぶかしげに眺めているところへクレアがやってきて、明日の東京行きを告げる。こんなところにいてもみんな自分のことしか考えていないとクレアが指差す方向には、お互い話もせずに大綱にすわりこむ人びとの姿。すべてはヒジュルーゾーンが拡がりつつあるせいだ。そう言おうとしたカナイだったが、クレアはもう離れたところへと歩きだしていた。追いかけようと慌てるカナイを呼び止める声。振り返ると、なんとそこにはカナイの師匠、岩次郎の変わり果てた姿があった。いつもはサムイを着てヤチムン（焼き物）屋としての身なりを整えている岩次郎が、ピンクのランニングに短パンのいでたち、首からは大きな首飾りをぶら下げているではないか。しかも、ヤチムンは暑いからもうやめたとヘラヘラ笑っている。これまた、ヒジュルーゾーンのしわざだ。

24『沖縄民俗辞典』、p.347

ヒジュルーゾーンの影響でヤチムン（焼き物）を止めてしまい、およそ似合わない若者ファッションを身にまとって現れた岩次郎。

ヒジュルーゾーンのせいで沖縄の人びとのマブイそのものがヒジュルー（冷たい）になっていけば、各々のマブイストーンそのものの意味はなくなってしまうとナミは嘆く。ヒジュルーゾーンをふさぐには、マジムン台風を撃退した日からずっとマジムンの手にあるヒヌカン（火の神）[25]のマブイストーンを何とかしなければならない。ナミによれば、ヒジュルーゾーンから呼び出してしまったヒジュルーヒヌカンが、沖縄のヒヌカンにヒジュルーパワーを与えてしまって、ウチナーンチュがどんどんヒジュルーになっているのだという。ヒヌカンはどの家庭にもある日常的に接する神様だから、与える影響力もきわめて大きいのだ、と。

一方、森のなかでは奪われたヒヌカンのマブイストーンがほとんどヒジュルーヒヌカンになろうとしていた。沖縄全体がヒジュルーゾーンに包まれるのはもはや時間の問題と、ヒメハブデービルたちは大喜びだ。倒れたマングーチュのサンをナミたちが取り返しに来るとにらんだヒメハブデービルは、気絶したままのマングーチュを木陰に隠す。

すっかりヒジュルーになった綱引き準備の人びとを尻目に、マブヤー、ガナシー、カナミーに変身して、マジムン軍団のもとへと急ぐカナイ、ニライ、ナミ。マングーチュがいないことに気づいたナミは、ヒメハブデービルにすぐにあのサンをはがさないとマングーチュの命が危ない、それほど強力なサンだと説明するが、ヒメハブデービルは信じようとしない。そして、逆に次のように三人に詰め寄る。

「みんな騙されるな！　こいつらはマングーチュを心配するふりして、ヒジュルーゾーンを封印するつもりだ！　人間とおんなじ！　きれいごとばかり言って、結局自分のことしか考えていない。環境を良くするって言ったって、人間の都合のいいように良くするだけ。本当にこの島に住む生き物すべてのことを考えているなら、いま人間の住んでいる場所をもともと住んでいた動物や植物に返しなさいよ！」

25　第１章第四節第五話「エイサーのマブイストーンがデージなってる（後編）」に詳しい解説あり。

ヒメハブデービルの言葉に、返す言葉もなく思わずうつむく三人の勇者。そうこうしている間にも、ヒジュルーゾーンはどんどんと大きくなっていくのであった。

最終話

「マブイストーンとかヒジュルーゾーンとかテーゲーむるデージなってる!」

巨大化したヒジュルーゾーンに、人びとの温かいマブイはどんどん吸い込まれていく。クレアのマブイも、オバァのマブイも、全員のマブイが天高く上がっていくのだった。それに伴ってオニヒトデービルのマジムンパワーもアップし、マブヤーのティーダヤーチューーでは効かなくなる。そこでガナシーはキャッチボールを思い出せと言う。ここで繰り出されたのが、マブヤーからガナシーへ受け渡され、パワーを増幅した新合わせ技「ターチ(二つ)ヤーチュー」だ。さすがのオニヒトデービルもこれにはひとたまりもなく、「ナイスボール!」という言葉を発しながら吹き飛ばされていく。

このとき、マブヤーたちもマジムン軍団もある異変に気づく。天空にぽっかり空いた大きなヒジュルーゾーンの穴のなかに人間のマブイだけでなく、動物たちまでも吸い込まれていたのだ。人間だけの約束ではなかったのかと詰め寄るハブクラーゲンに、そ

オバァのチェーン店(!)である久保田商店の上空にもヒジュルーゾーンが迫る。

巨大なヒジュルーゾーンに、たくさんのマブイストーンを抱えるハブデービルの姿が！　三代目のハブデービルを演じたガレッジセールのゴリの力のある顔芸はさすが。ゴリはこのあと劇場版でもハブデービルを演じた。

んなはずがないと慌てふためくヒメハブデービル。ヒジュルーゾーンを操るつもりが、操られていたと初めて弱音を吐く。ここで、ハブクラーゲンはマジムン軍団の首領としての面目を保つべく、クーバーたちにマングーチュを連れて来るよう命令する。マングーチュの胸から無事サンを取り出したカナミーは、そのサンを天空のヒジュルーゾーンへと吸い込ませる。そして、マブヤーたちは一人ずつ「てぃーち、たーち、みーち」と受けて、三人の力を結集させた「ミッチャイ（三人）・ヤーチュー」を空に向かって放つと、ヒジュルーゾーンは跡形もなく消えてなくなるのだった。

ふたたび暖かさを取り戻す沖縄の社会。オバァはこれまでずっとそうしてきたようにヒヌカンにおこわを供えて、家内安全をウートートー（手を合わせて拝む）する。そして、外では大綱引きが始まっていた。「ヒーヤ、ハイヤ」の掛け声に合わせて、全員で力を合わせて綱を引く人びと。東京でもガンバレと声をかけるカナイに、一緒に綱を引くクレアはうれしそうにうなずく。綱引きは引き分けとなり、互いの健闘を称え合うように唐船《とうしん》ドーイに合わせて全員でカチャーシーが踊られる。ここにはもう敵方も味方もない。縦も横も、自分のなかのすべてをカチャースン（混ぜこぜ）にして祝い踊るのである。

近くを通りかかったマジムンたちも聞こえてくるカチャーシーのリズムに思わず手をあげ、からだを動かす。結果的には、仲間である動物たちをマブヤーたちが助けてくれたことにマジムンたちもまんざらでもない。次回は手加減しないと捨て台詞を吐くハブクラーゲンも、どこか嫌味がない。やはりここでも、善対悪という一般的なヒーローものの典型ではなく、人間の善のなかに混ざり合って潜む悪を共通の敵とするマブヤーとマジムンの本質的な近似性が見える。むろん、その矛先は視聴者であるわれわれ自身にも向けられている。

目には見えずとも確かに受け継がれているウチナーのマブイ=魂を、どうやって可視化し、アクションヒーロー番組のフォーマットに落とし込んでいったのか――脚本家が明かすその思考の軌跡。

“許し”と“和解”の物語を紡ぎ出す

聞き手◉山本 伸・樫辺 勒

山田《やまだ》 優樹《ゆうき》 インタビュー

1966年沖縄市出身。脚本家。マブヤーシリーズでは『1』『外伝』『2』の脚本を手がける。それ以外の作品では『オキナワノコワイハナシ』（RBC）、『ハルサーエイカー』『ハルサーエイカー2』（ともにOTV）、『FE ファーイースト』（RBC）、『Nothing Parts 71』（CMC）などがある。

——僕（山本）は専門がカリブ文学なんですけれども、カリブはまさに、自分たちの言葉も奪われたし文化も奪われた、という歴史的な経緯があった。それでも根っこの部分は、完全には腐ってない。努力して、隠して、次の世代に繋いできた。そこにこそ今のカリブのアイデンティティがあるんですけれども、そういう関心を持っているところで、たまたま『琉神マブヤー』を観たら、もう第一話で、ウチナーグチについてハブデービルが「言葉を奪うんじゃない、心を奪うんだ」と言ってる。これは沖縄のことであると同時に、まさにカリブのことでもある。そこに一番感銘受けました。そういう哲学が、子ども向けのヒーロー番組で台詞として語られている。これはすごい！と。なので、その脚本を書かれた方に今回どうしてもお会いしたかったんです。

山田優樹（以下、山田）　ありがとうございます。インタビューのお話しをいただいた時はすごく嬉しかったですよ。でもちょっと心配だったのは、マブヤーシリーズは途中で初期のキャストやスタッフが大幅に入れ替わっているんですよ。僕も、後半のほうにはタッチしていないからシリーズ全体を俯瞰してお話しするのは難しいし、いろんなしがらみで各方面に配慮しちゃう部分がある。だから、取材の申し込みをいただいた時に、作品の権利を管轄しているサイド（マブィストーン）の方たちが「山田に取材してもかまわない」とOKしてくれるなら、僕はかまいません、と申し上げたんです。

——その点を率直に先方に訊いてみたところ、山田さんたち初期のスタッフやキャストの頑張りがあったからこそ、マブヤーシリーズは成功した、これは間違いない事実。いろんな経緯で途中で袂を分かつことになったけれども、その功労者に話を聞くこと自体はなんの問題もない。そういう太っ腹の返事をいただいて、今回のインタビューとなったんです。

山田　その話を聞いて、正直嬉しかったです。そもそも『マブヤー』自体が「許し」をテーマにしていますからね。

――ただ、「『ハルサーエイカー』の話にはならないですよね……」とも言われました（笑）。

（※『ハルサーエイカー』は、『マブヤー』の初期メンバーが中心となって新たに制作した沖縄のヒーロー番組。『マブヤー』は琉球放送、『ハルサーエイカー』は沖縄テレビで放映された。）

山田　アハハハ。しませんしません。

●居酒屋で聞こえてきた「ハゴー」

――そもそも、『マブヤー』に携わるようになったきっかけは？

山田　『マブヤー』は2008年から始まりますが、その前に『オキナワノコワイハナシ』というホラーのオムニバス番組があるんです。僕が1999年に企画して、うまく行きそうだったんだけどお金がもうひとつ集まらなくて。それに映像技術的な問題もあったし。それが2004年になってようやくできた。監督の岸本司をはじめ、その時に集まった映画好きが『マブヤー』の初期メンバーとなったんです。

2007年に『マブヤー』の企画の話が僕のところに持ち込まれてきた時に思ったのは、CGのクオリティやデジタルカメラとデジタル編集ソフトもまだまだだった10年前なら難しかったかもしれないけれど、今なら低予算でも放送できるクオリティのものが作れるんじゃないか、と。それで脚本として参加しました。

――反響はどうでしたか？

山田　2008年の10月に放送が始まるんですが、もう春先ぐらいからデパートでステージショーは先行してやっていたんです。まぁ放送が始まるまでは、客席はスッカラカンだったんですけど……。それが、放送が始まってしばらくした頃、僕が居酒屋で飲んでたら、カウンターに座っていた会社員の客がクーバーのマネしているんですよ、「ハゴー、ハゴー」って（笑）。あの時手応えを肌で感じましたね。で、年末に向けて子ども人気とともにお母さん層にウケ始めて、放送後はステージショーに何百人も集まるようになりました。

――「マブヤー」というネーミングは山田さんが考えたものですか？

山田　いえ、最初に企画されたお土産品屋の南西産業の畠中敏成社長が、お土産品のキャラクターでヒーロー番組を作りたい、と玉城満さんのところにまず話を持っていって、玉城満さんがその場で言ったらしいんですよ。「琉神マブヤーだ！」って。僕が参加する時点ではもう「ハブデービル」とか「マングーチュ」という名前も決まってました。「オニヒトデービル」もあったと思う。

――マブイストーンのアイデアはどこから？

山田　沖縄の文化みたいなものに触れたドラマが作りたいっていう意向が畠中さんや玉城さんにあって、その方向で物語を作ってくれ、と僕にリクエストがあった。それで1回目の打ち合わせの時にはもう、沖縄には「マブイ」っていう考え方があるから、そのマブイの何かを怪人たちが奪うと、沖縄からその沖縄らしさが失われる、という方向で固まっていきました。ただ、そのまま真面目にやっても面白くも何ともない。言葉とかマブイとかは目に見えないものだけど、映像的には見えるようにしなくちゃいけないから、石みたいな形を持たせてはどうかと提案しました。それがマブイストーンの原型ですね。最初十個だったんだけど、最終的に九個にしました。最初は単純に「石」って呼んでたかな。

――『1972レジェンド』では「マブイ石」と呼んでますね。

山田　さすがに「石」じゃカッコ悪いから、じゃあ「マブイストーン」にしようということになった。そういうネーミングを含めて、第1回目の打ち合わせの段階でもうすでにマブイストーンのフォーマット自体は出来てました。そうなれば、後はキャラクター作りに集中できる。実は僕がいちばんやりたかったのは、シーサーのケンなんですよ。まぁ『マブヤー』は、言ったって『仮面ライダー』の焼き直しじゃないですか(苦笑)。「沖縄版仮面ライダー」ってことで、それはそれで作っていて楽しいんだろうけど、せっかく沖縄で作るんだから、やっぱりちょっと違うことがやりたい。それで生み出したのがケンって存在ですね。

――ケン役の山城智二さんは、山田さんに「大スベリするかもしれない」と言われたと仰ってました。

山田　ウハハハハ。そうそう、言いました。「俺……本人も最初は現場で居づらそうにしてて。こんな犬みたいな格好してるけど、これでいいのかな?」みたい感じで、おかしかったなぁ(笑)。「大丈夫、俺たちみんな真剣だから。全然おちゃらけてるわけじゃないから」って励ましたけどね。そしたら、ちゃんと最後には心が宿った。僕が一番好きなシーンは、最終話で、石像に戻ったケンにカメラが寄っていくシーンなんですよ。ありもののシーサーの置き物にカメラが寄ってるだけなんだけど、置き物がちゃんと「ケン」になっていた。あのシーンを観た時に、あーできたなぁっていう感じがしました。

――劇場版公開の時にとったアンケートでは、ケンが特にお母さんお父さんに人気があって、なんとか復活させられないのか、という声が多く聞かれましたよ。

山田　そのへんはやはり、子ども向けだからといって中途半端にやったつもりはなくって、あいうおちゃらけたものに見えるかもしれないけど、映像作品として観るに堪えるものを作ろうと一所懸命やりました。そのへんが伝わっているっていうのは嬉しいですね。

――『マブヤー』の最大の魅力は「笑い」ですが、バトルがメインのヒーローものにこれだけたくさんの笑いの要素を持ち込むのは、相当難しいことだと思うんですが。

山田　『オキナワノコワイハナシ』を岸本と何本かやっていくなかで、彼がコメディが撮れる監督だってことがわかってきたんですよ。ホラーとコメディって意外と似てるんです。で、自信を持って『マブヤー』の脚本をコメディとして書くことができたし、現場で彼がさらにコメディ要素を強くしていった。コメディに関してはやっぱり監督の演出の力量が大きいですね。あとは、役者の力量。智二たちが真剣に沖縄でお笑いをやっているというところがすごく大きかった。主役のカナイを演った知念臣悟もそうですね。彼もお笑いの人ですから。

――最初はカナイは別の役者が演じるはずだったと聞いています。

山田　オーディションの時に臣悟が都合で来れなかったんですよ。それで別な子に決まりそうだった。この子はヒーロー役としては決して悪くはなかったんです。プロデューサーの古谷野裕一さんも、これで決まりだろう、と。でも僕には、その子に「笑い」ができるかどうか不安だった。もうコメディで行くと決めてましたからね。それで、以前から知っていた臣悟を見てほしいと言ったんです。そして後日見てもらったら、古谷野さんたちが一目で臣悟を選んでくれた。やっぱり、目の前の人を笑わせるということを真剣にやっている人たちの力はすごいです。そして、それを制作サイドが理解してくれたのがありがたかったですね。

――『マブヤー』を作るにあたって、参考にしたり影響されたりした作品はありますか?

山田　『仮面ライダー』のような特撮ヒーローものからは、むしろあまり影響を受けてないですね。岸本も僕もジャッキー・チェン世代なんで、闘いながらでも面白い、というあたりなどは、ジャッキー・チェンの影響がすごくあるかもしれません。

――あーなるほど。では、アクションヒーロ

『1』のラストカット。赤いチーフを巻いたシーサー＝ケンの隣に並んでいるもう１体が、『3』でシーサーの化身マヤになる。

―もの以外の普通の映画やテレビドラマはどうですか？　沖縄を舞台にした作品も近年は結構ありますが。

山田　確かにＮＨＫ連続小説『ちゅらさん』とかいろいろありますけど、沖縄を舞台にしてはいても、基本は内地の人に見せるためのものだから、地元の人間としては少し居心地が悪いわけですよ。なんていうのか、その、本当は違うから。そんな台詞は俺たちは言わないよ、とか。いつも通りのことをやれば、いつも通り面白くなるのにって思ってましたから、だから『マブヤー』ぐらいは、内地に気兼ねせず自分たちが面白いと思うものを一回やってみたいな、という気持ちがあったんですよね。

◎オニヒトデービルとの和解

――『琉神マブヤー外伝 SO!ウチナー』（以下、『外伝』）は、『1』に比べて大胆なフォーマットの変更がいくつかありますね。キャストの入れ替えや新キャラクターの登場、紙芝居を使って沖縄の昔話を聞かせながらストーリーを進めるところもそうですし、マブヤーに変身する前の主人公が登場しないところもそうです。そもそも1話あたりの長さも違いますし。

山田　番組の方向性や今後の展開などをめぐって、智二や臣悟が所属していたＦＥＣと制作サイドの間がギクシャクしてしまって。なにせ続篇ができるほど人気が上がるとは誰も思っていませんでしたから、1作目を作っている時には考えもしなかった問題がいろいろ生じてきた。で、なかなか折り合いが付けられないまま、結局ＦＥＣが降りることになったんです。ＲＢＣ（琉球放送）の手前もあってとにかく番組は撮らなくちゃならないけど、臣悟も智二もいないなか、同じフォーマットでは難しいと思いました。それでまったくの続篇ではなく、『外伝』という形にしたんです。でも、『1』の続きを観たいって声が多くて、そういう方からは『外伝』自体はすごい嫌われているみたいで（苦笑）。

――嫌われているまでは行ってないと思いますけれども、なんかやっぱりちょっとこう、流れは違うかなっていう感じなんだと思います。でも、設定上の苦労が実を結んだ部分もあるのでは？　マジムンキングなんかとても面白いし。作戦を失敗した部下を、時に厳しく叱り、時に優しく教え諭す悪の首領、というのはなかなかいない（笑）。

山田　あー、田原雅之さん、いいですよねぇ。僕もあれはすごくいいのができたなって思ってます（笑）。ぺーちん（かでかるさとし）とマジムンキングとの最後の対決なんか、すごくいい。

――ウーマクー（やんちゃ）な若者トリオもいいですね。あの女の子（外間《ほかま》みよ子）、むちゃくちゃ面白かったですね。聞けばモデルさんだというのに、ギャグにすごくキレがあって。

山田　本当にそうですね。ギャグにはずいぶん

マジムンキングの完全復活を阻止したじんぶんぺーちん。しかし完全に封印しようとはしない。「後悔すんどーや（後悔するぞ）」と言うマジムンキングに「だからよ（そうだな）」と答えながら去るぺーちん。敵同士のふたりの顔に、満足げな微笑みがそれぞれ浮かぶ。

助けられました。『外伝』は、僕としてもやってよかった企画ではあるし、好きな作品なんだけれども、タイミングが悪すぎてちょっと損をしている感じです。

——新キャラとしては、マジムンキング以外に龍神ガナシーとハブクラーゲンが『外伝』に登場しますね。とくにガナシーについては、ちょっと複雑で。『1』では、ニライ、つまりカナイの生き別れたお兄ちゃんが、実はオニヒトデービルだった。この時はまだ龍神ガナシーというキャラクターは登場していない。龍神ガナシーは次の『外伝』で初登場するわけだけれども、この時はガナシーは、誰か人間が変身するのではなく、ガナシーそのものとして登場する。

山田　『外伝』にはカナイもニライも出てきませんからね。

——そしてその次の『2』で、ニライがオニヒトデービルではなく龍神ガナシーと一体化する。かなりの設定変更ですよね。

山田　本当は、オニヒトデービルの誕生のエピソードを書きたかったんです。森のなかに捨てられた二人の兄弟、ニライとカナイ。カナイの方は人間として育てられるけれども、ニライの方はマジムンとして育てられて、そこにオニヒトデービルのマブイを突っ込まれてマジムンにされた。なぜそうなったかというところは、もしシリーズを僕が続けてやっていたら書いていたかも知れません。大きなテーマとして「最後にわかり合う」ということを考えながら書いていたんですけど、そのために、人間界と人間以外の世界とを結びつける運命的な兄弟という位置づけで、カナイとニライ、つまりマブヤーとオニヒトデービルの二人を描いていこうとは思っていました。

——オニヒオデービルがその役割を担うはずだったのが、『2』でガナシーに代わったわけですね。

山田　『1』の時は、予算的にももう1体ヒーローが出せるなんて思っていませんでしたからね。『1』が当たって次ができることになり、ヒーローも増えることが決まった。ヒーローが増えるのは仮面ライダー的にいいなって思って、だったらニライが新ヒーローなった方がいい。それで、悪の心がなくなってマジムンではなくなったけれども、悪というのがわかる存在、という設定でニライをガナシーにしたんです。だから、オニヒトデービルと対峙した時、自分が至らなかった頃のことを思い出して、必要以上にオニヒトデービルを痛めつける。あれは描きたかった部分ですね。その時の怒りといったものをどう乗り越えるか、といったことが彼の次のステージだったんですよ。

——のちに『4』で「ブラックガナシー」が登場しますけれども、あれは別の脚本家が書いているものですが、山田さんがガナシーでやろうとしたことの延長線上のものと考えていいのでしょうか?

山田　『3』以降はタッチしていないのでなんと

も言えませんが、ブラックガナシーはブラックガナシーで面白いと思います。だけど、あくまで僕的にはですが、ブラックガナシーが本当はオニヒトデービルでなくてはいけないんでしょうね。オニヒトデという生物は、人間界から見れば毒をもったやっかいな存在ではあるんだけれども、でもやっぱり、そういう生き物たちと一緒に生きてきたし、これからも生きていかないといけない。いったんはオニヒトデービルの仲間だったのにやがて袂を分かったガナシーが、最後にオニヒトデービルとどう和解するか、どうわかり合えるかというドラマは、とっても難しいと思うけど、描きたかったですね。そこに僕自身で決着を着けられなかったのが、まぁ心残りの一つではあります。

——和解、というのは、作品の内か外かを問わず、とても大切なテーマです。そもそも「ニライカナイ」という世界は、必ずしも善なる世界とは限らず、悪なるものもそこには存在する。世界と自分のなかに善と悪が同居する。そういう両義性が、ニライカナイという考え方にはありますね。だから、どっちか一方を全否定するということはできない。全否定って要するに、殺しちゃうってことだから。

山田　そうですね。滅ぼすってことです。「メーゴーサー」や「ヤーチュー」は滅ぼす技ではない。

——全否定して相手を滅ぼすのではなく、和解の道をさぐる。そこが一番大事なところだと思います。で、そこは視聴者にも確実に伝わっていて、アンケートでも「『マブヤー』の好きなところは?」という質問に「殺さないところ」って答える人がかなりいました。

山田　『1』の終わりで、最後の最後にマブヤーとオニヒトデービルが闘うのをやめて、方言でね、「あんしわじらんけ」って言うんですよ。あんしわじらんけ、そんなに怒んなよ、と。一話から積み上げていって、最終話でやっとその台詞にたどり着くことができた。そこは自分ではうまくいったなって思ってます。

——『仮面ライダー』の脚本では絶対に書けない台詞ですね。最後、敵は必殺技で木っ端微塵ですから。

山田　アハハハハ。

マブヤーが蒔いた種

——山田さんにとって、『マブヤー』はどんな作品だったとお考えですか?

山田　予算も少ないところで『1』を作って、おかげさまで人気が出た。FECは『1』で離れましたし、僕自身も『2』までやって離れましたけど、だからといって決して悪いこと、残念なことばかりじゃない。おかげで今、他のドラマや映画もできるようになった。『マブヤー』が沖縄に蒔いた種は、確実に育っていると思います。『ハルサーエイカー』もそのひとつです。それに今、うるま市で闘牛ものの企画に関わっています。

——ええ。若い女性のカメラマンが撮った闘牛の写真集も最近出ましたね（『写真集 闘牛女子。』ボーダーインク刊）。

山田　うるま市の青年たちが、「ワイドー」っていうヒーローを自分たちで作ってるんです。

——「ワイド節」（闘牛が盛んな徳之島での、牛へのかけ声）の「ワイド」ですか?

山田　そうです。去年、そこの産業公社に提案して、プロモーションビデオを作るところまでは作ったんですよ。ワイドーをヒーローにして、闘牛にまつわる正義と悪の闘いを描いていく「闘牛戦士ワイドー」。うまくいけば、そのうち作品化できるかもしれない。もしそうなったら、もう一度『1』を企画し作った最初の人たちで、やってみたいですね。許しや和解をテーマにした『琉神マブヤー』なんだから、そういう作品に携わった者たちにそれができないはずはない、と僕は思っています。

（2015年3月17日）

RYUJIN MABUYER INTERVIEW

作品の内と外で結びあう 美しき二つのマブイ

作品の内で引き寄せ合ったカナイとクレアのマブイは、作品の外でも結ばれた。沖縄中から祝福されたふたりが、かけがえのない宝物のような作品について語り合う。

インタビュー

知念臣悟（初代マブヤー＝カナイ役）、桃原遥（クレア役）

聞き手◉樫辺 勒・野原五大

――最初に知念さんにお伺いします。『琉神マブヤー』の主役に抜擢された経緯を聞かせてください。

知念臣悟（以下、知念）　放送が始まる1年ほど前に岸本司監督から「実は沖縄でヒーローものを作ろうと思っているんだが、オーディションを受けてみないか？」って言われていて受けるはずだったんですけど、その日は別の仕事が入ってて。ブラックマヨネーズさんと一緒に舞台に立てるっていう仕事で、本業はお笑い芸人なのでそっちを優先して、今回ちょっとオーディションに行けませんって断ったんです。それから1、2週間ぐらいにもう1回オーディションをやるって聞いて、だったら今度はぜひってことで一次オーディションを受け、その後に二次、最終選考みたいなのを受けて、それでマブヤーに決まりました。

――主役に決まった時の気持ちは？

知念　実は最終選考の現場に行くまで、何役でのオーディションなのかはわからなかったんですよ。敵役かもしれないし、戦闘員かもしれないし、通行人かもしれない。まったく知らないままオーディションを受けてました。何役でもよかったんです。それまでメディアに出たことがなかったから、テレビのお仕事ができる、テレビの中で喋って動くことができるっていうのが、まず単純にうれしかった。それでさらに主役ですか

撮影◉今泉真也

ら、夢のような話でした。

——ヒーロー(マブヤー)役は、知念さんがすべてマブヤーのスーツを着て演じているんですか?

知念　はい。全部僕がやってます。

——スーツを着けたヒーロー役と素面の主人公役を同じ人が同時に演じるのは、きわめて稀でかつ大変なことですが、そのあたりの苦労は?

知念　苦労……うーん、有るか無いかでいったら、無いですね。むしろそっちの方がやりやすかったというか。もし、アクションシーンを別の人がやったら、シーンによっては、その人が演じるマブヤーは登場しても、僕が演じるカナイが登場しないこともある。僕にとってそういう〝抜けた〟シーンは、その時はどういうシチュエーションで、どういう気持ちだったかとか、そういうのがわかりにくい。だから僕としては、どっちもやらせてもらう方がありがたかったです。

それに何よりアクションがやりたかったので。といっても、当時はまったくもってアクションできてないですけど。変身スーツを着るのももちろん初めてだったので、最初は苦労というより難しさを感じましたね。重いし、暑いし、動きにくいし、空気薄いし、視界悪いし。初期の頃の、テレビ放送が始まる前のヒーローショーとかは、もうひどいですよ。立ち方からわからない。猫背だし。外から俯瞰で見てないので、自分がどういうふうに映っているのかまったくわからない。だから、本人としては動きやすい構えにしたつもりなんでしょうね、若干ムエタイチックというか内股になってます。蹴りが一番出しやすいポジションがいい構えなんじゃないかな、って思って当時はやってたんだと思います。だから構えも、なんかヒーローっぽくない。

ジャッキーにあこがれて

——次に桃原さんにお伺いします。出演する番組が子ども向けのヒーロー番組と聞いて、どのような印象を持ちましたか?

桃原遥《とうばる》(以下、桃原)　ヒーロー番組? 沖縄で? できるの? という印象でした。というか、沖縄ってドラマ自体が少なかったし。私がそれまでやってきたものも、一話限りの作品ばかりで。だから、連続もののドラマってことにまずはびっくりして、それがヒーローものだって聞いた時にさらにびっくりしました。

——こういったヒーロー番組をご覧になったことは?

桃原　実写のものはほとんど観ていなくて、『セーラームーン』とか『ダイの大冒険』とかアニメのものばかりです。だから出演が決まっても、「ヒーローものに出られるんだ、イェイ!」という感じはなかったです。でも、ただの恋愛ドラマとかじゃなくって、ほんとに全然違うもの、新しいものが沖縄から発信されるんだってことには、ドキドキしたというか、どんなものが作れるんだろうっていうワクワク感はありましたね。

知念　こんなヒットするとかは思わなかったでしょ。

桃原　思った!

知念　思わなかったでしょ。最初、『琉神マブヤー』って名前聞いた時。

桃原　ごめん、思わなかった(笑)。だって、第1話、第2話ぐらいまではあんまり反応なかったもん。3話目ぐらいから、すごく言われるようになったね。

——女の子の桃原さんは仕方ないとして、知念さんは子どもの頃、あるいは大人になってからでもいいのですが、どういったヒーロー番組をご覧になっていましたか?

知念　子どもの頃よく観てたのは『仮面ライダーBLACK RX』で、戦隊ものもちょいちょい観てました。でも4、5歳だったと思うんで、毎週見てたけどストーリーを把握しているわけじゃない。ヒーローが出てきて怪人やっつけた、ぐらいの感じで。それよりもよく観ていたのは、ジャッキー・チェンの映画なんです。今でも覚えてますけど、3歳の頃に土曜ロードショーでやっていたジャッキー・チェンの映画を親が録画してくれて、それをずっと繰り返し観てた。ほら、『アンパンマン』を観せていれば、子どもが騒ぐのをやめて大人しくしてるっていうでしょう。あんな感覚で、僕はずっとジャッキーのカンフー映画を観てたんですよ。だから、仮面ライダーとか戦隊もののアクションに、たぶん物足りなさを感じてたんだと思うんです。この世界に入ったのも、もともとジャッキー・チェンに憧れていたからで、ジャッキーに近づくんだったらまずはお笑いかなってことで、うちの事務所に入ったんですよ。

——じゃあ『マブヤー』もジャッキー・チェンを意識して?

知念　ジャッキーを特に意識した訳ではないですけど、戦隊ものとかは観ないようにしてましたね。むしろ『マブヤー』終わってから観るようになったかな。

——その時やってるものを観て参考にするとかは、特にしなかった訳ですね。

知念　うーん、しなかったですね。『マブヤー』は沖縄独特ものだから、本土で流行っているものに寄せちゃうのもまた違うのかな、っていう気持ちもその時はありましたしね。でも今思えば、見ときゃよかった（笑）。当時はヒーローの基本的な立ち方とか、立ち居振る舞いとか、動きだったりとか、全然できてませんでしたから。でも変な話、初代マブヤーは、カナイがすごく弱々しい男の子で、その成長過程を描いているので、そのストーリーがあるからこそ、変身しても時々不格好なヒーローってのは、まぁアリだったのかなと思ったりもしますけど。

——マブヤーをやって、ジャッキーには近づけました?

知念　いやいや、何をおっしゃいますか。足元にも及ばないですよ。全然わかってない。ジャッキー・チェンの凄さを全然わかってない!

——申し訳ないです（笑）。

桃原　アハハハ。

——山城智二さん演じるケンとのやりとりが絶妙ですが、どの程度までアドリブなんですか?

知念　僕はほとんどないですよ、アドリブは。ほぼ台本通り。ドラマの撮影も演技も初めてだったので。アドリブっぽく見えるのは、智二さんのアドリブの対応をしているだけなんですよ。智二さん的には、台詞の終わりのほうに行ったら〝フリータイム〟っていう感覚なのか、台本に書かれている台詞終わりにちょいちょいアドリブを入れて遊んでくるんですよ。それに対応してるだけなんですよ、僕は。

桃原　智二さんのアドリブ、そばで見ていてみんな笑ってました。本番中だから声入らないようにして（笑）。

◎「3番目の方が面白かった」

——お二人にお聞きします。最初に会ったのはいつ、どこで、そしてお互いにどんな第一印象を持ちましたか?

知念　たぶん遥は憶えてないですよ。

桃原　憶えてる。

知念　憶えてないでしょ。

桃原　憶えてるよ。沖縄市の……。

知念　そうそう。あー、よかった。僕らは沖縄市でやった一次オーディションで……。

桃原　あ、ごめん、憶えてない。それじゃなかった。

知念　あれ?

——（笑）

桃原　そこじゃない。私が最初に見たのは、最終オーディションだ。カナイ役を決める最終オーディション。で、私はその時にはもうクレア役が決まっていて、今度はカナイを決める最終オーディションに残った3人を相手に、オーディション用のちょっとした芝居をして、その3人の一人が臣悟さんだった。それが初めて。

知念　いや、その前、一次オーディションの時に一回会ってるんですって。
桃原　遥はその時は臣悟さんのこと、見てないから。
――（爆笑）
桃原　一次オーディションに仲座（健太）さんがいたのは憶えてるんですが。仲座さんは前から知っていたので。
知念　そうそう、その手前にいたんだよ。
桃原　憶えてないなあ。緊張してたんです、その時私。
知念　一次オーディションに仲座さんと一緒に行って、廊下の椅子に二人で腰掛けて「緊張するねー」みたいな話をしてて。で、そのオーディション会場のドアから出てきたのが遥だった。俺、顔を知ってたわけ。遥はCMとか映画とかも出てたから。「あーっ！」って思って、「お疲れ様です」って挨拶したんだよ。
桃原　えー、そうなんだ。
――最終オーディションでの知念さんへの第一印象は？
桃原　あ、この人がいちばんやりやすいなって思いました。
知念　演技が？
桃原　うん。臣悟さんだけ、オーディション用の台本に書かれていない、全然違う台詞を入れ込んできたのよ。月を見ながら二人が会話するっていうシーンで、臣悟さんだけ「きれいだね、おいしそうだね」みたいなことを言って、で、遥はそれに「えっ？　そうかなー」みたいな感じの台詞を返してやりとりして。その時「あ、この人面白いな、やりやすいな」って思った。実は臣悟さんたちがオーディションを終わった後に監督が出待ちしてて、「誰がいちばん良かった？」って私の意見も聞いてくれたので、「3人とも演技はすごく上手だなって思ったんですけど、3番目の方が面白かったですね」って答えたの。
知念　「3番目の方」って言い方が（苦笑）。
桃原　名前とかちょっとわからなかったので、当時は。
知念　だそうです（笑）
――知念さんの桃原さんに対する第一印象は？
知念　沖縄で『琉球カーボーイ』っていう短編のオムニバス映画があって、そのうちの一作に出てたんですよ。それを劇場で観た時に「存在感がある人だなー」と。そして撮影に入って実物を見て、素敵な方だなって思いましたね。もちろん撮影の時はずっと、それを〝外す〟作業をしてました。ダメだダメだ、そんな目で見たらダメだと。
桃原　私は撮影している時はまったくそうじゃなかった。仲の良い、お仕事をする人。お付き合いが始まったのは、撮影が終わって一年後ぐらいなので。
知念　撮影している時から仲良くはしてましたよ。撮影の合間にもずっと遊んでましたし、僕らの出番のない待ちの時間、マジムン（他の出演者）のシーンを撮影している時間とかに二人でアイス食べに行ったりとか、もちろん読み合

知念《ちねん》 臣悟《しんご》

1984年宜野湾市出身。FEC所属のお笑い芸人で、お笑いコンビ「パーラナイサーラナイ」として活動。マブヤーシリーズでは初代マブヤー＝カナイを演じた。沖縄のテレビ・ラジオ・CMに多数出演。特撮ファンには『ハルサーエイカー』『ハルサーエイカー2』（ともにOTV）のノーグ・カマー役としても知られる。2013年、『1』で共演したクレア役の桃原遥と結婚。

わせとかもしましたけど。遥の出番がある時は、ほぼほぼ俺の出番もあるんで。

——相手のどこに惚れましたか？

知念　んんー。

桃原　フフフ。

知念　……全部。

一同　ハハハハ（笑）。

知念　聞いたから、聞いたから（答えたのに）！

桃原　フフフ。でもほんとに仲はいいんですよ。この人臣悟さんが遥を第一に守ってくれるので、この人に委ねられるというか、そういうところに惚れちゃいました。『マブヤー』をやってる時よりも、付き合い始めよりも、今のほうがお互い好きですし。

——カナイと知念さん、クレアと桃原さん、似ているところと違うところをそれぞれ挙げてください。

知念　当時の僕、二十二、三の僕とカナイは、ほぼほぼ一緒かなって思ってます。カナイの設定として、沖縄のことは好きだけど、別に方言を喋れるわけでもないですし、三線を習っているわけでもないし、沖縄の文化に詳しいわけでもない。で、なよっとしていて、強くもない。そういうキャラクターの設定だったんで、まんま演じてれば良かった。

桃原　役に合ってたと思います。逆に私は、実はクレアと似ているところがほぼなくて。せいぜい、ちょっと心配性なところぐらいかな。クレアは芯を持っていて、ちょっとやっぱり男勝りなところもあったりとかで、私にはもともとそれがないから。私が憧れるお姉さんのイメージをクレアが持っていたのかもしれない。

——役作りの上で大事にしたこと、および苦労したことは何ですか？

知念　カナイと僕はほぼ一緒だったので、キャラクターをつかめないというようなことはなかったんですが、演技力ということでいえばゼロに近かった。だから、台本を何回も読み直して、ケンやクレアに対して今カナイはどう思っているのか、その時の感情といったものは大切にしました。そんな感じだったから、今見返しても我ながら「あー、ひどいなあ」って思うシーンの一つや二つはやっぱりありますよ。そのワンシーンはすごく感情が入っててていい感じなのに、パッとシーンが切り替わったら、なんか声質も顔も全然違う、みたいな（笑）。

桃原　本番前に二人でよく読み合わせしたよね。1カット1カット前に「ちょっと読み合わせしませんか？」って。ケンも交じえながら。クレアとカナイはちっちゃい頃からずっと一緒という設定だから、距離感が画に出てしまわないようにしないと。

知念　そこらへんは考えたね。

桃原　岸本監督に言われて、クランクインする前に二人だけで一回、会ったんですよ。どういう役なのか、どういうふうに演じるかとか、二人で一回話し合ってと言われて。そこでの話がいちばん役作りの基礎になりました。

知念　いろいろ決めたもんね。例えば、幼少の頃はどんなことでケンカしたとか、どういうものが食べ物が好きだったとか、いつぐらいまで仲が良かったとか、いつぐらいからケンカが始まったとか、中学の時はどんなだったかとか、そういうところをバーってノートに書きまくってから、撮影に入った。確かに大事だったと思う、あれは。

◎幻の北枕

——自分が出ているシーンのうち、自分で一番気に入っているシーンを教えてください。また、相手のシーンで一番気に入っているシーンを教えてください。

知念　いっぱいあるんですけど、うーん、花火を上げているシーンでいいかな（笑）。カナイが初めてクレアに対して自分からアクションを起こしたシーンだし。あの演出、すごいなーって思います。

桃原　うん。そうだよね。

知念　クレアのシーンでは、最終話で、ハブデービルと闘いも終わって、台風もなくなって、みんなが良かったねってなっている時に、クレアがカナイを探しているシーンがいちばん好きですね。泣きそうな顔するんです、クレアが。それが、すげぇなって。

桃原　自分が出ているシーンで気に入ってるのは、あのー、マブヤーの、ティーダーヤチューが当たったんだっけ、広場で、私が、オニヒトデービルとマブヤーの……

知念　オーケー、説明しよう（笑）。オニヒトデービルとマブヤーがヤーチューを撃ち合うんですけど、それが合わさって爆発した時に被弾するんですね、クレアが。

桃原　それ！　で、クレアが倒れて気を失ってるのを、ケンとカナイがすごく心配して覗き込むところがあるんですけど、これ、実際にはボツになって作品の中には入ってないんです。でも私、どうしてもそのシーンになると、使われなかった部分の撮影を思い出してしまって。私が寝ている布団の端と端を二人で持って、一所懸命くるくる回転させてたんですよ。

知念　胸にオニヒトデービルの棘が刺さったクレアを助けるために、タイムスリップみたいなこと（旧暦ワープ）をするんだけど、それをする前に「これ今、北枕だから、とりあえず方向変えようか」ってケンと二人で布団持ってぐるぐる回って、「北ってどっち?」みたいなことをずっとやってるシーンがあるんです。要は、このシリアスのシーンでその笑いはいらないよねってことで、たぶんボツになったと思うんですけど。

桃原　それが私、あまりにも面白くて。面白かったよね、あれ。

知念　面白かったけど、いちばん好きなシーンを挙げてくださいって質問で、誰も確認しようがないボツシーンをわざわざ上げるとは思わなかった。

桃原　えー、すっごい面白いですよー、あのシーン。

知念　知らねーよって話ね（笑）。

――知念さんが出ているシーンで、桃原さんが一番気に入っているのは?

桃原　あれかな。お終いのほうで、修行を終えて森を去ろうとしたカナイに、森の大主《うふぬし》のかっちゃんさんが「ぷーひゃーひーひゃー」とかいろいろ技を教えようとするんですけど、カナイが悟った顔でやんわり断るシーンがあるんですよ。カメラ目線で。その時の臣悟さんの悟った表情が好きですね。

知念　それまでの、ナヨナヨして迷いがあったカナイから、修行していろんなことを学んでひとつ大人になった、マブヤーとして一人前になったカナイの表情ってことかな。

桃原　まさに。そのシーンの臣悟さんが、光の具合もあるんですけど、ものすごく綺麗っていうか、穏やかというか、透き通っているというか。その雰囲気が画面を通して伝わってくる感じがして気に入ってます。

――知念さんは『1』のみの出演ですが、それ

桃原《とうばる》 遥《はるか》

1986年那覇市出身。GG プロモーション所属のモデル・女優。マブヤーシリーズでは『1』『2』『3』『4』にクレア（福地紅亜）役として出演。その他『風之舞』『サーダカー』『ニライの丘』など映画や、『オキナワノコワイハナシ2008』『FE ファーイースト 序章』（ともにRBC）などのテレビドラマにも出演。主演映画『こころ、おどる - Kerama Blue -』（監督：岸本司）が国際短編映画祭で日本部門優秀賞を受賞。『1』で共演した知念臣悟と結婚した。

以降のシリーズの感想を、ご覧になっている範囲で聞かせてください。ちなみに、二代目のカナイ＝マブヤーを演じた翁長大輔さんは前に行なったインタビューで、「お笑い出身で芝居の経験豊富な知念先輩……

桃原　フフフ。

知念　そこ、笑うとこじゃないでしょ。

――……の真似なんかとてもできない、と相当悩み苦しんだ」とおっしゃっていました。

知念　僕だって芝居の経験はまったく豊富じゃないですよ。たぶんスタート地点は大ちゃん（翁長大輔さん）と一緒で……。あー、いや、大ちゃんは大変だったかな。一回、作られたものがすでにあるので、それをまず継続する作業なのか、一回壊して自分のなかで新しいものを作る作業なのか、というところがすごい大変だったと思います。ごめんね、と本人に謝りましたけど。けど、大ちゃんも俺と一緒で、徐々に自分のキャラクターみたいなものは作れたんじゃないですかね。

桃原　うん。

知念　『2』の最初らへんはやっぱり違和感ばっかりでしたけど、でも今はもうすっかり、カナイは大ちゃんだし、ニライは功治さん。特にアクションは、やっぱり今のチームになってから各段に、まったく別ものってほど良くなっている。大輔は高校生の頃からヒーローショーをずっとやっていて、大輔がマブヤーショーのクーバーに入ってきてくれたんで、そこからショーのアクションは数段上がりましたし、今のマブヤーのかっこいいアクションは大輔と功治さんらのチームで作り上げたものなんで、そこはやっぱりすごいなーって思います。僕もそうでしたけど、子どもたちはなかなかストーリーを全部把握できない。で、どこを見るかっていったら、アクションシーンだったりとか、ヒーローのかっこいい部分もしくは面白い部分を見るんですよ。それで言ったら、アクションの面に関しては、絶対『外伝』以降のほうが子どもたちを惹きつけていると思います。

――桃原さんは『2』『3』『4』に引き続き出演された訳ですが、カナイ役が代わってやはりやりにくかった？

桃原　人が違うんで、最初はやっぱりどうしても。大輔さんのカナイは、私のなかでですけど、もうちょっと男気があったんですね。臣悟さんのカナイと、雰囲気、持っているものが違うなって思って。だからクレアのキャラクターも、実は『2』から、大輔さんのカナイに合わせてというかそれを活かして、ちょっと変えているんです。回を重ねるにつれて男勝りな部分がなくなって、ちょっと乙女チックになってますね。

――最後の質問です。お二人にとって『琉神マブヤー』とはどのような作品ですか？

桃原　私にとっては、最後まで語り継ぎたい作品。シリーズが終わって10年20年経っても、それでもずっと私は「『琉神マブヤー』っていうのが沖縄にあってね、面白いよ、見てね」とかたぶん言ってると思うんですよ。もし自分の子どもが生まれたら、その子にも「『マブヤー』って面白いよ」って絶対言うと思う。

知念　そっかー。

桃原　それほどマブヤーってなんか〝強いもの〟だなって思うんです。沖縄に触れるものの材料としてもそうだし、一番最初に子どもに見せたいヒーローものは何？って聞かれたら、私、『マブヤー』って答えます。

知念　自分の子どもが生まれた時、両親が出ているものを見せれるって、すごい嬉しいよね。片方だけじゃなくて両親とも同じ作品で共演してるんだから。それに、そういう記念の意味だけじゃなくて、作品自体が面白い。自分らが出た作品に「これいい作品ですよ」って自信を持って出せるのが一個あるっていうのは、すごく嬉しいことです。

桃原　うんうん。

知念　『マブヤー』の新作が作られたりして、これからももっと拡がっていってほしいですね。

（2015年6月9日）

第3章

『琉神《りゅうじん》マブヤー3《ミーチ》』

話 数	放 送 日	タ イ ト ル
第一話	2011年10月1日	クンチのマブイストーンがデージなってる!
第二話	10月8日	琉神マブヤーのマブイがデージなってる!
第三話	10月15日	チャンプルーのマブイストーンがデージなってる!(前編)
第四話	10月22日	チャンプルーのマブイストーンがデージなってる!(後編)
第五話	10月29日	シーブンのマブイストーンがデージなってる!
第六話	11月5日	海人のマブイストーンがデージなってる!
第七話	11月12日	アララガマのマブイストーンがデージなってる!(前編)
第八話	11月19日	アララガマのマブイストーンがデージなってる!(後編)
第九話	11月26日	なんくるないさのマブイストーンがデージなってる!
第十話	12月3日	ウチナータイムのマブイストーンがデージなってる!
第十一話	12月10日	世果報（ゆがふ）のマブイストーンがデージなってる!(前編)
第十二話	12月17日	世果報（ゆがふ）のマブイストーンがデージなってる!(後編)
最終話	12月24日	最後だからムルデージなってる!

第一節

概要および新たな登場人物

これまでのシリーズとは打って変わって、『3（ミーチ）』はマブヤーの出直し修行がテーマとなり、ストーリーは旅という形で展開する。

カナイはある日たまたま通りかかった空手道場でその主であるニフェという青年から決闘を挑まれる。断り切れずに挑戦を受けたカナイはニフェに敗れ、自信を失ってしまう。実はこのニフェこそが、さまざまな意味で『3』のテーマを象徴する存在となる。そんな折、マジムン軍団が現れ、カナイはマブヤーに変身して駆けつけるが、そこへ久々に現れた復活ハブデービルとの闘いにも敗れ、マブヤーになるためのマブイを失ってしまう。もはやカナイはマブヤーに変身できなくなり、チルダイ森の大主《うふぬし》に助けを求めるが、大主の命《めい》は「本当の強さとは何か」を求めて、自分のマブイを探しに修行に出よというものだった。そして、餞別にとブレスレット（マブイブレス）を与えられるが、使い方がわからないまま旅は始まる。

旅に出たばかりのカナイの前に現われるのが、マヤという女の子。『1（ティーチ）』でカナイの指南役だったシーサーのケンと対のもう一人のシーサーだという。このマヤが大主からもらったブレスレットの使い方を教えてくれる。マヤが持つ砂時計の時間だけ、マブヤーに変身できるというのだ。そんな二人がひょんなことから知り合うのが、いつもシマ（泡盛）を飲んだくれてばかりのオジーだった。しかし、このオジー、めっぽう空手の腕がたち、カナイはオジーに弟子入りして本格的に修行を始める。一見、技とは直接関係ない修行ばかり。しかし、カナイの精神は着実に成長していく。そのたび、ブレスレットの石に一つずつ色がともり、すべてがそろったとき、カナイはふたたびいつでもマブヤーに変身できる身となる。

『3』でもまた、『1』や『2（ターチ）』のように、沖縄の伝統的な文化や習慣が小テーマとして挿入されている。たとえば、クンチ（元気）やチャンプルー（混ぜこぜ）、シーブン（おまけ）、ウミンチュ

（漁師）、アララガマ（不屈の精神）、なんくるないさ（なんとかなるさ）、ウチナータイム（沖縄時間）、世果報《ゆがふ》（幸せ）など。アララガマの話では、沖縄本島ではなく宮古島が舞台となる。一口に沖縄と言っても、まったく異なる言葉や文化が存在していることを目の当たりにすることができ、シリーズ初の斬新かつ重要な展開となっている。

また、ウミンチュのストーリーで漁師が繰り出す「海は誰のものか」という問いかけと、オジーがヤチムンを作るカナイに語りかける「何もかも全部合わせて沖縄」という考え方は互いにシンクロし、ニフェに象徴される「強さ」、森の大主がカナイを修行に出して求めさせる「本当の強さ」と合わせて、『3』の大きな骨子となっている。

❖登場人物

琉神マブヤー＆カナイ◉演：翁長大輔
龍神ガナシー＆ニライ◉演：末吉功治
凰神カナミー＆ナミ◉演：仲本紫野
クレア◉演：桃原遥
岩次郎◉演：新垣正弘
オバァ◉演：吉田妙子

オジー◉演：普久原明

ふだんはただの酔っぱらいだが、じつは杖1本でマジムンを軽くいなすほどの空手の達人。なお、宮古島の少年ガニー役を演じている普久原男クンは実子。

マヤ（痩せた姿）◉演：平田美樹

第1作に登場したシーサーのケンと対になっているシーサーの化身。首のリボンがトレードマーク。制限時間内しか変身していられない修行中のマブヤーのそばにいて、タイムキーパーの役割を果たしている。

マヤ（太った姿）◉演：泉（泉＆やよい）

ガチマヤー（食いしん坊）のマヤが油断したときの姿。食べ物を食べていないシーンのほうが少ないかも知れない。

◉トム◉演：村山靖

オバァの新しい彼氏（！）。トムを演じた村山靖は「琉球トム・クルーズ」の愛称で知られるトム・クルーズのそっくり芸人。

マジムンデービル◉

伝説のマジムンの王。決まった姿はなく、黒い点の集まりの形をしている。ハブデービルに取り憑いて、マブヤーたちを苦しめる。

森の大主(うふぬし)◉
演：ヒゲのかっちゃん(川満勝弘)
森の妖精キジムコン◉演：Cocco

ヤシガニヤシガー◉演：下地勇

少年ガニー◉演：普久原男

ハブクラーゲン◉演：与那嶺圭一
オニヒトデービル◉演：翁長武義
ヒメハブデービル◉演：浦崎明香理
マングーチュ◉演：椎名ユリア
クーバー１号◉演：町田達彦
クーバー２号◉演：浦中孝治
クーバー◉演：仲宗根彩靖、比嘉健雄

ハブデービル◉演：小橋川よしと

ニフェ◉演：小橋川よしと

チューバー(強者)であることに至上の価値を見い出す夢島道場の空手の師範代ニフェの正体は、ハブデービル。やがて伝説のマジムンデービルに取り憑かれる。この四代目に当たるハブデービルは、初代から三代目までが持っていたお笑いの要素がまったくないガチンコの武闘派。スーツアクションも合わせて演じた小橋川よしと本人、居合いの有段者である。

ヤシガニヤシガーは宮古島のヤシガニのマジムンだが、本人はマジムンであることを否定し、宮古島の海の番人を自称する。背中の固い甲羅はマブヤーのパンチも通用しない。その正体は、ヤシガニをつかまえようとする者を憎む宮古島の少年ガニー。演じる普久原男クンは、オジー役の普久原明の息子。

第二節　各ストーリーの詳細とポイント

第一話　「クンチのマブイストーンがデージなってる！」

組手するマブヤーとガナシー。マブヤーが繰り出した二発のヤーチューの一発を交わし、もう一発には自らのヤーチューで応戦するガナシー。顔にパンチを決めたと思ったマブヤーに、下を見ろと言ってガナシーは腹部に決まったパンチを見せる。結果は引き分け。二人に飲み物を渡しながら、カナミーが「上等！」と言ってうれしそうに微笑む。

大好きな沖縄を守るためにマジムンと闘う彼ら。ニライカナイ兄弟の組手練習もむろんそのためのものである。しかしながら、カナイは浜辺でビーチパーリー[1]をする若者たちをいぶかしげに見ながら、心の揺れを感じずにはいられない。「いったい何のために闘ってきたのか」。カナイの視線の先には、砂浜にポイ捨てにされるたばこの吸い殻、散乱する紙皿と割り箸。

戸惑う弟にニライはこう答える。

「おれたちはウチナーを変えるために闘っているんじゃない。ウチナーの良さを変えないため、ウチナーにとって大切なものを守るために闘っている。だろ？」

変えるためじゃなく変えないため。ニライのこの言葉には、祖先から代々受け継がれてきた積年の知恵の集大成である沖縄の古き良き伝統への絶大なる信頼感がこもっている。しかし、カナイは納得できない様子のままだ。

間借りしている久保田商店に戻ると、店の前の日陰でオバァが彼氏とくつろいでいる。今度の彼氏はアメリカ人、名前はトムという。常に若い男性を彼氏にするオバァが今回外国人を選んだことは、「チャンプルー」の話のときにいい感じの存在意味を醸し出すことになる。部屋に戻ったカナイだが、ニライの言葉、「変えるためではなく変えないため」が耳について離れない。しかし、あ

1　海岸で行う飲食会のこと。ビーチパーティーだが、通常はパーリーと発音する。海水浴や日光浴を楽しむより、テントを立て、ビールや泡盛を用意しての長時間のバーベキューが中心となる。海岸で行わない場合でも、類似の行為をビーチパーティーと呼ぶこともある。主に夏季の一般的なレジャーで、家族・親戚、友人・知人、学校・職場などさまざまな単位・規模でこれを行う。ルーツは第二次世界大戦後、沖縄に駐留したアメリカ人たちが休日にバーベキューを食べながら楽しんでいたパーティーとされている。パーリーというのは、パーティーという英語を耳で聞いて覚え、その習慣が拡がったことによる。最近では、ビーチ管理事務所による器材のレンタルや材料の販売、さらに準備と片づけを代行するサービスもある（『沖縄民俗辞典』pp.434-5）。

いかわらず納得はいかない様子。

一方、ニライとナミは、ふと通りかかった空手道場をのぞいていて一人の青年ニフェと遭遇していた。そこの道場主だというが、どこか怪しさが漂う。態度も挑発的だ。このニフェこそが『3』全体の鍵を握る存在となる。

通りでは、まんまとクンチ（元気／力）のマブイストーンをゲットしたマジムンたちが騒いでいる。その瞬間、茶飲み恋人トムの前でスイカを切ろうとしていたオバァの手に力が入らない。クンチが入らないのだ。ニフェが主を務める道場でもクンチがすべて消え失せ、へたり込む弟子たち。異変に気づいたカナイがマジムンのもとに駆けつけようと気持ちを整えた瞬間、背後から声をかけられる。ニフェだ。そして、チューバー（強者）なら手合せしてほしいとカナイに頼む。まごつくカナイにいきなり殴りかかるニフェ。結局、ニフェの挑戦を受けることになるカナイだったが、勝負に負けてしまう。ニフェからヨーバー（弱者）と呼ばれ、がっくりと肩を落とすカナイ。落ち込んでいるカナイにカナミーからのテレパシーが届く、マジムンが出たからすぐに来てほしいと。カナイはマブヤーに変身して、現場に駆けつける。

マブヤーのスーパーメーゴーサーを余裕で受け止めるハブデービル。ティーダヤーチューすら弾き返してしまう。

迎え撃つのはいつものハブクラーゲン。しかし、このとき、珍しくマブイストーンを手にしたハブクラがマブヤーに問いかける。

「このマブイストーンは誰のか?」

自信を持って答えるマブヤー。

「マブイストーンは誰のものでもない。ウチナーの大切なものだ」

ハブクラはさらに詰め寄る。

「ウチナーは誰のものか?」

ふたたびマブヤー。

「それも、みんなのものさ」

それを聞いて、ハブクラは怒りに声を震わせる。

「そんなハゴーなことを言ってるのはイッター（おまえら）人間だけだば！ 言ってることとやってることが全然違うわけよ！」

その瞬間、カナイの脳裏を先日見た浜辺でのビーチパーリーの光景がよぎる。言い返せずにうつむくマブヤーのカナイ。そこへ突如として現れたのがハブデービル。久々の登場だ。とはいっても、とくに大人の視聴者に大人気だった初代の面影はない。マジムンではあるが、ハブクラーゲンにも指図をするなと一匹狼的な立場を自ら貫こうとする。そして何より、「笑い」がない。微塵もなくなっている。

ハブデービルとマブヤーの一騎討ちが始まる。以前のハブデービルはほとんど自ら闘うということをしなかったために、この光景そのものにも違和感があるが、今回のハブデービルはめっぽう強い。やはり、ハブ親方ではなく、まったく別物のハブデービルだ。思わず「強い」と独り言を言ってしまうマブヤーに、ハブデービルは聞き覚えのある「ヨーバー（弱者）」という言葉を漏らす。もしやこいつはあのニフェではないか。誰もがそう勘ぐりはじめたとき、繰り出されるマブヤーの必殺技スーパーメーゴーサー。しかし、ハブデービルにはまったく効かない。つづいて繰り出したティーダヤーチューも真正面で受け止められ、逆に跳ね返された光の玉がマブヤーを直撃し、マブヤーは後ろへと跳ね飛ばされる。その瞬間、マブヤーの胸から四方八方へと放出される七色のマブイ。

こうして、マブヤーはシリーズ初の敗北を喫す。しかし、それは一過性のものではなかった。そして、この一過性ではないマブヤー、いや、カナイという人間の敗北と挫折は、『3』の重要なテーマとなっていくのである。

第二話「マブヤーのマブイがデージなってる！」

気絶しているカナイの顔に葉っぱにすくった冷たい水をかけるマングーチュ。気がついたカナイに、いきなり意味深長な言葉を吐く。

「わたし強い人が好きよ。弱い人は嫌い。でも、優しくない人はもっと嫌い」

優しさあってこその強さ、強さの背景には相手を思いやる気持ちがなければならないというわけだ。このマングーチュの言葉も、『3』のテーマをそれとなくほのめかしている。

その頃、久保田商店では、内地での勉強を終えて東京から帰ってきたクレアがオバァに帰沖の挨拶に来る。元気にしていたかと聞かれ、どうも昨日からクンチ（元気／力）が出ないと答える。それもそのはず、クンチのマブイストーンがマジムンによって奪われているからだ。ガナシーたちはマブイストーンを取り返せないまま、瀕死のカナイを連れ帰り、ナミは落とされたマブヤーのマブイを呼び戻そうとマブイグミ[2]をする。しかし、マブイは戻っ

2　マブイグミについての詳細は、第1章第一節概要の部分を参照のこと。

てこない。

　やりきれない気持ちでジュースを買いに出たニライが、カナイたちのもとへ戻ろうとしたとき、表から中の様子をうかがおうと躊躇しているクレアを見つける。しばらく会っていないカナイのことを気にする様子のクレアに、マブイを落として臥しているとも言えず、ニライはクレアを散歩に連れ出すが、途中マジムンに出くわしてしまう。ガナシーに変身し、カナミーも駆けつけ、いつものようにマジムンとの対決が始まる。忘れてはならないのは、クンチのマブイストーンはまだマジムンの手のなかにあるということだ。岩陰に隠れていたクレアにハブクラーゲンの魔の手が迫ったとき、カナイがマブヤーに変身しながら飛び込んでくる。が、しかし、変身できず、カナイのままハブクラーゲンに体当たりする。そして、まんまとハブクラーゲンの毒針に刺され、倒れてしまう。

　そこへ現れるのが、ニフェである。事のすべてを見せないためだろう、クレアを軽いチョップで気絶させ、ハブクラーゲンには思いっきりの蹴りを入れる。どっちの味方かと激高するハブクラ。ここで、ニフェがやはりマジムン軍団の一員、つまり新生ハブデービルであることがいよいよはっきりする。そして、マジムン軍団が奪ったはずのクンチのマブイストーンは、いつのまにか倒れたカナイたちのそばに置かれる。ヒメハブビジョン[3]でその様子を見ていたヒメハブデービルも、ハブデービルの不可解な行動に戸惑いを隠せない。

　さて、自分にはカナイのマブイは戻せないと観念したナミは、最後の手段とばかりに森の大主《うふぬし》に助けを求めてチルダイ森にカナイを運ぶ。目覚めたカナイが出会ったのは森の大主の妖精キジムコン。キジムナー[4]を連想させる名だ。キジムコンが言うには、森の大主は親戚のニービチ（結婚式）に出かけて留守とのこと、いかにも沖縄らしい笑いである。キジムコンは、大主から託された伝言を読みあげる。

「おまえは何のために闘っているのだ？　誰のために、何を守ろうとしているのかな？　まず、強いって何《なん》ね？　闘うって何ね？（中略）その素直な心で自分自身を見つめたことあるか？（中略）だから、修行の旅に行っておいで。探しておいで、自分のマブイを。本当の強さとは何かを！」

　やはり、ここでも強さ、しかも本当の強さについての言及がなされる。マジムンをも思いやる優しさを持ち合わせているカナイ、マブヤーではあるが、ハブデービルのニフェに敗れた要因ははたしてどこにあったのか、これまでのマブヤーの強さは本当の強さではなかったということなのか。その答えを求めての修行の旅が

3　マジムン軍団一の策略家と称されるヒメハブデービルが作戦遂行のために使うテレビ。マブヤー関連、マジムン関連の行動を遠隔から見てとることができる。
4　キジムナーの詳細については、第1章第十一話「マブヤー修行でデージなってる」の註39を参照のこと。

始まろうとしていた。そして、キジムコンが餞別にと渡したのがブレスレット、通称マブイブレスである。ところが、肝心の使い方をキジムコンが説明しようとした矢先、本人曰く「酒に飲まれた」大主が突然現れ、一緒に飲もうとカナイを誘う。慌てたキジムコンはブレスレットの説明をしないまま、カナイに別れを告げて大主とともに姿を消してしまう。ブレスレットの使い方がわからないまま、カナイはチルダイ森を後にする。

　ここから『3』のメインストーリーであるカナイの修行の旅が始まる。久保田商店の前、カナイを見送るニライとナミ、そしてオバァたち。短く言葉を交わした後、カナイは出発する。そして、振り向かずに拳を天高く突き上げる、まるで修行への覚悟を示すかのように。

ハビデービルに敗れマブヤーのマブイを失ってしまったカナイは、森の大主からマブイブレスを授けられる。このブレスレットのおかげで、砂時計の砂がすべて落ちるまでの間だけカナイはマブヤーに変身することができる。

第三話
「チャンプルー[5]のマブイストーンがデージなってる！前編」

　歩きつづけた末に浜辺にたどり着いたカナイ。持ってきた天ぷらをうまそうに頬張っている。そこへ突然、マヤというかわいい少女が現れる。マヤは、ケン[6]と対になっていたシーサーの妖精で、ずっとカナイのことを見てきたと言う。修行の旅について行くように大主から言われたと聞き、マヤには見えないように「へぇ〜〜〜!?」と鼻の下を伸ばしてニヤつくカナイ。これもヒーローらしからぬ笑いだ。

　このシリーズの笑いは主人公のカナイやニライなど、立場を選ばず方々に散りばめられている。とくにニライの笑いはキレがいい。直後の、久保田商店の前でオバァと茶飲み恋人のトムが抱き合っているところを通りがかる場面でも、その笑いは炸裂する。「カッ！」と口を大きく開き、固まったまま動かないニライ。口をアワアワさせながら、二人に目を釘付けにされたままナミに引っ張られていく。

5　チャンプルーについての詳細は、第1章第三節第十話「カチャーシーのマブイストーンがデージなってる」、同第十二話「兄弟対決でデージなってる！」の各項を参照のこと。
6　ケンについての詳細は、第1章第二節の登場人物の項を参照のこと。ケンの人気は、キャストが入れ替わった後も根強く、シリーズへの復活の声が強く聞かれる。

カナイの修行の旅にタイムキーパー役として同行するシーサーの化身マヤ。スリムな姿の時はカナイもまんざらでもなさそうなのだが……。

しかし、そんな笑いに優しく包まれるようにして、本話のテーマにかかわる言葉が何気なくオバァやトムの口から発せられる。ナミが二人はラブラブだと言ったとき、オバァは「愛に国境はな～し！」と答える。それを受けたトムが続ける。

「沖縄の言葉で言えば、チャンプルーで～す！イエ～！」

愛が文化や言葉の違い、考え方の違いを超えて人びとをごちゃ混ぜに融合させる、つまりチャンプルーするということだ。シリーズを通してとても重要なテーマである「両義性」[7]「カチャースン」[8]と本質は同じ。オバァとトムは、ガナシーをも驚愕させるようなハゴーないちゃつき方をしつつ、そんな重要な本質をさりげなく示す。

一方、森のなかではマジムンたちがもめている。ハブデービルの単独行動に業を煮やしたハブクラーゲンとヒメハブデービルが説教しようと迫るが、ハブデービルはハブクラの言う「沖縄をハゴーにする」ことなどにはまったく興味ないという。興味あるのは強さのみ、ハブデービル曰く、「チューバー（強者）なら何でもできる」。話し合いは物別れに終わり、いよいよハブデービルの一匹狼的なスタンスは決定的なものとなる。

その頃、カナイはかっこつけて相変わらずニヤつきながら、マヤを従えて浜辺を歩いていた。そして、そのニヤついた顔で後ろを振り返ったとき、そこにはもう一人のマヤがいた。油断すると変身してしまう肥ったオバサンキャラになっていたのだ。驚くカナイ、慌てるマヤ。さっきまでニヤついていたカナイの顔が絶望にゆがむが、次の瞬間ふたたびかわいい少女キャラに戻ったマヤを見て、カナイは再度ニヤつきながら極力そっちの方がいいとマヤに頼む。

そうこうしているうちに、ハブクラ親方にオニヒトデービル、クーバーたちが嶺吉食堂の前にあったチャンプルーのマブイス

7　第1章第一節の概要、同章第二節の登場人物（ハブデービル）の項、同章第三節第十二話「兄弟対決でデージなってる!」の項、第2章第一節の概説、および同章第二節第二話「ヒジュルーゾーンがデージなってる!」の項を参照のこと。

8　第1章第二節第十話「カチャーシーのマブイストーンがデージなってる」、同第十二話「兄弟対決でデージなってる!」、同最終話「9つのマブイストーンがデージなってる」、第2章第二節第八話「空手のマブイストーンがデージなってる!」、同最終話「マブイストーンとかヒジュルーゾーンとかテーゲーむるデージなってる!（前編）」の各項を参照のこと。

トーンをゲットする。食堂の実名と看板に書かれた電話番号がそのまま写っているところも、ローカルならではの笑いを誘う。「ここ、マブヤーに出ていましたよね～。てびちそば、ひとつ」みたいな会話が、やってくるお客の口から出ることだろう。食堂では、チャンプルーのマブイストーンが奪われたために大きな変化が起きる。ゴーヤチャンプルーを頼んだ青年が食べようと箸を割ったとき、ゴーヤチャンプルーは、突然ゴーヤと豆腐とスパム（ポークハム）に分かれてしまう。

チャンプルーのマブイストーンが奪われたせいで、食堂で注文したゴーヤチャンプルーは、いつの間にかゴーヤと玉子とスパムが別々になってしまった。

時を同じくして、久保田商店の前ではオバァとトムがけんかをしている。もう終わりだとか、愛に国境はあったとか、別れ話のようだ。異なる文化や価値観を混ぜこぜにするという愛のチャンプルー精神。そのマブイストーンがマジムンによって奪われたせいである。しかし、ここにも笑いが組み込まれているせいで、このけんかにも嫌みは感じない。そもそもこのトム、顔はアメリカンなのだが、英語の発音はもろウチナーンチュ。いつも三線片手だが、弾くところは見たことがないし、アカペラで口ずさむシカゴ[9]の名曲「素直になれなくて」[10]の歌詞、よくよく耳を澄ませばウチナーグチではないか。オバァとのけんかのときに思わず口にするのも、「イッツもうオッケーもうイエー」。オバァも、おそらくアドリブだと思われるが、「どこの外人か、おまえは⁉」と口走る。このトムのキャライメージとのかい離もまた笑いのツボである。たとえば、片言の日本語しか話せない外国人が、連休どこかに行くかと聞かれて、「実家」とさらり答えるようなものだ。突然の実家という語彙は、片言の日本語しか話せない外国人のイメージとはあまりにかい離する。

さて、チャンプルーのマブイストーンが奪われ、気づいたガナシーとカナミーが出動、しかし、そこに現われたのはハブクラ親方たちではなく、ハブデービルだった。以前とは違って笑いの微塵もない新生ハブデービル、常に強さばかりを追い求める。今回現れたのも、ガナシーたちの強さがどんな程度のものか探ろうとしてのことだ。カナミーをさがらせ、一騎討ちに臨むガナシー。途中までは互角に戦うも、ハブデービルの連続パンチのもとにひ

9 シカゴ出身のアメリカのロックバンド。ロックにブラスを取り入れた先駆的なバンドで、その音楽ジャンルは〝ブラス・ロック〟と呼ばれた。

10 原題は *Hard to Say I'm Sorry* (1982)。

ざをつく。お前の力はもうわかったと去りかけるハブデービルに、今度はカナミーが闘いを挑む。しかし、ハブデービルは女には手をあげないと言って闘おうとしない。怒ったカナミーは必殺技のフェーヌアタック[11]を繰り出し、ハブデービルは空高く吹き飛ばされる。しかし、これもわざとそうされたのであって、カナミーたちが勝利したという感じはない。どこまでも不気味さを漂わせるハブデービルだ。

一方、カナイは、マブイストーンが奪われたことにも気づかず、マヤと浜辺をひたすら歩きつづけていた。途中、酔っぱらって釣りをしているひとりのオジーと出会う。これが運命的な出会いとなる。オジーは、釣り上げたエビにいきなり食らいついた肥ったオバサン化したマヤに驚きながらも、二人に鍋をご馳走してくれる。喜んでご相伴にあずかるカナイとマヤ。二人を尻目に激しい勢いで具材を食べるマヤ、「え〜、これはまるで味の美ら《ちゅ》海水族館、やさ」という一時流行《はや》ったグルメ・レポーター調のフレーズ[12]を言っては、ひたすら食べつづける。このフレーズは美味しいものを食べた折に繰り返され、沖縄の台所と呼ばれる牧志公設市場をはじめ、沖縄ゆかりのものにたとえられる。

11　フェーヌアタックについては、カナミー本人についての解説とともに第2章第一節の概要で少し触れているので参照のこと。

12　グルメリポーターの彦摩呂《ひこまろ》（1966年〜　）がその地位を不動のものにするきっかけとなったフレーズ。大阪出身なので、関西弁で「まるで味の宝石箱や〜」などというフレーズが有名。

カナイがオジーの正体を詳しく聞こうとした矢先、ハブクラーゲンたちマジムン軍団が現れる。肥ったオバサン化したマヤに「出た、フリムン（おバカ）！」と言われ、フリムンじゃないマジムンだと細かい訂正をする。直後、スリム化したマヤに戻ったのを見て、オジーは呆気にとられてシマ（泡盛）を砂浜にぽたぽた落とすし、ハブクラは電話番号を交換しようと「〇九八……」と沖縄の市外局番から教えはじめる。昔、女性をナンパするときのギャグとして「郵便番号教えて」というのがあったが、携帯電話必携の時代にあって家電話の番号をあげるところなどは、まさにそれに匹敵するお笑いである。

我に返ったハブクラ親方はクーバーたちに闘うよう指示する。岩の上でキックを繰り出し、次の攻撃に構えてカナイが意識を集中したとき、右手のブレスレットが光りだす。マヤによれば、砂時計の砂が全部落ちるまではマブヤーに変身できるという。久々にマブヤーに変身できたカナイは、変身できないと高をくくっていたマジムンたちを次々と攻撃し、いよいよとどめのスーパーメーゴーサーを撃ち放ったとき、あろうことか、砂時計の砂が全部落ちてしまう。つまり、マブヤーはカナイに戻り、メーゴーサーはただの拳固になってしまうのだ。当然形勢は逆転、カナイはハブクラに痛めつけられる。ハブクラがカナイを襲おうとしたそのとき、ハブクラの手に杖の一撃が飛んでくる。なんと、オジーである。相変わらず酔っぱらっているオジーは、へらへらしながらも、巧みな棒さばきで次々とマジムンたちを投げ飛ばしていく。恐れをなしたハブクラーゲンたちは、いつものようにヒンギる（逃げる）が、ここでまたハブクラ親方の浜辺の砂を少しだけ投げつける「砂かけ爆弾」が出る。笑いである。が、笑いはなおも続く。それまでスリム化したキュートなマヤがこのあと急に肥ったオバサン化したとき、オジーは反射的に持っていた杖をマヤに向かって大きく振り上げる。そして、動揺しながら、カナイに「さっきのネーネー（お姉ちゃん）呼べ！」と小さくつぶやくのである。

第四話
「チャンプルーのマブイストーンがデージなってる！　後編」

久保田商店の前では、オバァが元気なくすわっている。やってきたクレアが理由を聞くと、恋人のトムから国に帰ると告げられたからだという。そういえば、笑いを含みつつも、チャンプルーのマブイストーンが奪われたせいで、オバァとトムは別れる切れるの大げんかをしたばかりだ。オバァ曰く、

「もう外国の人と付き合うの、嫌さ！　言葉も文化も違うしさ」

この何気ないオバァの言葉は、結構深く意図されたものだ。愛は国境を超える、沖縄の言葉で言えばチャンプルー、とトムが言っていたこととの真逆だからだ。しかも、そこには、えてして言葉や文化の違いは人びとの相互理解を阻み、友好的融和をも難しくするものだという本質が示されている。理屈ではわかっていても、実際はそう簡単なものではないというスタンス。だからこそ、そのためには、たとえば愛情といった相手を思いやる大きなエネルギーがあえて必要なのだというスタンスだ。愛あってこそのチャンプルー、チャンプルーあってこその愛なのである。

まだマブイストーンは取り返せないまま、カナイはオジーに弟子入りを志願し、オジーは受け入れる。ここからオジー指南によるカナイの修行が始まる。オジーがカナイにまず用意させたのは浜辺の砂と鍋。その砂を鍋に入れて振れと言う。ここですぐに思い浮かべるのは、カナイ自身も指摘しているように、映画『ベスト・キッド』[13]である。空手の名人の老人がひ弱な少年を徐々に鍛え上げるサクセス・ストーリーだ。オジーはそんな映画観たことないと見え見えの嘘をつきつつも、カナイは忠実にオジーの指示通りに鍋を振る。オジー曰く、「おまえは鍋振ってない。鍋に振られているんだよ」。それが言いたかっただけだとマヤに冷やかされながらも、このありがちな決め台詞には、今回のカナイの修行の根幹にかかわる深みがある。それは力を制御できる能力である。自らの強さに振り回されるのではなく、それを律することができる精神力。つまり、心の修行なのだ。

連日、終日続く鍋振り修行。鍋の砂もだんだんとリズムよく振

13　原題はThe Karate Kid。1984年製作のアメリカ映画。

クーバーはおろかオニヒトデービルの攻撃すら杖１本でかわしてしまうチューバーなオジー。

るようになったある日、マジムン軍団が現れる。マブヤーの繰り出すパンチスピードは修行のおかげで確実に速くなっていた。そして、最後に出たのが新必殺技の「チャンプルー・アッパー」。あの鍋振りの成果だ。マジムンたちが吹き飛ばされたあと、マブイブレスの石の一つが赤く輝き出す。それは成長の証で、マブヤーのマブイが一つ戻った証拠だとマヤは言う。ブレスレットをしみじみと眺めるカナイ。

無事取り戻されたチャンプルーのマブイストーン。オバァと別れ、国へ帰ると言っていたはずのトムも、オバァのもとへと帰ってくる。久保田商店の前で二人が抱擁し合う姿を、クレアとニライ、そしてナミが遠巻きに微笑ましく見ている。

第五話
「シーブンのマブイストーンがデージなってる！」

カナイの次の修行はそろばんだった。マヤがたった一桁の計算を読み上げるものの、カナイはまったくついて行けない。何度も失敗しては繰り返すカナイとマヤ。その修行を言いつけたオジーは、酔っぱらって近くの木の下で居眠りをしている。ヒメハブビジョンでその様子を見ていたマジムンたちは、その修行の意味がさっぱりわからない。そして、いまどき文明の利器があるのにと、ハブクラ親方は懐から電卓を取り出してクーバーに問題を出させ、正解してはしゃいでいる。自然を壊す近代化における人間の身勝手さに憎しみを抱いているマジムンが、そのそろばんが近代化された電卓に喜ぶ姿のアンバランスがなんとも滑稽だ。

市場に買い物に出かけたカナイとマヤ。野菜売り場のオバサンにゴーヤをひとつシーブン（おまけ）してもらう。しかも、カナイは修行のおかげで値段の合計を正確に暗算できるようになっていた。さて、このシーブン、漢字では「添え分」と書くが、イチャリバチョーデー[14]やテーゲー[15]といった個と集団の関係における沖縄

14　第1章第四節第八話「イチャリバチョーデーのマブイストーンがデージなってる」の項を参照。

15　同第四話「テーゲーのマブイストーンがデージなってる」の項を参照。

の哲学に通底する習慣だ。『琉球新報』のある日の「金口木舌《きんこうもくぜつ》」[16]という朝刊コラムには次のようにある。

▼なじみの肉屋では、威勢のいいお姉さんが大ぶりに切ったスーチカー（塩漬け肉）の試食を差し出す。帰り際、お姉さんは「しーぶんねー」とハムなどの塊を袋に入れる。これもお決まりの光景

▼しーぶんは「おまけ」を意味するウチナーグチだ。農連市場でも野菜を買うと多めに入れてくれる。ずっしり重い袋を駐車場まで運ぶ。しかし家路につく気分は晴れやかだ

▼県内で料理店十数店舗を展開するオーナーは市場の〝しーぶん〟がお手本だと話す。「ちょっとしたことでもお客さんが笑顔になる。喜んでもらえるとこちらもうれしい。どちらも満足するのが究極の商売だと思う」

▼取引で双方ともにメリットのある「ウィンウィン（Ｗｉｎ―Ｗｉｎ）」関係。しーぶんの文化にも損得を越え「お互いに良かった」と思える互恵関係が息づいていると思う[17]

シーブンに込められた思い、それは「損得を越え『お互いに良かった』と思える互恵関係」を築くこと。個というミクロから国家というマクロまで、それは人類にとってあるべき理想の関係性だ。それを常態化しつづけている沖縄のすごさ。そこに人類普遍に高い価値をもつ示唆がないはずがない。そんなことをよそに、カナイのそろばん修行はなおも続く。桁はすでに四ケタの域、次々と「御名算」を重ねるカナイからは、修行がうまく行っていることがうかがえる。

一方、その大切な沖縄の習慣であるシーブンのマブイストーンを奪うため、市場中を探し回るマジムン一行。ちょうどそのとき、同じく買い物に来ていたカナイとマヤがこないだシーブンしてくれたオバサンの店先でマブイストーンを見つける。手をのばそうとしたとき、同時に別の手がのびてきて思わず譲ってしまうカナイ。しかし、「どうも」と言ってマブイストーンをつかんだその手は、ハブクラーゲンのものだった。奪われたシーブンのマブイストーンを巡って、市場の隅から隅までの追いかけっこが始まる。

久保田商店の店先の特設弁当売り場には、働くオジサンが四百円の日替わり弁当を二つ買いに来ている。いつものように「シー

16　古代中国では、法令を発したり教えを示す時には、木鐸（舌＝振り子＝を木で作った金属製の鈴）を鳴らして、注意を喚起しながら触れ歩いたという。それから転じて、木鐸は「言論で社会を導く人、教育者」との意味を持つようになり、「社会の―」などと使われるようになった。その木鐸は別名「金口木舌」ともいった。（中略）一九一一（明治四十四）年九月一日付紙面から本紙コラムに使われるようになった（『琉球新報』読者相談室／ウエブサイトより）。

17　http://ryukyushimpo.jp/news/storyid-196354-storytopic-154.htm「金口木舌／しーぶん」（２０１３年8月31日付『琉球新報』朝刊）

衣料品店が集まる新天地市場（2011 年に閉鎖）内の狭い通路で闘うカナイ＝マブヤーとマジムン軍団。着物売り場のオバサンが、眼の前で戦いが繰り広げられているにもかかわらず、売り物の位置を直すのが何気におかしい。

ブンもらうよ」と言って、おまけのミニ沖縄そばをとろうとしたとき、「チュウ、シーブンあらんどー（きょうはおまけはないよ！）」とオバァが百円を請求、オジサンともめはじめる。ハブデービルたちを追いかける真最中のカナイにもマブイストーンの影響が出る。こないだシーブンしてくれたオバサンからシーブンを返せと要求されたのだ。戸惑いつつも、マジムンを追いかけるカナイ。人目を盗んでトイレでマブヤーに変身する。

　いつものように闘うマブヤーとマジムン軍団だが、ハブクラーゲンのパンチがひとつもマブヤーに当たらない。マヤによれば、そろばん修行によって相手の攻撃を先読みできるようになったからだという。そして、ハブクラの攻撃をかわしては繰り出される指パッチン。デージ痛いと悲鳴を上げるハブクラーゲン。最後はこの修行から生み出された新技「ハイパー・パッチン」で、ハブクラーゲンは市場の壁を人型に抜いて吹っ飛ばされる。新しい必殺技に驚くカナイにマヤ曰く、

「それもそろばん修行のシーブンさぁ。ウチナーンチュのシーブンは計算では測れない心のおまけ、なのさ」。

　まったくもって、見事な決め台詞である。

　ところ変わって、ふたたび久保田商店の前。また、あのおとうが弁当を買いに来ている。オバァは揚げたてのサーターアンダ

ギー[18]の入ったかごをシーブンだと言って差し出す。うれしそうにひとつ取るおとう、うれしそうに見ているオバァ。シーブンがもたらす、かけがえのない「損得を越えて『お互いに良かった』と思える」瞬間である。

第六話 「ウミンチュのマブイストーンがデージなってる！」

海の上、沖縄特有の小舟サバニに乗ってオジーが釣りをしている。横には肥ったオバサンと化したマヤ、黙々と海ブドウを食べながら美味しい魚が釣れるのを今や遅しと待っている。カナイはというと、オジーが海中に投げるブイを飛び込んでは取って戻って来るという修行を、息も絶え絶えに繰り返している。やがてカナイはくたびれ果て、危うくマブイが抜けそうになり、「ニライカナイが見えた」と言いつつ何とか意識を取り戻す。海でのきつい修業が終わったあと、帰り道でカナイの口からふたたび出るあのセリフ。「オジー、やがて最終回だったよ」。そうだ、『2』で堤防でたそがれるカナイを後ろから驚かせたクレアに向かって言ったあの言葉だ。一回目ほどのおかしさはないが、これもまた笑いである。そして、その笑いはオジーによって引き継がれる。どうして魚が一匹も釣れなかったのかと責められたオジーは、「大事な話がある」と含みを持たせながら散々引っ張っておいて、「針をつけるのを忘れていた」と落とす。笑い転げるオジーに、あきれ返るカナイ。そんな二人を尻目に、食いしん坊のマヤの鼻が何か美味しそうなものの匂いを嗅ぎつけ、たどり着いたのは漁港の競り市だった。威勢のいい掛け声とともに次々と競り落とされていく鮮魚。そんななかに飛び込んで行って、イラブチャー[19]を一匹欲しいと厚かましく頼み込むマヤを見て、ウミンチュ（漁師）の一人がそんなに腹が減っているならご馳走してあげようと三人を誘ってくれる。

一方、ハブクラーゲンたちマジムン軍団は、ヒメハブデービルのいない隙を見て、ヒメハブビジョンをテレビに切り替えマジムンニュースを楽しんでいる。しかし、ニュースではハブクラゲやオニヒトデ駆除による訃報が次々と流される。ハブクラ親方の叔父のハブクラゲンジさんに、オニヒトデービルの親戚、オニヒト

18　サーターは砂糖、アンダーギーは油揚げ。小麦粉、砂糖、卵、ベーキングパウダーをこね合わせて揚げたもの。ゲンコツドーナツ。サーターテンプラともいう。お坊さんが大きな口を開けて笑ったようにも見えるということで、中国では「開口球」、台湾では「開口笑」という名前だとか（Weblio 辞書『沖縄大百科』）。

19　方言でブダイ類の総称。ブダイの仲間には、青、赤、緑、白、黒などサンゴ礁にマッチしたカラフルな種類が多種棲息している。鋭い歯で岩礁表面の海草類をかじり取り食べるという。身は白身で、刺身や煮物、汁物などのように料理にも合う美味な魚（Weblio 辞書『沖縄大百科』）。

デンスケさん、オニヒトシコさん、オニヒトデニーロさん、オニヒトシエさん。悲しみに暮れ、人間への復讐を誓うハブデービルとオニヒトデービル、そしてクーバーたちは、ウチナーンチュを「たっぴらかす」とマブヤーポーズを決めるのだった。

ところかわって、漁港の広場。カナイとマヤ、オジーが、ウミンチュと一緒になって新鮮な魚に舌鼓を打っている。あまりの美味しさに感謝感激のカナイたち。しかし、ウミンチュは言う。

「(感謝するのは)ワッター(おれたち)にじゃなく海に感謝。海のすべての生き物に感謝さぁ」。

するとマヤが聞き返す。

「海の生き物すべて? じゃ、オニヒトデとかハブクラゲとかにも感謝だわけ?」

ウミンチュは一瞬考え込み、難しい質問だと言いながらも、こう答える。

「そうだね、どんな生き物も大きな海のつながりのなかで生きているわけさぁ。ワッターがウサガッ(いただい)てる魚だけじゃなくて、オニヒトデもハブクラゲもみんなつながって生きているわけさぁ。ワッターウミンチュにとって、あれたちはいないほうがいいかも知れんけど、あれたちにしたらただ静かに生きているだけかも知れんさーね。たしかに増えすぎてしまっているけど、あれたちも被害者かも知れんね」

マヤの「もう意味分からん」でこの会話は終わるが、静かにシマ(泡盛)を口に運ぶオジーの顔は、ウミンチュの言った意味はすべてわかっている、何とかせねばならないといった憂いをたたえていた。じつはこのオジー、とんでもない正体の人物だということがのちの『琉神マブヤー 1972レジェンド』[20]で明かされる。

そして、この憂いこそが、『琉神マブヤー』シリーズが発信しているメッセージへとつながる憂いなのである。さて、オジーの正体とは?

そんなオジーやウミンチュの思いをよそに、マジムン軍団は自分たちの親戚や仲間が人間による駆除で命を奪われたことに腹の虫がおさまらない。「海を返せ」、「沖縄に駆除はいらない」とプラカードを掲げて漁港をデモ行進する。そして、次に狙うは「ウミンチュのマブイストーン」だと気合を入れる。

海での修行の途中、オジーのくしゃみで海に落ちたカナイは、仕方なくマヤの待つ浜に上がって一息つく。そのとき思い出したのが、ウミンチュの言った「オニヒトデもハブクラゲもみんなつながって生きている」というあの言葉。正義のヒーローマブヤーとしてハブクラーゲンやオニヒトデービルと闘うカナイの頭は当然モヤモヤしたままだ。なかなか整理がつかないなかで、自分とマジムン軍団との関係について考え込むカナイだった。

20 制作・放映されたのは本書で扱っている他のシリーズよりもあとの2012年であるが、時代背景は沖縄が本土復帰した年の1972年に設定されている。つまり、シリーズのなかで最初のマブヤー物語なのである。

しばらくして、古いサバニの上でウミンチュのマブイストーンを見つけるクーバーたち。互いに遠慮して手柄を譲り合う。その姿に、おまえたちはウチナーンチュかと注意するハブクラ親方。きっとウチナーンチュにとっては、思わずほくそ笑む瞬間だろう。こうしてウミンチュのマブイストーンが奪われたことで、ウミンチュたちの態度が一変する。海はみんなのものだと語っていた例のウミンチュも、先頭に立って海を埋め立てようとシュプレヒコールを上げはじめる。しかし、埋め立てられて困るのはハブクラゲやオニヒトデも同じはず。さすがに、マブイストーンを奪ったことがはたして良かったのかどうか、ハブクラ親方は迷うのだった。そこへ現れたカナイ。ハブクラーゲンは主張する。

「イッター（おまえたち）はよ、何の罪もない生き物を駆除して、埋め立てまでして海を無くすつもりか！」

この言葉にマヤが噛みつく。

「罪はあるでしょ！　オニヒトデはサンゴを食べるし、ハブクラゲは泳いでいる人たちを毒を持った針で刺しているさぁ！」

さらにハブクラーゲンは語気を荒げる。

「おまえたちとちがってオニヒトデはよ、サンゴしか食べれないばーよ。じゃ何か、何も食べないでヤーサしれ（腹すかせろ）ってか！　ハブクラゲも好きで人間を刺しているわけじゃないばーよ。おまえたち人間が勝手に海水浴してぶつかってるだけだろ！」

そして、マヤ。

「うーん、悔しいけど言い返せない」

だからといってマブイストーンを奪っていいわけではない、とカナイはマブヤーに変身する。いつものように闘いのなかでマブイストーンは無事取り返されるが、最後にマブヤーは、スー

ウミンチュのマブイストーンが奪われた結果、それまで「海はみんなのもの」と説いていたウミンチュたちが、突如海の埋め立てを主張するようになる。ウミンチュのリーダー（画像中央）を演じるのは、沖縄の歌手・ウクレレ奏者のジョニー宜野湾。

スーパーメーゴーサーを途中で止めて、ハブクラーゲンの怒りの毒針攻撃をあえて受け止めるマブヤー。優勢になったハブクラーゲンだが、「やる気なくした」と戦いを放棄して去ってゆく。

パーメーゴーサーを用意しながらも、ハブクラーゲンの毒針を甘んじて受ける。気づいたハブクラ親方に、マブヤーは「きょうのおまえたちの怒りはオレが受け止める」と言う。

そして、今の自分には答えがわからない、マジムンをタッピラカス(やっつける)のが答えじゃない気がすると胸中を明かすのだった。「フラー(バカ野郎)、やる気なくした」と言って去るハブクラーゲンだが、われわれ視聴者の目には、マブヤーとの距離は確実に縮まっているように見えるのだった。

マブヤーの活躍のおかげでウミンチュたちは元通りに戻り、静かで平和な海はいままで通りになった。あちこちにこぼれる笑顔を遠巻きに眺めるカナイとマヤとオジー。海は誰のものかというマヤの問いに、人間だけのものじゃないと答えるカナイ。同意するオジー。ブレスレットにはまたひとつ、マブヤーのマブイが戻って来るのだった。

第七話
「アララガマのマブイストーンがデージなってる!〈前編〉」

ヒージャー(山羊)のTシャツを着て全力で疾走するカナイ。沖縄本島とは少し雰囲気の違う景色。宮古島だ。オジーの修行はいよいよ本島を離れて宮古にまで行ってしまった。理由を聞くと、景色がきれいで、何より酒がデージ美味しいからだと呆れたことを言う。あきれながらも、カナイは走りつづける。一方、なぜかマジムンたちもマブイストーンを求めて宮古にやってくる。大はしゃぎの軍団一行。ハブ(デービル)親方の頃からそうだが、マジムンが沖縄文化の一端を何気なくさらりと紹介するのがこのシリーズのパターン。今回もハブクラ親方は宮古を「オトーリ」の島と紹介する。オトーリとは、宮古諸島における飲酒方式の一つ。リーダー（座元）の一人が、集まった人たちに健康や長寿を願う、仕事が一段落した、出会いを歓迎するなど、めでたい口上を述べたあと、自分の盃（水割りの泡盛が通常だが、ウィスキーやビールの場合もある）を飲み干し、この盃を順次集まったメンバー一人一人にわたして酒を注ぐ。飲む側は一気に飲み干してリーダーに注ぎ返す。一巡後リーダーは締め口上を語り、しばらくは各人の盃で飲みながら相互に会話が交わされる。時をみてリーダーは他の者を次の口上役に指名し、オトーリがつながれる。この手順が繰り返され、宴が盛り上がれば全員が口上役を務め、盃は何巡にも座を回り続ける。酔った者や飲めない者は、回ってきた盃の酒を自分の盃に移す。また参加者は、宴の終了までとどまる必要はなく、途中退席や途中から参加する場合もある。[21]

　宮古島に根づくこの習慣は、人びとの融和と協調を基盤とし、またそれを育む貴重な文化である。驚いたことに、筆者はまったく同じ飲酒法式を台湾でも経験したことがある。高粱酒《カオリャンシュ》という、文字通りトウモロコシから作った度数の高い透明なお酒を、とても小さなグラスでいただく方式だ。最初はあのグラスの小ささがサキジョーグー（酒好き）の筆者の心をがっかりさせたのだったが、やがてその意味が身にしみてわかったのだった。というのも、一人が乾杯の音頭を取るたびに一気飲みし、それを順次テーブルの全員に回していくからだ。結果的には、相当な量をいただくことになる。宮古と同じく、飲めない人は目の前のコップに酒を移し、でもけっして注がれるのを断ることはしない。コミュニケーション上、ここは重要なポイントである。言葉も習慣も沖縄本島とは違うと言われる宮古であるが、琉球弧という大きな枠組みのなかでは、文化は台湾にまでつながっているに違いない。その思いは強くなるばかりだ。

　宮古にまつわる話は、カナイらが食堂で美味しそうに沖縄そばをすすっているときにもさりげなく出てくる。肥ったオバサンと化したマヤが、いつものように言う。

「あ〜、このコシの強さ、これはまるで味の久松五勇士、やっさ〜」。

　さて、この久松五勇士とは、

日露戦争時、バルチック艦隊発見の通報に貢献した宮古島の勇士。山原船が宮古沖で同艦隊に一時拘束されたのを機に艦隊通過を確認。宮古島庁では、五人の決死隊を編成し、通信

21『沖縄民俗辞典』p.107

設備のある八重山までサバニでわたらせ、通報させた。[22]

一三〇キロ以上距離のある八重山までサバニを漕いで行くことは、まさに決死隊の名の通りたいへんなことであったろう。その性根の強さは、そばのコシだけでなく、宮古の人びとのそれをも象徴する強さであるにちがいない。

そんなカナイたちの近くにすわって、同じようにそばをすする一人の少年。近くの大人からヤシガニがよく捕れる場所を教えてくれと冷やかされている。自然は皆に平等だから自分で探せと一蹴、「アララガマ」という言葉を残して食堂を出て行く。気になったマヤが食堂のオバサンに聞くと、その少年は地元では有名なマクガン（ヤシガニ）捕りの名人とのことだった。いったい、アララガマとはどういう意味なのだろう。すかさずカナイがたずねると、オバサン曰く、宮古の方言でお腹の底からの「くじけてなるか」という思い、自分に喝を入れるための言葉とのこと。つまり少年は、「負けてたまるか」と言い残して出て行ったわけだ。この言葉の意味は、少年の正体とともにのちのちわかってくる。

ちょうどその頃、カナイのいなくなった本島では岩次郎がニフェの道場を訪ねていた。風呂敷に大事そうに包まれた大きなシーサー。道場開きのお祝いに守り神をわざわざ作って持ってきたのだ。しかし、ニフェは岩次郎の好意を無下に断る。そこへニライとナミが現れ、事情を知って一触即発の状態になるが、岩次郎がなだめて事なきを得る。去り際、岩次郎は言う。

「だけどよ、青年、空手に先手なし。いまのはヨーバー（弱者）がすることだよ」。

ヨーバーという言葉に激しく反応し、去ってゆく岩次郎を睨みつけるニフェ。ただ強ければそれでいい、強くなければ意味がないといった表情だ。

場面はふたたび宮古。ガチマヤー（食いしん坊）のマヤが、岩場でヤシガニを見つけて捕ろうとしたところを変な怪人にさらわれそうになる。駆けつけるカナイ。無事マヤを取り戻し対峙したその怪人は、マジムンたちとは関係のない、宮古の海の番人ヤシガニヤシガーだった。ヤシガニを食べようとしていたマヤを懲らしめたのだと言う。ヤシガニを食べて何が悪いのかと問うカナイに、それは人間の身勝手だと襲いかかるヤシガニヤシガー。しかし、マブヤーがメーゴーサーやヤーチューを出すまでもなく、キック一発で退散するほどヤシガーは弱かった。砂浜まで逃げ帰ったヤシガニヤシガーは、ほどなく少年に姿を変える。あのアララガマの少年だ。ヤシガニヤシガーの正体は、あの少年だったのだ。近くには一匹のヤシガニ。いったい、これはどういうことなのか。

その日の夜、広場で人びとが踊るのを見ているカナイとマヤと

22 『沖縄コンパクト事典』pp.352-3

オジー。あれは何かと尋ねるカナイに、オジーはクイチャーだと答える。クイチャーとは、

> 沖縄宮古諸島の民俗芸能。歌謡を指す場合と集団舞踊を指す場合がある。―中略― 集団舞踊としてのクイチャーは、男女の集団が円陣を組んで時計回りに行進しながら踊るもので、跳躍・手拍子・足踏みなどを反復する、素朴かつ躍動的なものが有名である。[23]

沖縄といっても各島々には独自の文化が根づいている、とオジー。マヤの言葉を借りれば、宮古の人たちのソウルダンスなのだ、と。

その頃、マジムン軍団は薄暗い洞窟のような場所に迷い込んでいた。そこには壺が無数に並んで置かれている。よくみれば、みな泡盛の瓶《かめ》だ。それまで恐がっていたハブクラーゲンが急に元気になり、おまけに「アララガマ」のマブイストーンまで手に入れてしまう。すぐそばにはオトーリのマブイストーンもあったが、それを取ってしまうとオトーリができないからと今回は手を出さない。いやはや、現金なマジムンたちである。

アララガマのマブイストーンを奪われたことで、広場でクイチャーを踊っていた人たちは力なく地面にへたり込む。元気が出ないのだ。異変を感じたカナイはマヤと一緒にマジムンを探して飛び出して行く。

当のマジムンたちはオトーリの真っ最中。ハブクラ親方が座元としての口上を垂れる。

「え～皆さん、本日はですね、え～天気にも恵まれ、足元の悪い中、宮古島までマブイストーンゲットの任務に同行いただき、誠にありがとうございます。マブイストーンでございます。皆さまあってのですね、マジムンのボス、ハブクラーゲンでございます。これからも応援よろしくお願いいたします。それではオトーリ回したいと思いま～す！」

次の瞬間、盛り上がったオトーリに水を差す声が洞窟に響きわたる。

「アララガマを返せ！」

そして、ヤシガニヤシガーとマジムンたちとの闘いが始まる。

新しいマジムンの出現かと身構えるカナイに対して、「マジムンって何か？」と答えるヤシガニヤシガー。大胆なフォルムと明快なカラーリングが、「カイメングリーン」や「アオデンキウナギ」といった往年の特撮ヒーロー番組『人造人間キカイダー』に登場したダークロボットを思わせる。

23『沖縄民俗辞典』p.180

第八話
「アララガマのマブイストーンがデージなってる!〈後編〉」

闘いは砂浜へと移っていく。ヤシガニヤシガーの固い甲羅に手こずりつつも、ハブクラーゲンたちは作戦を立て、まんまとヤシガーの甲羅の隙間に毒針を刺すことに成功する。そして、いよいよとどめを刺そうと毒針を振り上げた瞬間に横から蹴りが入り、手元が狂った毒針は横にいたオニヒトデービルの胸へ刺さる。「なんじゃこりゃ〜!」と『太陽にほえろ!』[1]のジーパン刑事が殉職するときのセリフを吐きながら砂浜に倒れ込むオニヒトデービル。それはマブヤーのキックだった。しかし、助けられたにもかかわらず、マブヤーに殴りかかるヤシガー。最後は、おまえは関係ないと言って立ち去っていく。

その頃、オジーは一人宮古島のウージ(さとうきび)畑をさ迷い歩いていた。ちょうど向こうから一人の少年。あのヤシガニ捕り名人の少年だ。しかし、オジーは少年がヤシガーであることは知るすべもない。道に迷ったので街まで案内してくれるよう少年に頼む。少年は快く引き受け、オジーは無事食堂まで帰ることができた。お礼にと料理を振る舞うオジー。美味しそうにもぐもぐと食べる少年。ところが、オジーが宮古の珍味を食べたい、ヤシガニを食べようと言った途端、少年の態度は一変する。ぶすっとした表情で席を立つ少年。食堂のオバサンの話では、少年の名はガニー。一人っ子で、昔ペットとしてかわいがっていたヤシガニがいなくなったとき、とても悲しんだ過去があるという。

浜辺では宮古名物のオトーリのつまみにとヤシガニを捕まえて喜ぶマジムンたちの姿があった。そこへふたたびヤシガーが現れ、ヤシガニを返すように要求するが、逆にハブクラーゲンたちに捕まってしまう。そこへ駆けつけるカナイ。マブヤーに変身しようとするが、オジーに止められる。弱い者いじめは好かんと、今回はオジー自ら懲らしめるというのだ。バッタバッタとクーバーたちをなぎ倒すオジー。オニヒトデービルにハブクラ親方の号令がかかったとき、オジーはガソリン(酒)が切れたからとカナイに代われと言う。マブヤーに変身してオニヒトデービルと闘っている間、縄で縛られたままのヤシガーにマヤが諭すように話しかける。

「あんたはあの少年だよね? 話は全部聞いたよ。あんたにはかわいいペットかも知れんけど、他の人にとっては美味しい美味しいヤシガニだわけさ。生き物を食べるなって言うんなら、あんたとオジーで食べたあれはなんだわけ? 刺身は? グルクン[2]の唐揚は? あれも元々は全部生きてた命でしょ!」

1　1972年から86年まで、全七百十八回にわたり日本テレビ系列で放送された刑事ドラマ。ボス役に石原裕次郎。

2　スズキ目タカサゴ科の魚の総称を示す方言。沖縄には八種類が生息している。

すると、ヤシガーは苦しそうなうめき声をあげ、ふたたびあの少年とヤシガニに姿を変える。その頃、マブヤーとマジムンの闘いは終盤に差しかかっていた。またもやハブクラ親方が変な攻撃技「マジムングスク（城）」を説明しようとしていたとき、マブヤーは待ちきれなくてオジーの修業で会得した新技の「アララガマ・キック」を炸裂させる。説明途中でグスクのフォーメーションを取ったまま、海の果て天高く飛ばされるハブクラーゲンたちマジムン軍団。こうして、見事アララガマのマブイストーンは宮古へと戻って来るのだった。

浜にすわってじっと海を見つめる少年に、オジーが話しかける。

1952年（昭和27年）に沖縄の魚に選定され、本土復帰を機に日本初の県魚に指定された。

「攻撃は最大の防御に非ず、防御こそ最大の防御なのだ！」という理論のもとに築かれたマジムングスク。難点はいくつもありそうだが最大の難点は、組み上がるまでに相手にけっこうな時間を待ってもらわなくてはならないこと。

ガニー少年を優しく教え諭すオジー。実はこのふたり、実際の親子である。さらにこのあと『4（ユーチ）』には、もうひとりの息子も出演する。

「ワッター（私たち）はみんな命をウサガッテ（いただいて）生きている。だから、その命の恵みに感謝して、その生き物たちの分も頑張って元気に生きていこう、やさ。ウリ（ほら）、カメ～（食べてごらん）」

そう言って、少年の前にヤシガニの入ったお椀を差し出す。少年は椀に手をのばし、恐る恐る口に近づける。ひとすすりした少年は、泣きながら一言「ズミ（美味しい）」と言い、「アララガマアララガマ」と続ける。ヤシガニを思う気持ちと、殺生しながら生きて行かねばならない人間の宿命のはざまで、悲しみを必死にこらえながら乗り越えようと決意する少年の姿。その成長を温かく見守るオジーたちマブヤー一行。ヤシガニヤシガーは、自然を愛し、生き物を慈しむ子どもの、そして人間のあるべき純朴さが生み出した情念の化身だったわけである。

第九話

「なんくるないさのマブイストーンがデージなってる！」

年に数本は大きな台風に見舞われる沖縄。外では暴風が吹き荒れている。部屋から出られないニライとナミは、二人きりでテレビを見ている。ナミに少なからず色気を感じているニライは、ムズムズ、ワサワサー[3]して落ち着かない。塩せんべい[4]の塩の付いた指を口に運ぶ妖艶さにニライはたまらず悲鳴を上げ、水をがぶ飲みする。このニライのお笑いもなかなか高水準である。呆然とするニライの目の前に手を振りかざして、大丈夫かと様子を見るナミの純粋さもまた愛らしい。そのとき、突然の雷鳴、思わずナミに抱きついてしまうニライ。しかし、その顔はすっかりニヤけている。すぐに飛び退いて言い訳をするが、天に向かって小さく「あり

台風で部屋から外に出られないニライとナミ。塩せんべいを摘んだ指を舐めるナミのしぐさが、ニライにはなまめかしくて仕方がない。

3　騒々しいの擬態語。転じて「胸騒ぎ」の意味にも（Weblio『沖縄大百科』より）。

4　沖縄ではチョコレートジャムやイチゴジャムをつけて食べるのが一般的。素朴な沖縄伝統菓子。

がとう」と感謝するところまで笑いは続く。
となりの久保田商店では、台風を異常に怖がるトムをオバァがいさめる。

「あっさみよ～、なんくるないさ」

「まったくも～、なんとかなるよ」という意味だが、この「なんくるないさ」、実はその前に付く「まくとぅーそーけー（真をすれば）」と対になっている。つまり、正しいことをやっていれば道は開ける、というのが本来の意味なのだ。近頃では、「何とかなる、大丈夫」といった楽観的なニュアンスだけが強調されるが、その条件が正義の実行という点に沖縄の智恵の真正さを痛感する。まさに、人事を尽くして天命を待つ。これは生き方の問題でもある。努力や誠実さ、それと比例する宿命を願う心。それが「なんくるないさ」の精神なのである。

その頃、空手道場ではニフェがろうそくを立てて精神統一をしている。嵐の音に混じって聞こえてくる謎の声。マジムン溪谷へ行けと言う。マジムン溪谷はニフェ、つまりハブデービルたちマジムンにとっての故郷。そこで人間の身勝手のために倒れて行った同志の叫びを聞き、闇を見たらもっと強くなれる、真のチューバー（強者）になれると誘う。いらだち、「ワン（俺）に指図サンケ（するな）！」とろうそくを蹴り消すニフェ。

台風一過、久保田商店の前ではオバァとナミが、トムとニライを従えてユンタク[5]に花を咲かせている。ニライが雷にビビッてナミに抱きついたことはもうすっかり話のネタにされていて、やはり沖縄は女でもっているとオバァとナミはご満悦だ。うつむいて小さくなるニライとトム。そこへクレアも加わって、イナグンチャー（女性連）のユンタクはますますヒートアップしていく。

その頃、マジムン軍団は、「良い子のみんなはしてはならない」と一応の教育的配慮を示しつつ、台風後の浜辺に出かけて行って漂着物のなかに混じった「なんくるないさ」のマブイストーンを見つけ出す。ハブクラ親方曰く、これでウチナーンチュは前向きな気持ちではなくなる。

ところ変わって、岩次郎のヤチムン窯の前。手を滑らせたクレアが岩次郎の作った茶碗を落として割ってしまう。「なんくるないさ」と言いかけた岩次郎だったが、態度が急変。「なんくるならんさ（どうにもならないよ）」と険しい表情だ。いつもは仲のいい父娘の関係が、突然ギスギスしたものになる。

他方、ニフェは、「もっと強くなれる」の謎の声にほだされ、マ

5　一般に「お喋り」と訳されるが、「よむ」の系統の語彙。日常的な語らいをもつことを、奄美でユミグチスン、沖縄と八重山でユンタクスン、宮古ではムヌユムという。―中略―農作業や買い物の行き帰りに別段の用事もなく、決まった友人を訪ねたり、公共交通機関の待合いで偶然に居合わせた者に積極的に話しかけたりする傾向がある。この語が若い世代にも普及している背景には、否定的な含意が強い「お喋り」では表現できない社会的機能を認めているためであろう（『沖縄民俗辞典』、p.542）。

ジムン渓谷へと険しい山道を登っていく。そして、たどり着いたのがぽっかり空いた真っ暗な岩穴。その穴から飛び出した無数の黒い点がハブデービルのニフェのなかに入り込んだ瞬間、ニフェの身体に力がみなぎる。その様子を岩陰でそっとのぞき見するマングーチュ。

異変を感じたニライとナミは、ハブクラーゲンたちのもとへと駆けつける。ガナシーとカナミーの合わせ技、「ターチ・ヤーチュー」が炸裂し、マジムン軍団はお約束通りはるか彼方へと吹っ飛ばされる。無事マブイストーンを取り返すも、背後からガナシーめがけて飛んできた黒い影に、ガナシーをかばおうとしたカナミーが撃ち抜かれてしまう。それはハブデービルから出た例の黒い点だった。絶体絶命のカナミー、気を失ったままのナミ。

第十話
「ウチナータイムのマブイストーンがデージなってる!」

道場でふたたび謎の声にいらだつニフェ。チューバーになる資格は手に入れた、あとは心の闇の声に耳を傾けよ、と声は言う。そこへ現れたマングーチュに秘密を握られたと知ったニフェは手をあげようとする。女には手をあげないことを信条としているはずの自分に、暴力的な変化が起きはじめていることに戸惑うニフェ。どうやら、自分でもコントロールできない何かが起きているらしい。

一方、ナミを心配するニライは森の大主《うふぬし》を頼って、チルダイ森にナミを運ぶ。大主の名を呼ぶが、出てきたのはキジムコン。大主はウチナータイムでまだ出勤してないという。あきれるニライ。そもそも、このウチナータイムとは何なのか。

結婚式などの集会が、定刻より遅れて始まることをいう。時間にルーズという皮肉もあるが、夜が長く、鉄道などがない風土で生まれた緩やかな沖縄社会の特長を指す。その遅れ方には地域差がある。本土復帰後、徐々に減少。[6]

すぐさま連想するのは、筆者の専門でもあるカリブ海地域の時間感覚。カリビアンタイムともアイランドタイムとも呼ばれるこの感覚は、まさに沖縄とそっくりだ。習慣について起源をあれこれ探るよりも、その習慣がもたらしている恩恵が何であるかを考える方がはるかに生産的だ。大切な集まりに、たとえ遅れてでも出かけて行く、またそれを歓待するという精神こそ、このウチナータイムが生み出した恩恵に他ならない。

6 『沖縄コンパクト事典』、p.91。なお、第1章第四節第四話「テーゲーのマブイストーンがデージなってる!」の項にも、筆者の経験も含めて少し言及しているので参照されたい。

しかし、ナミが心配でならないニライは、そんな悠長なことを言ってはいられない。キジムコンに助けを求めるがなすすべなく肩を落とすニライのもとに、遅れてすまないという大主の声。大主によれば、ナミはマブイを落としているわけではないから大丈夫だという。しかし、どうやって気を取り戻させるかは大主にもわからない。

その頃、オジーの知り合いのヤチムン工房では、カナイが得意そうに土を捻っていた。オジーによれば、これも修行のひとつ。ヤチムン経験者のカナイはどうせお決まりの精神修業だろうとばかりに高を括っている。そんなカナイにオジーが問いかける。

「ヤチムンは何でできているかわかるか?」

土だと答えるカナイに、オジーは静かに語りかける。

「土は水を含んで形を変え、火で焼かれて固くなる。やしが(しかし)、ワッター(私たち)が大切に扱わないと割れてしまうだろ? 土というのはワッターを支え、命を育み、そしてワッターが最後に帰っていく所やさ。ヤチムンはワッターだけで作っているんじゃない。自然が一体となって作っているんだ。どれが抜けてもダメだわけさ」

これはまさに、中国の古代思想「五行説」ではないか。万物は木、火、土、金、水の五種類の元素からなり、それらは互いに影響し合い、その生滅盛衰によって天地万物が変化、循環するという考え方だ。西洋の四元素説[7]と比較されることも多く、かつて筆者はその決定的な違いとして「木」の存在をあげ、そこに西欧とは一味違うアフロ・アジア的な特徴を見出そうとしたことがある。[8]

オジーの言っていることと自分の修業との関係がよく呑み込めない様子のカナイに、オジーはなおも問う。

「なんでヤー(おまえ)は修行しているか?」

好きな沖縄をマジムンから守るため、強くなるためだと答えるカナイ。しかし、オジーから、マジムンも沖縄の一部だと聞かされ、絶句する。

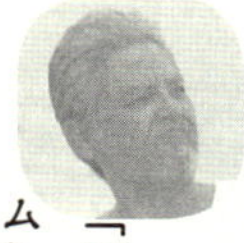

「ワッターもマジムンも自然も、全部合わせて沖縄ど。ヤチムンと同じように、何か一つでも抜けたら、ヤーの好きな沖縄ではなくなるんじゃないか? もう一回考えれ。ヤーはなんで修業しているのか?」

そして、オジーは締めくくりにこの修業の神髄を語る。

「ヤーのヤチムンを作れ」

自分のヤチムン。宇宙へと突き抜けるような、そう、あの南方《みなかた》

7 この世は空気、火、土、水の四つの元素からなるとするもので、古代ギリシャ、イスラム世界および十八世紀から十九世紀頃までのヨーロッパで支持された説。
8 『木と水と空と――エスニックの地平から――』、pp.3-15

曼荼羅[9]のような、すべてを包括する世界観、自身の哲学を育めということか。少なくとも、ヤチムンを作る精神のなかに、第一章から述べてきたニライカナイに暗示される両義性、善も悪も混ざって存在するカチャースンなこの世の本質、悪でさえも受容する奥深さを含むテーゲーの伝統といった、一連のウチナー文化に通底する感性を見い出してほしい。オジーはそう願ったのだ。小さな子どもから大の大人まで、まさに「てぃんさぐぬ花」[10]の歌詞のごとく、「うやぬゆしぐとぅやちむに染みり（親の言うことは心に染み込ませなさい）」だ。マブヤーファンの子どもたちはもとより、その親たちさえも、このオジーの言葉と、カナイの戸惑いつつもそれがかけがえのない大切なものであることを悟ってゆく表情から、心に染み入る何かを学ぶかも知れない。それほどまでに哲学的な示唆に富む場面である。

その頃、オバァと茶飲み恋人のトムは、衣料品店でのタイムセールの真最中。オバァが次々と試着するたびに、トムは「ワンダホー！」と褒めちぎる。セール終了の時間が迫り、焦るトム。オバァは平気だ。やがておねえさんが終了を告げるが、オバァがウチナータイムをせがむとおねえさんは気前よく終了時間を延期してくれる。他の客たちも当然のようにふたたび服選びに躍起になるのだった。ところ変わってバスの停留所。遅れてやってきたオニヒトデービルがハブクラーゲンに、マジムンのくせにウチナータイムかと注意されている。今日のねらいは「ウチナータイム」のマブイストーン。しかし、ハブクラ親方はウチナータイムを無くせばウチナーンチュはみんな規則正しい生活をすることになるから、いいことをしてしまうことになるのではないかと少し怪訝《けげん》そうだ。ここで思い出すのは、『1』でかつてのハブデービルが「テーゲー」のマブイストーンを奪った場面。テーゲーのマブイストーンを奪ってしまうとウチナーンチュはいい加減でなくなってしまう、つまり、人間たちを喜ばせてしまうのではないかと一瞬ためらう場面である。

先回のハブ親方のためらいも、今回のハブクラのためらいも、ともに絶妙な誘い水となってわれわれ視聴者の心を揺らす。この揺れは、言い換えれば、伝統と近代のはざまの揺れである。実際、テーゲーと沖縄《ウチナー》タイムについて以下のような記述がある。

> 能率や効率を重視する近代化が進むと、テーゲーや沖縄タイムは否定的なニュアンスを伴う言葉として沖縄県内外に広く認知されるようになり、テーゲー精神、テーゲー主義は、

9　和歌山県出身の南方熊楠（1868〜1941年）が、社会学者の鶴見和子曰く、真言密教の曼荼羅を科学の方法論のモデルとして読み替えた絵図。博物学、とくに植物学を基礎として到達した南方の知識の網は分野を超え、ミクロの世界からマクロの世界へと突き抜けている。

10　沖縄を代表する教訓歌。「てぃんさぐの花は爪先に染めて、親の教えは心に染めなさい」というもの。以下親子の情、相互理解、誠実、努力などが説かれている。〈てぃんさぐ〉とは鳳仙花のこと（『沖縄コンパクト事典』、p.281）。

悪しき習慣の一つとして批判されてきた。[11]

同辞典では、近年はスローライフ等の考え方とともに再評価されてきているとも結んでいるが、時間に追われる日常からすれば「いい加減」「ルーズ」とみなされるのが、悲しいかな、一般的であろう。誰だったか、あるアフリカの女性作家の言葉を思い出す。われわれは植民地支配からは解放されたが、時間には縛られつづけているという話だ。近代によって作り上げられた時間概念の脱構築。つまり、ハブクラたちが笑いのオブラートに包んでわれわれの心を揺らし、さりげなく問いかけているのは、まさに近代とは何かという壮大な哲学なのだ。

さて、バス停の横に転がっていた「ウチナータイム」のマブイストーンをいとも簡単に奪ったマジムン軍団。おかげでオバァは服が買えないことになる。さっきまで快くセールをアナウンスしていたおねえさんがセール終了と言って急に怒りだしたのだ。マブイストーンゲットに喜ぶハブクラたちのもとへガナシーが駆けつけるが、怒りマックスだと迫るガナシーに、理由がわからず戸惑うハブクラーゲン。カナミーの気絶にハブクラたちも関与しているとガナシーは勘違いしているのだ。ハブクラーゲンたちはさんざんやられた後、ガナシーの誤解が解けないまま、カンナイ（雷）ヤーチューで吹っ飛ばされる。ナミの仇を取ったとセンチになりながら、マブイストーンも一緒に飛ばしてしまったことに気づくガナシー。オチはやはり笑いである。

集合時間に遅れてきたオニヒトデービルに「8時集合だったら8時に来るのがフツーでしょ。おまえマジムンなのにウチナータイムかや」と説教するハブクラーゲン。

ヤチムンをひねっているとき、オジーの修業の成果か、カナイの脳裏にナミが大変なことになっている場面が一瞬ひらめく。こうしてはいられないと修行を放り出して仲間のもとへと急ぐカナイ。オジーはもはや修業は終わっているかも知れないとぽつりと言う。帰り際、たまたま通りかかったところで平和にブランコに乗って楽しむハブクラーゲンらと出くわす。早速マブヤーに変身してマブイストーンを取り返そうとするカナイだが、マジムンたちがじっとして動かないのについ付き合ってしまう。そのうち、マヤの持つ砂時計の砂がすべて下に落ちる。

11 『沖縄民俗辞典』、p.351

時間稼ぎの作戦成功と勝利宣言するマジムンたち。しかし、なぜかマブヤーの変身は解けない。カナイに戻ったとばかり思っていたハブクラーゲンたちは無防備に突っ込んでくる。そこへマブヤーの熱いお灸のティーダヤーチューが炸裂、マジムンたちはガナシーのヤーチューに続いて本日二回目のヤーチューをすえられることになる。

さて、マブヤーはどうしてカナイに戻らなかったのか。マブヤーの口から出た答えはこうだ。

「ウチナータイム」

テーマがテーマだけに、見事なオチである。

その頃、チルダイ森でも進展がある。トムがオバァの頬にキスしているのを目撃したニライは、女子はキスされると元気になるとトムから教えられ、それならと気を失っているナミにキスしようとする。すんでのところで気がついたナミは、ニライの頬を思い切り平手打ちする。悲鳴を上げるニライ。

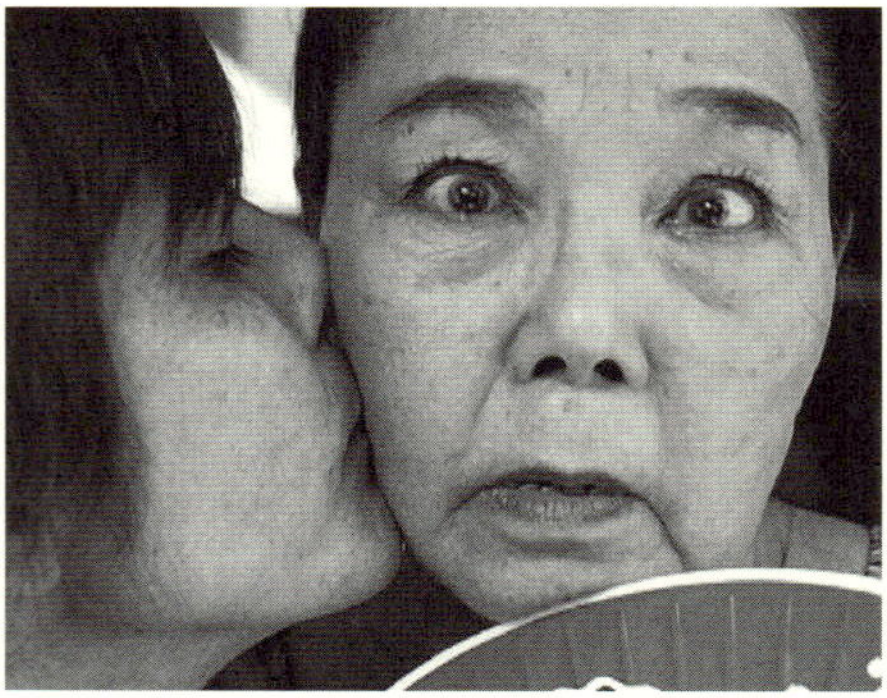

オバァの頬にキスをするトム。ヤングキラーのオバァもこれには目を丸くする。

第十一話

「世果報（ゆがふ）のマブイストーンがデージなってる！〈前編〉」

自称ウチトーンチュの筆者にも、耳なじみの薄い「世果報《ゆがふ》」という言葉。一般的には、ユガフーとのばして言うらしい。

沖縄・奄美において世の果報をいい、豊年・豊穣・幸福などを意味する。同義で、甘世《アマユ》・弥勒世《ミルクユ》などとも呼ばれる。また、単に世《ユー》ともいう。那覇市首里赤田町では、旧暦七月十四日—十六日に、世果報をもたらすミルクウンケー（弥勒お迎え）の行事が行われる。弥勒を先頭にした行列が村を歩き、豊作・健康・子孫繁栄などの世果報を祈願する。沖縄本島北部におけるシヌグ、ウンジャミ（海神祭）などにおいて行われる神遊びにおいて、神女たちが円陣を組み、弓を上下させながら「ユンクイ、ユンクイ」と唱え、ユーすなわち豊穣を乞い願う。宮古本島とその周辺離島では、ユークイと称し、ユーを乞う豊年祈願の祭祀が行われる。また八重山諸島でも旧暦六月に行われる農耕儀礼の一つである豊年祭《プーリ》の二日目にユーニガイ（世願い）が行われ、豊穣が祈願される。[12]

12 『沖縄民俗辞典』pp.536-7

またもや感心させられるのは、この「世」という言葉に集約された概念である。世《ユー》には酸いも甘いも、善も悪も含まれる。つまり、ユーニガイ（世願い）は万人、生きとし生けるものすべての幸せを願う精神性であり、世《ユー》はそれらが混ざり合うものであるということが前提になっている。そのうえで、自分の生涯はもとより、他人をも巻き込んだ皆の幸せと豊かさを願うという精神が、世果報《ユガフ》という言葉には詰まっているのだ。

トムがオバァにキスしたシーンに影響されてナミにキスしようとしたことを一方的にナミに咎められ、なすすべのないニライ。

オバァがクレアにあげると言って取り出したミンサー織りの布ブレスもまた、その精神性が生み出した沖縄の伝統工芸である。五つと四つの四角が交互に組み合わさった模様は、語呂合わせで「いつ《五》の世《四》までも末永く」を意味するという。昔は女性から男性に思いを伝えるためにミンサー織りのティーサージ[13]を贈ったとオバァは説明する。

「クレアは何をお願いするのかね～？」

オバァにそう言われて、うれしそうに微笑むクレア。

一方、その頃、マジムン渓谷にふたたび入ったハブデービルは、謎の声の主マジムンデービルと対話していた。マジムンデービルは自らを「ヤナ（嫌な）ウチナーンチュが住む沖縄を破壊する者」だと称する。そして、本物のチューバー（強者）になりたいなら自分とひとつになれとハブデービルに迫る。葛藤しつつも、チューバーという言葉に魅かれるハブデービル。しかし、そのためには生贄が必要、しかもチュラカーギー（美人）の娘が一番だと声は言う。うめき声をあげて倒れ込んだハブデービルはしばらくして起き上がり、不敵な笑みをうかべて森を後にする。その様子をヒメハブビジョンで見ていたヒメハブデービル。たいへんなことになったと、恐怖で思わず後ずさりする。

チュラカーギーの生贄を捜し歩くハブデービルのニフェ。そこへミンサー織りのブレスをしたクレアが通りかかる。ニフェに腕をつかまれてさらわれそうになったとき、ブレスが光ってニフェ

13　近年手拭の意味に解され、手巾の文字を当てている。沖縄語で、古語「たふさき」に由来する語といわれ、サージは布を意味する。頭に巻き付ける神サージ、マンサージなどがあった。古くは大別して二つあった。一つは愛人のために織った「思いのティーサージ」であり、もう一つは、旅に出る兄弟の航海安全のために織った「思い兄弟ティーサージ」である。材質は木綿・芭蕉布・麻（苧麻）があり、首里・読谷《よみたん》・与那国で織られた（『沖縄民俗辞典』、p.349）。

は思わず手を放す。なおもクレアに襲いかかろうとするニフェの背後から制止するニライの声。ナミも一緒だ。二人の間にあわてて逃げ込むクレア。ニフェの腕がハブになったとき、ニライは初めてニフェがハブデービルだったことに気づく。ハブデービルに変身したニフェと闘うためにガナシーに変身しようとするニライだったが、邪魔されて痛めつけられそうになっているとき、カナイが現れる。ニライやナミ、そしてクレアにとっても久しぶりの再会だ。しかし、ハブデービルはまたもや不敵な笑みを浮かべて、カナイとは闘わずしてその場を去って行く。カナイとクレアは二人きりで防波堤を散歩しながら、何から話そうかと再会の喜びをかみしめる。

　ところが、ときを同じくして、森のなかではハブクラーゲンたちが「世果報《ユガフ》」のマブイストーンをゲットしてしまう。これでウチナーンチュは幸せな未来が来ることを信じられなくなって、希望のない毎日になってしまうと大はしゃぎだ。ハブクラの予想通り、カナイと会っていたクレアの態度が豹変する。一人にしてほしい、誰かと話したい気分じゃない、早く帰れ、とまで。もちろんマジムンのせいだとわかっているカナイはあわてて駆け出していく。

　ハブクラ親方も妙に懐かしがるように、久しぶりに三人揃い踏みのマブヤー、ガナシー、そしてカナミー。カナミー対クーバー、ガナシー対オニヒトデービル、そしてマブヤー対ハブクラーゲンの闘いの火ぶたが切って落とされる。しかし、クレアのことが気になるカナイは闘いに集中できず、世果報のマブイストーンを取り返せないままマジムンたちに逃げられてしまう。

　その頃、ひとり防波堤に残って呆然と海を見つめるクレアにハブデービルの魔の手がのびる。生贄としてマジムン渓谷のマジムンデービルのもとへと連れ去られるクレア。あとをつけるマングーチュ。

第十二話
「世果報（ゆがふ）のマブイストーンがデージなってる！〈後編〉」

チムワサワサ（心どきどき）して、マブヤーから人間の姿に戻ってしまったカナイ。修行の成果は何だったのかとカナミーから痛い突っ込みを入れられてしまう。優位に立ったマジムン軍団。ハブクラーゲンがいよいよ反撃に出ようとしたそのとき、突然ヒメハブデービルが飛び出してくる。そして、その場でマジムンたちの緊急ミーティングが始まる。

　ハゴー山からわざわざ持ってきたヒメハブビジョンに映し出されるのは、マジムン渓谷の現場からレポートするマングーチュの姿。大喜びするハブクラーゲンたちをよそに、ヒメハブデービルは心配そうにマングーチュのレポートに耳を傾ける。「カメラさん、こっちこっち」のマングーチュの言葉に、「これカメラマン誰ね?」とすかさず突っ込みを入れるハブクラーゲン。しかし、そこに映し出されたのは、マングーチュの楽しげなレポートに反する深刻な状況、生贄になったクレアの姿だった。いつの間にかマジムンミーティングの中央に陣取るカナイが叫び声をあげる。思わず、のけぞるマジムンたち。しまいにはガナシーやカナミーまでやってきて映像に食い入るが、急に電波の途切れたヒメハブビジョンを、「電気関係は詳しい」と言ってベタベタさわるガナシーも笑いである。

しかし、その頃マングーチュはハブデービルに見つかり、クレアと同じく生贄としてマジムンデービルの棲む穴の前に縛りつけられる。ヒメハブビジョンの映像が途絶えた代わりに、それがマジムンデービル復活のための生贄であることをヒメハブデービルが説明する。問題は、マジムンデービルは人間だけではなく、すべてを闇で飲み込むつもりだということ。おそらくヒメハブは、『2』でやらかした失敗、自分が呼び出したヒジュルーゾーンが人間だけではなくマジムンの仲間である森の動物たちまでも吸い込もうとした苦い経験を思い出していたにちがいない。仲間まで飲み込まれるという話を聞いて、ハブクラーゲンも怒りをあらわにする。

こうして、すべてはマジムンデービルに取りつかれたハブデービルの仕業だということがわかったマジムン軍団はマブヤーの力を借りようと決意、それまでの対立が人間対マジムンだったのに対し、いまから始まろうとしている闘いは人間とマジムンの連合チーム対マジムンデービルという構図だ。すべての生命体の命運をかけてのマジムンデービルとの闘い。『2』でヒジュルーゾーンに吸い込まれる動物たちを見て「話が違う」と慌てふためくヒメハブデービルを、マブヤーたちが合体必殺技「ミッチャイ・ヤーチュー」[14]で助けて以来、二回目のことだ。

さて、マジムンをも敵にまわすマジムンデービルの正体とはいったい何なのか。

ハブデービルは、マジムンデービルに操られてはいるが、あくまでマジムンの一員。ここで思い出すべきは、マジムンデービルがハブデービルを引き込むときに言ったいくつかの言葉である。

「ワン(私)はおまえだ」

「ヤー(おまえ)の心の奥底にある闇の声に耳を傾けろ!」

「そこに潜む闇を見よ!」

チューバーになることだけを目指していたハブデービルの心の隙間に入り込んだマジムンデービル。「心の奥底に潜む闇」がキーワードらしい。素直に考えれば、それは邪心を指すであろう。強ければそれでいい、自分だけが良ければそれでいい、今が良ければそれでいい、といった邪心。ポイントは、その闇が誰の心にも潜むものだという点である。だれでもつい気を抜いて本音を吐けば、いつでも簡単に出てくる自己中心的な闇。しかし、それは沖

14 マブヤー、ガナシー、カナミーの三人が力を合わせて放つヤーチュー。

縄が育んできたカチャースンな、すべて混ぜこぜにしたうえで生み出される協調や和解とは相容れないものであって、沖縄の社会そのものを壊すことにも直結する危険な価値観である。マジムンデービルとは、そのような破壊的要素がウチナーンチュ自身の心の奥底に闇として潜んでいることを暗示する存在なのである。沖縄を保つも壊すも、すべてはウチナーンチュの胸三寸といったところだろう。すなわち、『琉神マブヤー』は、ウチナーのウチナーによるウチナーのためのヒーローもの、地産地消のヒーローものなのである。

さて、ヒメハブデービルの案内でマジムン渓谷に踏み込んだカナイ。縛られて気を失っているクレアを見つけるが、マジムンデービルの作った結界が邪魔して助けることができない。マブヤーに変身してティーダヤーチューを放つも、まったく効き目がない。その頃広場では、ハブデービルとガナシー、カナミー、そしてハブクラーゲン率いるマジムン軍団が対峙していた。ハブデービルが右手の毒牙をガナシーに向けて振り下ろそうとした瞬

姿なき伝説のマジムンデービルに乗り移られるニフェ＝ハブデービル。

間、ガナシーの左ひざを踏み台にして痛烈な右足キックをお見舞いするハブクラーゲン。そのアクロバティックな動きはもとより、ガナシーとの連携プレイは感動すら呼び起こす。

広場の決着はつかないまま、場面はふたたびマブヤーとヒメハブのいるマジムン渓谷。気を失いつつも、夢のなかでカナイを思うクレア。その途端、オバァがくれたミンサー織りの布ブレスが光りだす。同時にマジムンデービルの結界が弱まったことに気づいたヒメハブデービルは、すかさずマブヤーにそのことを知らせる。ここでマブヤーはふたたびティーダヤーチューを撃ち、結界は粉々に吹き飛ぶ。そして、見事クレアとマングーチュの救出に成功するカナイとヒメハブ。

広場では、なおもハブデービルとの闘いが続いている。さきほどのガナシーとの連携プレイに続いて、今度はハブクラーゲンがカナミーを抱えた遠心力でハブデービルに強烈なキックを浴びせかける。すかさず、ガナシーの胸へのパンチ。ちょうどそのとき、カナイの声がテレパシーでガナシーとカナミーに届く、人質は無

事救い出した、と。最愛のマングーチュが無事だと知ったハブクラーゲンは、これで容赦しなくて済むと怒り心頭だ。同時に、ガナシー最愛のカナミーが前に気を失った原因がハブデービルだということを知ったガナシーもまた怒りマックス状態。勢いに任せて「ドラゴンメーゴーサー」を撃つが、ハブデービルにかわされる。直後、クーバーをはじめハブクラーゲンまでマジムンたち全員を黒い点の塊が呑み込んでしまう。後ずさりするガナシーとカナミー。

カナミーとハブクラーゲンの最初で最後の共同作業（連携攻撃）。

最終回
「最後だからムルデージ[15]なってる！」

カナイも駆けつけるが、マジムンデービルの乗り移ったハブデービルは強靭になり過ぎて、もはや誰も手が付けられない。そんなところを陰で見ていたマヤが思わぬ助け舟、しかも強力な技を繰り出す。その名も「旧暦ワープ」。ちょっと過去へさかのぼることができるという技で、『1』ではクレアを助けるためにマブヤー自ら繰り出していた技でもある。オジーを引き連れてマヤがさかのぼったのは、クレアの父岩次郎がニフェの道場へお祝いにとシーサーを持ってきた日だった。すげなく断られ、ニフェの道場を後にする岩次郎とオジーがすれ違う。すれ違いざま、岩次郎とオジーは「ぬーやるばーがー」「ハンバーガー」と言いながら意味不明な会話を交わす。しかし、実はこのツーショット、ウチナーンチュならだれでも知っている伝説のツーショットなのだ。ヒントは、二人がすれ違った後にオジーとマヤが交わした「フーチバー（よもぎ）の匂いがした」という言葉。

二人は、何を隠そう、フーチバー親方とゴーヤー次郎の名コンビで鳴らした伝説のお笑い番組『お笑いポーポー』のメインメン

15　ウチナーグチで「全部」の意味。

バー・新垣正弘[16]と普久原明[17]なのである。ちなみに肥ったオバサン化したマヤ役の喜舎場《きしゃば》泉[18]も、「泉（いずみ）&やよい」のコンビでレギュラー出演していた。二十余年のときを経て、沖縄中を沸かせたコント「ゴーヤーチャンプルー由来記」[19]の黄金コンビの復活。彼らが所属していたのは松竹歌劇団ならぬ「笑築過激団」[20]、沖縄が誇る元祖お笑い集団である。アップテンポでキレの良いギャグやネタは、マブヤーと同じく地産地消だからこそ可能な、新鮮で栄養価の高い笑いをウチナーンチュの心に提供してきた。沖縄の笑いについては枚挙にいとまがないが、話をマブヤーに戻すことにしよう。

　過去へとさかのぼったマヤたちをよそに、ハブデービルとマブヤーたちの闘いは続いていた。そして、いよいよハブデービルに乗り移ったマジムンデービルの黒い点の塊が、ガナシーたちをかばって立ちふさがったカナイのからだを貫こうとしたとき、いきなりブレスレットが光り出す。と同時に、離れた場所にいるクレアのミンサー織りの布ブレスもまた、輝きながらクレアの腕を離れて飛んでいく。次の瞬間、カナイのからだはチルダイ森へとワープする。そこで待っていたのは森の大主《うふぬし》と妖精のキジムコン。大主はカナイの修業の成果を認め、これからも沖縄の世果報《ゆがふ》な時を守りつづけるように申し付ける。キジムコンから指摘され、手にあったブレスレットが消えていることに気づくカナイ。気をためて変身を試みる。すると、見事マブヤーに変身できたのだった。

　こうしてガナシーたちのもとへ戻るマブヤー。もはや前のマブヤーではない。修行によって多くの人に会い、愛する人を思い、苦行のなかで培われた強い心とからだに生まれ変わったのだ。ハブデービルの前に立ちふさがるマブヤーのからだが黄金色に輝く。伝説の黄金《くがに》オーラと、思わず後ずさりするハブデービル。マジムンデービルの無敵だったはずの攻撃を黄金オーラは寄せ付けもし

16　1956年生まれ。東京の舞台芸術学院を卒業後、早稲田小劇場ほか多数の舞台を踏んだのち沖縄へ帰郷、劇団「潮」で沖縄芝居を学ぶ。89年に「笑築過激団」に参加。94年に独立後「大道塾」を主宰、沖縄の伝統的なウチナー芝居や琉球歌劇、さらに現代劇まで幅広く活躍中。2000年、沖縄タイムス芸術選賞奨励賞受賞。沖縄現代演劇協会会員。

17　1958年生まれ。広告代理店デザイナーをへて笑築過激団に参加。以来『お笑いポーポー』などテレビ、ラジオ、CMで活躍。同劇団3代目団長、「劇団58号線」代表をへて、現在「劇団公設市場」を主宰。沖縄俳優協会副会長。2013年、沖縄タイムス芸術選賞受賞。代表作は『なだそうそう』『旅立ちの島唄 十五の春』『オバァは喜劇の女王　仲田幸子 沖縄芝居に生きる』（以上映画）、『運命の人』『琉神マブヤー3』『テンペスト』（以上テレビ）など。

18　1968年生まれ。沖縄随一の女性漫才コンビ「泉&やよい」のメンバーで、テレビ、ラジオに活躍するマルチタレント。

19　野菜仲間から邪魔者扱いされ落ち込むゴーヤー次郎に、フーチバー（よもぎ）親方が成功の秘訣を伝授するというコント。

20　1983年にコザにて結成。ウチナーヤマト口を駆使し、アップテンポで破天荒なスタイルで沖縄新喜劇の一時代を築いた。琉球放送『お笑いポーポー』をはじめ多くのテレビ・ラジオ番組やCMに出演。座長の玉城満をはじめ、「ゆうりきやー」「泉&やよい」「ふぇーし」、普久原明、新垣正弘、津波信一、川満しぇんしぇーなど数多くの芸人を輩出した。2008年には座長の玉城満が沖縄県議会議員に初当選。現在は芸能プロダクション部門を中心に県内外で幅広く活動している。

ない。次々と繰り出される修行で得た新技のアララガマ・キック、ハイパー・パッチン、そしてチャンプルー・アッパー。黒い点に飲み込まれていたマジムンたちがひとりずつ投げ出されてくる。ハブデービルがやけ気味に繰り出した正拳突きを、片手で静かに受け止めるマブヤー。

ちょうどその頃、マヤと過去に戻ったオジーもまた、ハブデービルであるニフェが繰り出した正拳突きを片手で止めていた。そして、ニフェの空手は本当の強さにあらず、ニフェは本物のチューバー（強者）にあらず、と諭していた。決してひとりでは本物のチューバーにはなれない、と。

マブヤーもまた、ハブデービルにむかって、強がるのと本当の強さとは違うことを訴えていた。誰かを守りたいと思ったときにこそ本当の強さが生まれるのだ、と。しかし、なおも自分はひとりだと自暴自棄になるハブデービル。

そんな過去のニフェ、現在のハブデービルに対して、オジーとマブヤーはともに同じことを言う。

「君はひとりではない」

そう言って、マブヤーが祈るようにして放つ「黄金《くがに》ヤーチュー」。ハブデービルはハゴー山へと吹っ飛ばされる。文字通り、黄金の灸《やいと》。精いっぱいの愛情のこもったお仕置きである。

こうして、ハブデービル、いや、マジムンデービルとの闘いは終わる。互いに力を合わせて闘ったマジムン軍団とマブヤー、ガナシー、そしてカナミー。いつもしゃくに触ると前置きしつつも、礼を言って世果報《ゆがふ》のマブイストーンをマブヤーに手渡すハブクラーゲン。大きくうなずいたマブヤーは、ハゴー山に飛ばしたハブデービルをあとで迎えに行ってやってほしいとハブクラーゲンに頼む。

浜辺にすわるカナイとクレア。ふと見れば、波打ち際にカナイのマブイブレスとクレアの布ブレスが合わさって落ちている。カナイが拾い上げると、それは指輪になった。クレアの手を取って、指にはめるカナイ。場面はそのまま、カナイのクレアの結婚式へと移行する。琉球式の古式ゆかしい装束に身を包んだ神妙な面持ちの二人。引きつづいて、お祝いには欠かせないカチャーシーが始まる。舞台やフロアーで皆が踊るなか、最後に待っていたのは、ニライがナミからお腹にニライの子どもがいることを告げられ絶句するというオチだった。

そして、最後がなんとも心温まる場面となる。

ハゴー山に飛ばされたハブデービルを迎えに行ったハブクラーゲンらマジムンたち。ニフェを交えて楽しそうに模合[21]の話などしながら道をやってくる。すれちがうオジー。ハブクラたちがチューバーオジーだと言って逃げるなか、マヤの術「旧暦ワープ」で会っていることは記憶に残っていないため、ニフェはぼんやりとオ

21　相互互助のための会。詳しくは、第1章第四節第十話「カチャーシーのマブイストーンがデージなってる」の項を参照。

カナイとクレアの結婚披露宴は、例によって本シリーズお決まりのカチャーシーで締め括られる。

ジーを見つめたまま立っている。遠くを見つめながらオジーは独り言のように言う。

「ヤー（おまえ）はひとりでは、ないよ～」

笑いながら去って行くオジーに、ニフェは小声で感謝を言う。「ニフェーデービル（ありがとう）」。それから、自分を呼ぶハブクラたちの方へと嬉しそうに駆け出していく。

ところで、このオジー、前にも書いたように、実はとんでもない正体の人物なのだ。それを知る鍵は、ニフェを相手にしたときにオジーとカナイがシンクロしたところ。さて、真実やいかに？それは次の『琉神マブヤー1972レジェンド』で明かされることになる。

「今日からキミだ！」──不在のヒーロー役を偶然にも託されたシンデレラ・ボーイの苦悩・忍耐そして栄光。

変身後はオレ！変身前もオレ!?

聞き手◉山本 伸・樫辺 勒

──『マブヤー』出演のきっかけを教えてください。

翁長大輔（以下、翁長） 17歳の時、部活を引退して暇だなぁと思っていた時に、たまたま求人広告をめくったらヒーローショーのスーツアクターを募集してたんです。とくに器械体操とか空手とかをやっていたわけじゃなかったんですが、体を動かすことは好きでけっこう動けることは動けたから、ヒーローショーの中の人をやって給料もらえるんなら、とさっそく応募しました。その後ショーを辞めてフリーになって2年ぐらい経った頃、『琉神マブヤー』の『1』がヒットして、『マブヤー』のヒーローショーも始まり、僕のところにも声がかかりました。最初クーバーをやり、初期メンバーが卒業した後はマブヤーもやりました。

──マブヤーは元々クーバーだったんですね（笑）。

翁長 はい（笑）。テレビはやってないですけど、ショーは『1』のメンバーと一緒にやってました。『外伝』が作られるってことが決まって、でも最初のメンバーが入れ替わるってことになった時、「マブヤーをやってくれないか」と言われたんです。皆さんいなくなって、ぼくだけが残った形になりました。だから、僕自身、俳優志望で芝居の勉強をしたということでもないし、お笑い出身でもない。

──そのわりには、けっこう笑いも上手

インタビュー

翁《お》長《なが》大《だい》輔《すけ》

1987年那覇市出身。
高校時代からヒーローショーの舞台を経験。
テレビのマブヤーシリーズは、『外伝』ではスーツアクターとしてマブヤーを演じただけだったが、『2』『3』『4』では俳優としてカナイ役も同時に演じた。
2011年「沖縄ネクストヒーローズプロジェクト」を設立、アクションスクールを展開している。

撮影◉今泉真也

じゃないですか。クレアと海岸べりで久しぶりに会って話をするシーンの「あー、びっくりした。やがて最終回になるとこだったよ」っていうところなんかすごく面白い。あれはあらかじめ脚本に書いてあったんですか?

翁長　なかったと思います。言ったら面白いんじゃなかと思って。ダメなものは監督が最終的に切ってくれるので、役者が自分で考えたことをわりと自由に出しやすいんですよ。リテイク重ねるごとに同じことやらないのが、うちのメンバー、結構好きだったりするので(笑)。でも、特にそれを狙ってやっているというよりは、普段通りなんです。

——作った笑いというよりは、普段着の笑いなんですね。じゃあ方言はどうですか?

翁長　台本を読んでみて、僕はちょっとこういう方言は使わないなと思ったら、(監督と相談して変えても良い台詞なら)使わないですし。普段「今日は暑いさー」とかは使いませんね。「今日は暑いね」って言います。そのあたりは内地の日本人ともう変わらないですね。まぁ元々、カナイ自身がウチナーグチはあんまりわからないという設定ではあるんですが。むしろそれが僕らの自然さに近いのかな、と。だから僕は標準語でやってるつもりなんです。それがなまって聞こえてるんでしょうけど(笑)。

◎「じゃあ今日からマブヤー演って」

——『外伝』ではまだカナイ自体が登場しない設定なので、マブヤーだけを演じられましたが、どんな心づもりで……

翁長　実は撮影の初日に現場に行くまでは、何の役を演るのかはっきりとはわかっていなかったんです。たぶんマブヤーだろうなとは思いましたが、僕はスーツアクターとして呼ばれたんで、命じられた役を演るだけですから。で、現場でゆい役の石原萌さんとユンタ役の大城康由さんに会った時に「こちら、マブヤー役の翁長大輔さんです」って紹介をされて、その時に「あ、オレ、マブヤーを演るんだ」と（笑）。

――じゃあ心づもりも何もないですね（笑）

翁長　まぁでもマブヤーもクーバーもすでにショーで演っていましたから、どれが来ても問題はありません。それで、渡されたばかりの台本を見て、あーこんな話なんだ、へぇユンタがマブヤーに変身するんじゃないんですねぇ、みたいなことを話しているうちに、「じゃあ始めようか」って声がかかって。「もういいんスかー？テレビとかやったことないですけど」「あー大丈夫、大丈夫」っていう感じでスタートしました。

――それは何というか、その、すごいですね（笑）。

翁長　困ったのは、マブヤーの台詞です。今台本を渡されたばっかりだから、台詞の暗記も練習も当然やってません。俳優志望じゃないから、そもそも発声練習というのをしたことがない。不安になったので訊いてみたら、ちゃんとした声優さんでアテレコするから大丈夫、ということなので、動きだけしっかりやるつもりで、おざなりに台詞を言いました。で、実際の放送を見たら、一話、二話、三話あたりは僕が現場で言った声がそのまま流れてる。後で別の人の声を当てるつもりで言ってるから、声にまったく覇気がなくて、全然ヒーローっぽくない。一番最初の台詞の「君たち、綺麗なマブイをしているね」なんて、完全な棒読み（苦笑）。

――『外伝』は相当混乱した中でのスタートだったんですね。

翁長　『外伝』で一番辛かったのは、やっぱり、ファーストで一緒にやっていた仲間がみんないなくなって、僕一人になったということですね。スーツアクションのチームは新しくオーディションで集まったメンバーで、『1』から関わっている僕がチームリーダーをやらざるを得なかった。テレビもそうですけど、ショーでもチームリーダーみたいな立場になりました。ショーでクーバーをやった程度の子が、そのつもりもなかった主役にいきなり抜擢されて、しかもチームリーダーを任される。一人で背負ってるプレッシャーがあって、最初は本当に辛かったです。みんなに「大輔はつぶれるよ」って言われて、僕自身もそう思っていました。『1』の人たちにはいろいろ励ましてもらったりアドバイスしていただいたんですけど、あのプレッシャーは果てしなかった。特にショーで困ったのは、ハブデービル役の仲座健太さんがいなくなったことです。

――仲座さんのショー回しの様子がネットに上がっていて今も見れますが、本当に面白いですね。

翁長　仲座さん、本当にすごかったですよ。ハブデービルが毎週毎週イベント会場をドッカンドッカン湧かせる。その人気のハブデービルが「今週でいなくなりまーす、来週から代わってハブクラーゲンが登場しまーす！」って言っても、そりゃあスベりますよね。その後『2』『3』と積み重ねていくうちにハブクラーゲンも人気が出てきましたけど、あの1年間は本当にウケなかったなぁ。『琉神マブヤー』という看板の推進力はその当時かなりあったので、いわば漕ぎ手が変わって「船が進んでるだけ」の状態でしたけど、それでも船はかなり進んでんですよ。それがいつしか「僕らの船」になり、ちゃんと「僕らのお客さん」が乗ってくれるようになった。そこまでの辛い1年間をどうにかこうにか乗り切れたのは、『1』の仲間の励ましと、新しい仲間の団結があったからです。

――『2』は設定上『1』の続篇ということで、ここでは素面でカナイ役も演じることになりましたね。素面の主人公と変身後のマスクヒーローの両方を同じ人が演じるというのはめったにないことですが。

翁長　『外伝』は叩かれたけど、それでもまだ設定が違っていて主人公が別だったから助かった部分があります。でも『2』は完全に続篇。実は『2』ではカナイとニライのオーディションもやっています。僕がマブヤー役に決まっていたから変身前のカナイ役も、とか、ガナシー役が末吉さんだからニライ役も彼に、といったふうに自動的に決まっていた訳じゃなかった。僕も末吉さんも他の方と同じ様にオーディションを受けて、それでカナイとニライに決まったんです。カナイに決まったのはいいんですが、面を被ってのステージは何千何百ってありますけど、素面で舞台に上がったことなんてそれまで一度もありませんでした。そんな僕が、お笑い出身で芝居の経験豊富な知念臣悟先輩の真似なんか、とてもできるもんじゃない。そこは正直、プレッシャーでしたね。

――『1』のファンの反応はやはり……。

翁長　そりゃもう！　まだ叩かれてます（苦笑）。だって、批判するお客さん側の気持ち、僕だってわかりますから。見ているファンの側にしてみたら、当然言いたいことはたくさんあると思いますよ。別キャラならともかく、続篇なのになんでカナイ役があんな見たことないヤツに代わるんだ、ケンもいないじゃないかってね。カナイじゃない役で『マブヤー』に出れたら、どんなに楽しくやれたか。でも、命じられた役を精一杯やるしかないので、批判には甘んじて耐えました。『3』の頃にはだいぶ肝が座ってきたというか、気持ちが楽になってきましたけど。その意味で『3』が一番気に入ってますね。

●ガナシーとハブクラに助けられて

――自分でマブヤーを演じるだけではなく、アクション指導もやってらっしゃいますね。

翁長　ショーには最初、富田さんという殺陣《たて》師の方がいらっしゃったんですが、僕らの世代になって、僕と僕の師匠の打越陽二郎さんの二人でアクション指導をしました。『1』のメンバー僕以外はみんな芸人さんで、アクション経験のある人がいなかったので、とても指導の手が回らない、ということで僕がお手伝いするようになったんです。その後打越さんが抜けて、僕がメインになりました。

――龍神ガナシー役の末吉功治さんやハブクラーゲン役の与那嶺圭一さんもアクション経験がなかったんですか？

翁長　いえ、功治さんも圭一さんもアクション経験はありました。ヒーローショーの経験がないだけで。ガナシーとハブクラーゲンには本当に助けられましたよ。殺陣で一番大切なのはコミュニケーションです。6~7年、忙しい時は年に300日ぐらい一緒にいましたから、それだけ一緒にいれば、話をしなくても何でも伝わるようになります。そうなれば、殺陣のクオリティも自然と上がりますから。特にテレビと違ってステージではあの二人が好き勝手、やりたい放題やるのを、僕はただ受けておけばいい。あの二人は味が濃いんで、僕までふざけたらもう収集つかないから、僕は常にプレーンで、「白米」とか「豆腐」でいなきゃいけない。お笑い担当はあの二人に任せて、お笑いを「我慢」してました（笑）。

――末吉さんは画面で見る限りでも、面白い方ですね。元々あんな感じの方ですか？

翁長　はい、そのまんまに近いと思いますね。いや、あれでも抑えてるほうかな（笑）。最終的には功治さんが役者チームを引っ張っていってくれました。ぼくはまとめてるだけ。いちおうチームリーダーみたいな立場だから、役者チームからの要望を制作会社に伝えるみたいなことは僕が責任を持ってやりましたけど、実質的にチームを引っ張ったのは功治さんです。彼にはとても感謝してます。

――かなり体を張ったアクションをこなしていますが、危険なことはなかったんでしょうか？

翁長　大きい怪我はありませんでした。まぁ僕らは擦り傷、切り傷、打撲ぐらいは怪我ではないので。……あ、頭を割ったことは一度ありま

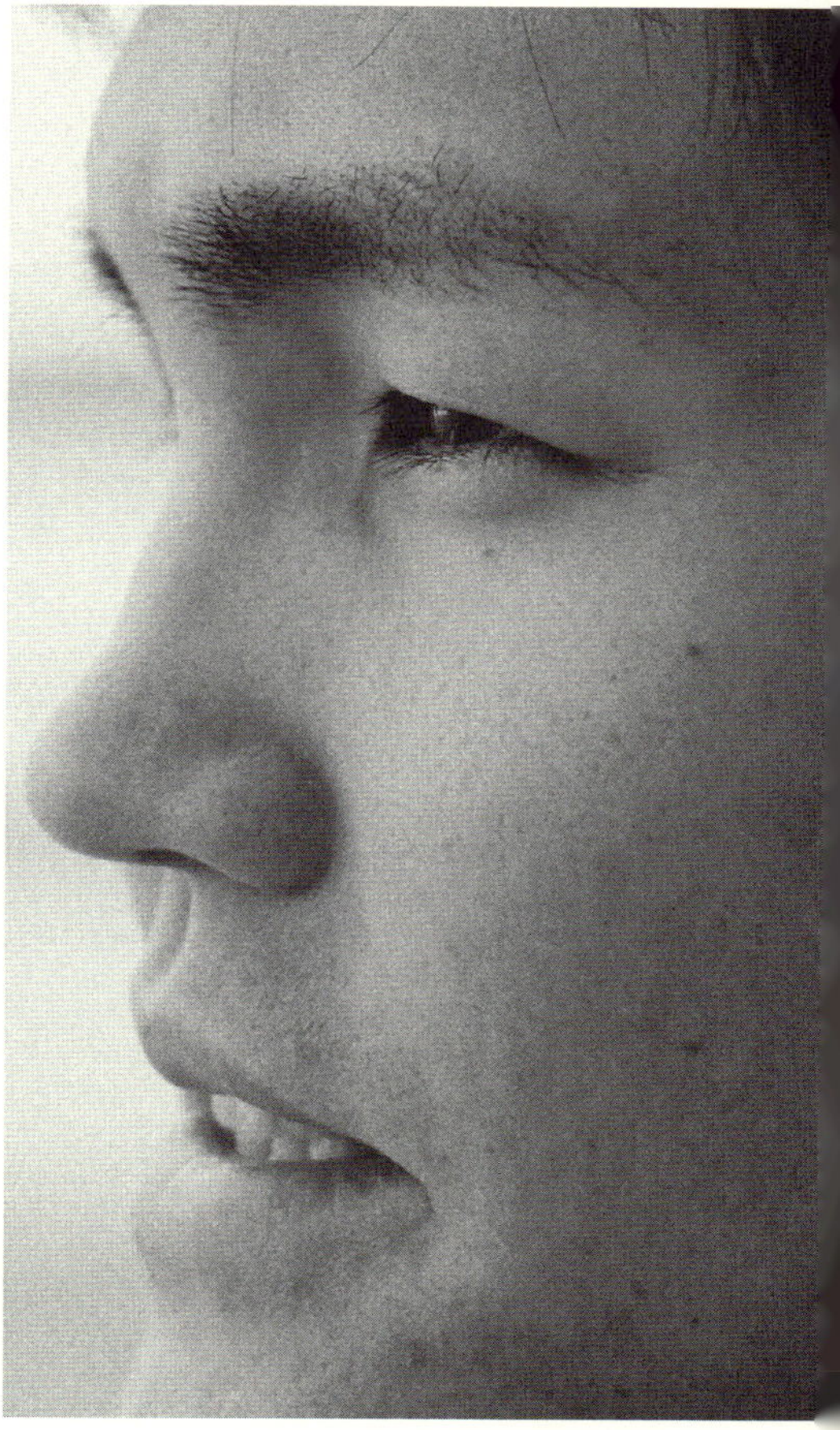

したけど。でもあれは本番中じゃなくて練習中でした。あとは、撮影の前日に手を切って、功治さんが3針縫ったまま撮影に行った、みたいなことはありしました。スーツが割れたりとかは日常茶飯事ですね。

◎ヒーローの次なる仕事

——『マブヤー』以外ではどのようなお仕事を?

翁長　CMや映画のちょっと危ないシーンのスタントの仕事だったりとか、このあいだは2時間ドラマとかにも呼んでいただいたり、東京のスタントチームに勉強のため参加させてもらったりもしました。あとはイベント制作とか。何でもやりますよ。僕は元々主役の器じゃない。それどころか、自分のことを役者と思ったことはありません。ただの自営業者なんでね。

——翁長さんが代表を務める「沖縄ネクストヒーローズプロジェクト」で「沖縄アクションスクール」という活動を展開されていますね。

翁長　『3』の時にクーバー役を演じた比嘉健雄先生という方と出会って。比嘉さんは器械体操でインターハイにまで出場された方で、小学校の先生もやってらした。その比嘉さんと「子どもたちにもっと体を動かすのが好きになってもらいたい」ということで意気投合して始めたのがこのアクション教室で、今年でもう4年目になります。今は女性を含め4～5人の先生がいて、スクールは今4カ所でやってます。出張もやっていますよ。

——『マブヤー』との関係は?

翁長　業務上の関係とかはありません。元々僕自身のなかで暖めていた企画だったんですよ。でも、動機はちょっと関係してますかね。

——それはどういうことですか?

翁長　僕はタレントや役者を目指してた訳でもないですし、マブヤーもオーディションでなったわけじゃない。たまたまヒーローになったにすぎない。そんな僕がヒーローでいられたのは、沖縄の子どもたちがぼくをヒーローと呼んでくれたから。言ってみれば、子どもたちにヒーローにしてもらったんですよ。じゃあ僕は、この子たちに何かできることはないかな、と。そう考えて始めたのがこのスクールなんです。ぼくらがやってるアクションっていうのは、一人ではできないもの。自分だけがどれだけ強くなってカッコよく見えても、相手がリアクション取ってくれないとできない。協調性なんですよ、結局は。それを教えられたらな、と。きれいごとかも知れませんが、子どもたちにヒーローにしてもらった僕が、子どもたちにしてあげられるのは、そういうことじゃないかなと思っています。

（2015年3月17日）

補論

『琉神マブヤー THE MOVIE 七つのマブイ』

沖縄での絶大なるマブヤー人気を受けて、２０１１年に映画化されたのが『琉神マブヤー THE MOVIE 七つのマブイ』。グローバル市場でローカルヒーローがどのように受容されるか、筆者を含めウチナーンチュの多くもまたきっと興味津々だったはずだ。沖縄での先行上映を経て全国の映画館でも上映されたが、残念ながら大きな話題にはならなかったし、またハワイ国際映画祭でも上映されたが、特段の評判が海外経由で漏れ伝わることもなかった。

とはいえ、映画化に当たっての全国や海外での、いわゆるグローバルな見せ方を意識した意気込みは少なからず感じられる。まずはキャスト。琉神マブヤーに山田親太朗、龍神ガナシーにＩＳＳＡ、そしてハブデービルにガレッジセールのゴリと、全国区で活躍している沖縄出身の俳優やタレントを中心に起用、おそらく別撮りであろうが仲間由紀恵も友情出演している。そして、英語の字幕スーパー。これまでの作品ＤＶＤではウチナーグチに対する標準語の字幕スーパーはあったが、さすがに英語はなかった。ウチナー移民の多いハワイなどの海外市場をにらんでのことだろう。

さて、肝心の映画そのものの評価に映る前に、まずはあらすじ

❖主な登場人物

サイオン◉演：ISSA(DA PUMP)

「琉球アクションクラブ」のヒーローショーで「仮面シーサー」役を演じる青年。ガナシーのマブイを宿して龍神ガナシーとなる。サイオンを演じたISSAは沖縄市出身。

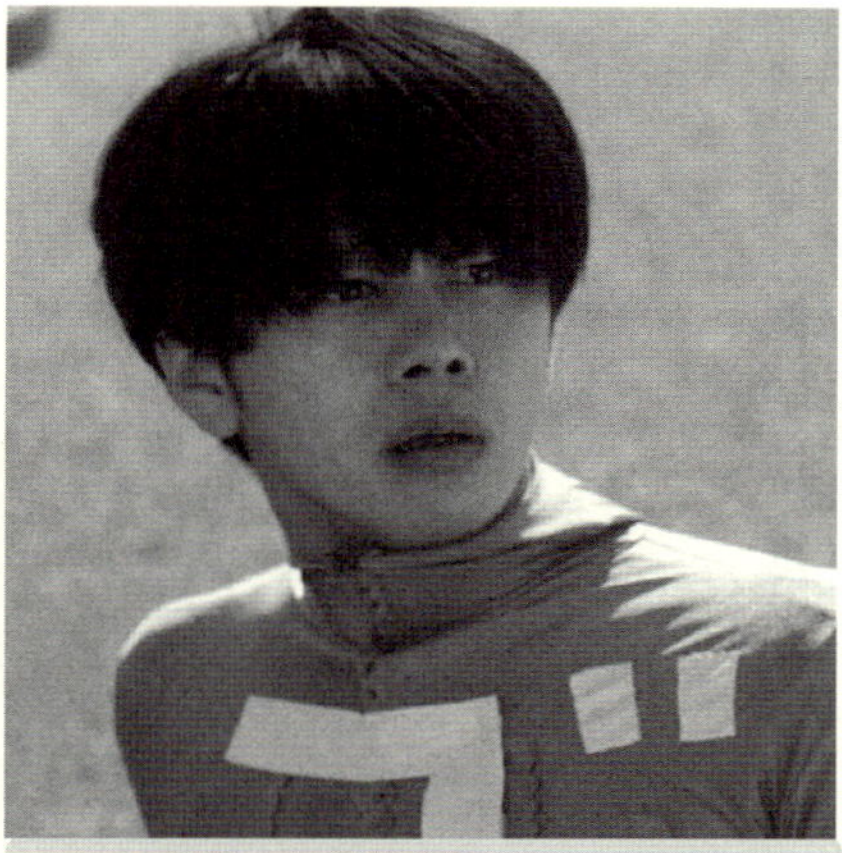

ウルマ◉演：山田親太朗

「珊瑚の島」という意味の名前をもつ、心優しいが自分に自信のない青年。ヒーローショーの練習中に落ちたマブイを戻そうとしておばぁがマブイグミ（魂込め）した際に、マブヤーのマブイが宿る。ウルマを演じた山田親太朗は、沖縄県恩納村出身。

から追っておこう。

主人公の少年ウルマはヒーローショーの脇役を演じるうだつの上がらない青年である。あるとき、ショーの練習中に投げ飛ばされた弾みで落としたマブイを戻す儀式をしてもらっているときに、沖縄に綿々と受け継がれてきた琉神マブヤーのマブイが入ってしまう。同時によみがえった悪のマジムン軍団は、自然をないがしろにする人間たちから沖縄を奪い返そうとしてジンベエダーを仲間に引き込み、天空のマブイスターを吸い込ませる。

マブイスターは「勉」「健」「食」「勇」「忠」「忍」「情」の七つから成り、これらはすべてウチナーンチュの心に宿るとされる。だから、それが奪われることで沖縄はおかしくなってしまう。例えば、「勉」のマブイスターが奪われたあとのウチナーンチュは誰も勤勉ではなくなり、だらだらと怠けだすといった具合だ。この展開はTVシリーズのマブイストーンのパターンをそのまま踏襲している。

約一時間半という限られた映画の時間枠のせいで、「勉」以外をひとつひとつ奪われていくさまは表現されていないが、沖縄が沖縄であるためのマブイスターが次々に奪われ混乱する沖縄を、気弱な青年ウルマと、プライドと正義感にあふれるサイオンが、それぞれマブヤーとガナシーとなって力を合わせて立て直そうとする。この展開もまたTVと同じである。違うのは、映画ではそもそものマブヤーの企画にあたって協力関係にある秋田のローカルヒーロー「超人ネイガー」が出演し、三人でマジムンに立ち向か

超神ネイガー◉演：海老名保

アキタ・ケン◉演：海老名保

秋田県にかほ市を拠点に活躍するご当地ヒーロー。別名「戦う秋田名物」。ブリコガンやキリタンソードを武器に、秋田県民を堕落させる「だじゃく組合」に立ち向かう。ネイガーに「豪石（変身）」する米農家の青年アキタ・ケンに扮し、同時にネイガーも演じる海老名保は、ローカルヒーローの先輩として『琉神マブヤー』の立ち上げにも協力した。

うところである。ひとつネイガーとの絡みで良かったのは、マブヤーは絶対に武器を使用しない、殺さない、壊さないという点が強調されたことだ。それはネイガーが秋田に帰る別れ際に「ブリコガン」を良かったら使ってくれと手渡そうとしたのを、マブヤーが必要ないと優しく断る場面で表現されている。

しかし、いちばんの見どころは反駁し合っていたマジムン軍団と人間サイド、つまりマブヤーやガナシーたちが、ジンベエダーが誤って吸い込もうとして軌道を変えてしまったためにいまにも沖縄へと落ちてこようとしている巨大隕石を、一致団結して、つまり、最後までどうしても吸い込むことができなかった「情」のマブイスターでウチナーンチュ全員が一丸となって、破壊するというエンディングである。ハブデービルが、これ以上自然をないがしろにしたら今度こそは容赦しないと言い残して去っていく姿、その後ろ姿に惜しみない拍手を送るウチナーンチュたち。もちろん最後は祝いの踊りカチャーシーで映画は幕を閉じる。ハッピーエンディングながら、ちゃんとメッセージ性は持たせる作りになっている。

印象深いと言えば、もうひとつジンベエダーの発言や行動が目を引く。その性質の大人しさから、ジンベエダーは「陸の争いを海に持ち込んでほしくない」とハブデーブルの要請を一度は断る。しかし、大好物の沖縄銘菓「ちんすこう」をちらつかされたとたん、即答で引き受けてしまう。古典的な、沖縄の笑いだ。ハイライトはここからである。マングーチュがTVシリーズでは一度も使ったことのないウチナーアクセントで「あいっ！　超キレイさぁ～！　人間がつくるものにもきれいなものってあるのね～」という言葉を受けてのジンベエダーの言葉。

「ちがう！　美しいのは橋じゃない。橋から見える景色だよ。美しい海があるからこそ、この橋も好きになれるんだ」

自然あっての人間。見事な一元論が何気なくここで展開される。余計な争い事は大嫌いだとしり込みをするジンベエダー。美ら《ちゅ》海水族館のいわば顔でもある大人しいジンベエザメを、結局はマジムンの手先として働くこともやむなしと意を決しさせるこの展開もまた、すべては美しい海を汚した人間の身勝手さ、愚かさにあるというメッセージ性を強く暗示させる効果をもたらしている。

自信のないヒーロー、育っていくヒーローというコンセプトも堅固に踏襲されている。沖縄を思う気持ち、互いを思いやる「ちむぐくる」こそが沖縄を守る原動力だと気づいたウルマは少しずつ成長していく。マブヤーが最後に隕石に向かって打ち出す「ユイマール・バンミカシェー」（宮古言葉で、太鼓を響かせろ！という意味）の名の通り、互いが協力し合うというユイマールの精神が沖縄を救う。マブヤーとガナシーだけでは隕石はびくともしなかった。マジムンや沖縄の人びとの「情」、すなわち「ちむぐくる」を結集することで初めて打ち勝つことができたのである。

さて、そろそろここで後回しにしていたこの映画の本質について触れることにしよう。

これまでの『マブヤー』以上にグローバルな要素を色濃く反映させた映画版だが、マブヤーシリーズをずっとテレビで堪能してきたファンにとっては、このようなグローバル意識の表現方法は、その意図は十分理解できる反面、どこかわざとらしい、かなり説明的だという不自然さとぎこちなさを感じたはずだ。

ローカルカルチャーをグローバルな形で表現することは、筆者が常日頃直面している前近代的なものを近代的な言葉で表現することと同様、きわめて難しい作業である。ローカルなものを誰にでも理解できるようにとグローバルな基準に当てはめたとたん、それは変質し、まったく別物に差し替えられてしまうことがあるからだ。その可能性をゼロにするには、むしろグローバルな視聴者に合わせるのではなく、TVシ

キジムン◉演：長浜之人（キャン×キャン）

ガジュマルの古木に棲む精霊キジムナーのキジムン。ウルマに「ちむぐくる（思いやりの真心）」の大切さを教える。演じた長浜之人は、沖縄出身のお笑いコンビ・キャン×キャンのボケ担当。

おばぁ◉演：吉田妙子

おばぁを演じた吉田妙子は、テレビシリーズから劇場版へスライド出演。『外伝』以外はすべて出演していることになる。

アイリ◉演：福本ジュディ幸子

ウルマの幼なじみで、「仮面シーサー」ショーの司会を務める。クーバーを叩きのめすほどの拳法の達人でもある。演じた福本ジュディ幸子は、アメリカ生まれの沖縄県北中城村育ち。

リーズがそうであったように、ウチナーのローカルを大上段に振りかざして、むしろ非ウチナーンチュの視聴者に向かって「理解したいのなら自分で調べてくださいね〜」くらいの姿勢で作ってみても面白かったのではないだろうか。

ローカルを突きつめていけば、しょせんは同じ人間の考えること、必ずどこかでつながってくるはずだ。自らのローカルを見るのと同じ視点で沖縄のローカルを見つめた場合、やがてなんらかの共通性、普遍性が見えてくるにちがいない。形だけのローカルになり下がったツーリズムのオキナワ、本土とちょっと違った風変わりな文化を持つオキナワではない、本当の沖縄の姿、文化、社会、そして思想、哲学を知ることこそが意味をもつ。『マブヤー』に宿るメッセージ性の大きさからすれば、国内外問わず、さらなる発信を続けていく価値は大いにあるはずだ。そして、それは近代化とグローバル化の加速する現代社会にとって重要な意味を持っているのである。

ハブデービル◉演：ゴリ（ガレッジセール）

ハブデービル（三代目）を演じたガレッジセールのゴリは、『2』ですでに一瞬だけハブデービルを演じている。

キンマムンさま◉演：仲間由紀恵

ウチナーの最高神。ウルマに彼が琉神マブヤーであることを告げる。キンマムン役で友情出演した仲間由紀恵は、浦添市出身。

アマン◉演：YASU（バーボンズ）
クマン◉演：TAKANO（バーボンズ）

「琉球アクションクラブ」のメンバー。演じるYASUとTAKANOは、6人組の沖縄パーティロックバンド・バーボンズ（本作の直後にメジャーデビューしてJaaBourBonzと改名）のメンバー。

ジンベエダー◉声：真栄田賢（スリムクラブ）

劇場版のオリジナルキャラクター。争いごとは好まないが、好物のちんすこうにつられてハブデービルに手を貸し、大きな口でマブイスターを吸い込む。声を演じたのは、沖縄出身のお笑いコンビ・スリムクラブの真栄田賢。

第4章

『琉神《りゅうじん》マブヤー 1972 レジェンド』

話数	放送日	タイトル
第一話	2012年10月6日	本土復帰前のKOZAがデージなってる！
第二話	10月13日	メーゴーサーのマブイ石がデージなってる！
第三話	10月20日	ウチナーグチのマブイ石がデージなってる！（前編）
第四話	10月27日	ウチナーグチのマブイ石がデージなってる！（後編）
第五話	11月3日	越来のギルー登場でデージなってる！
第六話	11月10日	てぃーあんだーのマブイストーンがデージなってる！
第七話	11月17日	島唄のマブイストーンがデージなってる！
第八話	11月24日	毛アシビーのマブイストーンがデージなってる！
第九話	12月1日	イチャリバチョーデーのマブイストーンがデージなってる！
第十話	12月8日	夢（イミ）のマブイストーンがデージなってる！
第十一話	12月15日	チムググルのマブイストーンがデージなってる！
第十二話	12月22日	復帰を迎えたウチナーがデージなってる！（前編）
最終話	12月29日	復帰を迎えたウチナーがデージなってる！（後編）

第一節　概要

舞台は1972年のコザ市、現在の沖縄市である。当時の沖縄はアメリカ統治下にあり、ストーリーは沖縄返還秒読みの段階から始まる。

主人公の名は朝基。何もせずにフラフラしていたのをオバーからスカウトされ、軽食店で働くようになった料理人だ。友人はバンドマンの盛仁。沖縄の伝統音楽をアメリカのロックと融合させる音作りを目指している。実はこの二人こそが最初にマブヤーとガナシーのマブイが宿った元祖ウチナーヒーローだったというのが、その設定である。ハブクラーゲン率いるマジムン軍団に加えて、新たにアメリカから「沖縄アメリカナイズ計画」のためにやってきたキングウルフとも、マブイストーンをめぐって闘うことになる。

第二節　主要登場人物

朝基《ちょうき》

朝基◉演：與座和志

主人公で、初代琉神マブヤー。マジムンたちに捕まっていたクイナの近くを偶然通りかかったことでマブヤーのマブイがからだに入り、マブヤーになる羽目に。元々は暇な遊び人だったが、オバーに半ば強制的に料理人にされる。他の作品での主人公同様、マブヤーとしての使命感はお世辞にも強いとはいえないものの、沖縄を大事に思う心は誰にも負けない。また、アメリカ文化と沖縄の伝統文化の融合に価値を見い出すなどの柔軟さも持つ。父親を知らず、五歳で母親と死別した不幸な身の上だが、性格はきわめて明るく悲壮感は微塵もない。マブヤーに変身した時の必殺技は「ヤーチュー（灸）」と「スーパーメーゴーサー（超拳固）」。ヤーチューにはまだ「ティーダ（太陽）」は付いていない。

盛仁《せいじん》

初代龍神ガナシー。いきなりガナシーとして登場するので、盛仁がどういう経緯でなったかについての詳細は不明。盛仁もまた

盛仁◉演：高江洲良

友人の朝基同様、好きな音楽ばかりやっている遊び人風だが、三線《さんしん》片手に沖縄の伝統音楽とアメリカンロックの融合した音楽を目指している。コーヒーシャープの常連で、同じく常連客のコーリンオジーの孫。幼い頃は、食べるものにもこと欠く貧しい生活を余儀なくされた経験を持ち、そのせいか朝基に比べ、沖縄を守るというガナシーとしての自覚は強い。必殺技は「カンナイヤーチュー（雷の炎）」。

クイナ◉演：棚原里帆

クイナ

ヤンバルクイナの化身。マブヤーとガナシーの導き役として森の大主《うふぬし》から遣わされた妖精。ふだんは鳥のぬいぐるみとしてコーヒーシャープに飾られ、マジムンたちやキングウルフが悪さをすると姿を変えてマブヤーたちに付き添う。第一作目、二作目、三作目と、シーサーの妖精ケンをはじめ、同じくシーサーの妖精マヤに続いた指南役としてのクイナの存在は、すべてを取り仕切るというよりはむしろ、一緒に考えながら力を合わせるという雰囲気を醸し出しており、ごく普通の人間である朝基がひょんなことからなってしまったマブヤーというヒーローの背中を押す役割を果たす。マブヤーシリーズ全般に漂う、完全無欠なヒーローものにはない独特の味を醸す存在である。

ローラーガール

通称ローラー。英語もしゃべれるバイリンギャル。いつもローラースケートを履いて、店内でコーヒーなどを給仕して回る典型的なアメリカンスタイルのウエイトレス。１９４５年以来のアメリカ文化の沖縄への浸透を象徴する存在で、同時に彼女自身はウチナーンチュのアイデンティティーを持っているという側面は、多角的な意味で重要である。返還が迫ったとき、「富士山も近くなるの？」と尋ねる姿はウチナーンチュの純朴さそのものであって、かわいらしさの極致である。

ローラーガール◉演：ルシア

コーリンオジー

盛仁の祖父。コーヒーシャープの常連で、いつも三線を手にしている。店で三線を爪弾きながら歌うことも多い。ご意見番としての存在で、言うことのひとつひとつに薀蓄《うんちく》と深みがある。詳細は語られないが、どうやら男手ひとつで盛仁を育てたようで、し

コーリンオジー、語り◉
演：仲本興次

かも貧乏で苦労した様子がうかがえる。このコーリンオジー、その正体が驚くべきものであることが途中第五話で暗示される。さて、その正体とはいかに？ 背後には沖縄の悲しい歴史が見え隠れする。

キングウルフ

アメリカからやってきた新たなる敵。目的は沖縄をアメリカナイズすること。人間の身勝手さを懲らしめるためにマブイストーンを奪おうとするマジムンたちとはちがって、アメリカ文化を注入し沖縄をアメリカナイズすることが沖縄を良くすると信じている。だから、沖縄の独自文化のマブイストーンは邪魔で不要なものだとして食べてしまう。マブイストーンを消したいという点で利害はマジムンたちと一致するが、その目的は根本的に異なる。しかし、思いのほか沖縄にアメリカ文化が浸透していることや、沖縄が近代化されていくなかで自然にチャンプルーな状態になっていることにも徐々に理解を示すようになる。

キングウルフ◉演：吉田智人、声：渡嘉敷三男

❖その他の登場人物

琉神マブヤー＆カナイ◉
演：翁長大輔

龍神ガナシー＆ニライ◉
演：末吉功治

オバー◉演：吉田妙子

ハブクラーゲン◉演：与那嶺圭一

オニヒトデービル◉演：翁長武義

ヒメハブデービル◉
演：浦崎明香理

マングーチュ◉演：椎名ユリア

クーバー１号◉演：町田達彦

クーバー２号◉
演：比嘉健雄、新垣 匠

ラブリーラビー１号◉
演：屋良みゆき

ラブリーラビー２号◉
演：クリーク・ユリア

キングウルフの可愛いアシスタント。クーバーたちと恋仲になるもボスから叱咤され、アメリカに強制送還された。話す言葉はもっぱら「バニー！」のみ。

Ｐボックス◉声：ともだよしひと

沖縄アメリカナイズ計画のためにキングウルフが持ってきた喋るマシーン。アメリカのマブイストーンを設置すると、その威力が増幅・発信される。

森の大主◉演：ヒゲのかっちゃん

第三節

各ストーリーの詳細とポイント

第一話

「本土復帰前のKOZAがデージなってる！」

コザにある喫茶店「コーヒーシャープ」。じつはこれ、コーヒーSHARPではなく、コーヒーSHOPのこと。アメリカ式にちょっと訛らせた発音をそのままカタカナにしたものだ。現にオバーのエプロンには、コーヒーシャープの下に英語でCOFFEE SHOPと書いてある。喫茶店というよりは、軽食店といったところだろう。この手のカタカナ表記は当時の沖縄では数多く見られた。自動車修理店も「バリーシャープ」、つまりBODY SHOPのことであった。

店のなかでは三線を抱えたハイカラなオジーが、ウエイトレスのローラーガールに英語交じりでコーヒーのお代わりを注文している。次の瞬間、後ろで食事を済ませた男が突然店を飛び出していく。食い逃げだ。慌てる店主のオバー。たまたま通りかかった朝基《ちょうき》に捕まえるように言う。朝基は捕まえた男の顔をしこたま殴りつける。さらに殴ろうとするところを、オバーは険しい顔で制止する。やり過ぎだ、物事には限度ってものがある、と。罪を憎んで人を憎まず、お仕置きはしても叩きのめしたりはしない。いかにも『琉神マブヤー』らしい始まり方だ。

しかし、助けたのに怒られたことに納得が行かない朝基。オバーの口ぶりでは仕事もせずにぶらぶらしてばかりなので、喫茶店で料理人として働くよう再三言い聞かせているようだ。言うことも聞かずに出て行く朝基と入れ替わりに店に入ってくる盛仁《せいじん》。さっきコーヒーのお代わりを頼んだコーリンオジーは盛仁の祖父でこの店の常連である。いつも抱えている三線で奏でるのは、1972年の返還を翌日に控えたコザの街、そして沖縄が経験してきたアメリカ世《ユー》の思い出。アメリカ世とは、

> 一九四五（昭和二十）年から七二年までの米軍支配下の時代を示す沖縄語。廃藩置県以前と以後を唐《とう》の世《ユー》、大和《ヤマトゥ》の世《ユー》と称しており、時代に翻弄されてきた庶民の感性で捉えた時代区分である。第二次世界大戦後、沖縄は軍事植民地的社会と多民族的社会の二重構造的社会という特質もあり、アメリカ世は、異文化を受容し、チャンプルー文化（混合文化）化した時代的特徴を示し、多少自嘲的意味合いも含んだ表現である。[1]

1 『沖縄民俗辞典』、p.14

オジーの唄のなかに出てくる「アメリカ～とあまり（余り）か～をカンチゲ～（勘違い）」という歌詞には、まさに自らを笑い飛ばす沖縄の前向きな指向性がにじみ出ている。

さて、オバーの言うことも聞かずに外へと繰り出した朝基だったが、途中で見かけた変な鳥を追いかけて森のなかへと入っていく。そこで朝基が見たものは、ヤンバルクイナの化身であるクイナを捕まえているマジムン軍団の姿だった。しかし、この時代、マジムン軍団の存在はまだ知られていず、朝基は彼らが仮装パーティの帰りか何かだと決めつける。拍子抜けのマジムン軍団だが、ハブクラーゲンの声掛けで朝基に襲い掛かるクーバーたち。その間にクイナはこっそりとマジムンたちの罠《わな》から逃げだす。追いかけるマングーチュとヒメハブデービル。朝基はというと、散々いたぶられた後、ハブクラーゲンの毒針で止めを刺されて気絶する。

追い詰められ、ふたたび絶体絶命のクイナのもとへ現れる朝基の親友の盛仁。木の上で三線を爪弾かせながら、マジムンの存在には驚いてはいない様子だ。それもそのはず、次の瞬間、盛仁は琉神ガナシーへと変身する。これまでの設定と大きく違うのは、ガナシーが先で、マブヤーが後だということ。なぜか、この『1972レジェンド』ではガナシーの方が先に登場する。となると、マブヤーになるのは朝基ということになる。しかし、朝基本人はまだそのことを知らないし、変身するすべもわかってはいない。

ガナシーに助けられたクイナだったが、どうやらガナシーのことを知っているみたいだ。つまり、クイナは他の作品のシーサーの妖精であるケンやマヤに当たる役割を果たす存在のようである。ここにきてあらためて気づかされるのは、一般的にヒーローとはえてして孤独なものであり、それがまた売りのはずであるが、沖縄のヒーローには必ず「友（＝伴）」がいるということだ。そして、友は常に何らかの力や知恵、勇気を与えてくれる。クイナもまたそうなることを予見させる。

盛仁に助けられたことも知らず、気を失ったままコーヒーシャープに連れ戻された朝基にオバーはマブイグミ[2]をする。そして、このとき朝基のなかにマブヤーのマブイが宿るのである。ガナシーである盛仁はもとより、陰からこっそりとその様子を眺めていたクイナもまた、朝基がマブヤーになったことを確信する。マブイグミをされたからというわけではないが、朝基はまもなくオバーの喫茶店で料理人として働くようになる。

さて、場面変わって、森のなかでヒメハブビジョンのマジムンニュースに見入るマジムンたち。ニュースによれば、1945年の日本の敗戦以来アメリカに統治されてきた沖縄は間もなく日本に戻れそうだとのこと。いつもながら、マジムンたちがそれとなく第二次大戦のことを解説する。自然界の動植物の住むところがめちゃくちゃにされた戦争だと、ハブクラーゲンは怒りに震える。

2　マブイグミについては、第1章第一節または『沖縄民俗辞典』、p.475を参照のこと。

そして、ここでもやはり人間の身勝手さが怒りの対象となり、だからこそ、「マブイ石」を奪って人間を困らせようという話になるのだ。ちなみに、このころはまだマブイストーンとは呼ばず、マブイ石と日本語である。

ふたたび場面は買い物帰りの朝基。誰かの悲鳴を聞いてたどり着いたところにいたのは、クイナを煮て食べようとしているマジムンたちだった。朝基に気づいたクイナが助けを求めると、逃げたいという気持ちとは裏腹に朝基はマブヤーに変身してしまう。初めてマブヤーに変身した朝基は、全身にみなぎる力を持て余し、クーバーを限度なく叩きのめそうとする。叩きのめされたクーバーは危うくマブイが抜けそうになるが、何とか大事に至らなくてすむ。ハブクラーゲンもヒメハブデービルも、手加減知らずのマブヤーに驚きを隠せない。マジムンたちに捕らえられていたクイナでさえも、やり過ぎだとマブヤー、いや、朝基をいさめる始末。そして、ふたたびガナシーの登場。なおも振り下ろそうとする腕をつかまれ、朝基は我に返ったようにガナシーを黙って見上げるのだった。

「(沖縄が) 最近になって日本に戻れそうな感じになってきています」と報道するマジムンニュース。すかさずハブクラーゲンから「なんか簡単な説明だね」とツッコミが入る。

第二話 「メーゴーサーのマブイ石がデージなってる!」

そんなマブヤーにガナシーのお仕置きの蹴りが一発入る。吹っ飛ぶマブヤーにクイナは、朝基に向かってマブヤーについて説明を始める。クイナによれば、沖縄の大切なものを守るために生まれてきた正義の魂、その魂を宿した姿がマブヤーなのだという。しかし、朝基は自分に宿った力を試したくて仕方がない。使い方を間違えるなと諭すガナシーに、言っているそばから力試しを申し出る。受けて立つガナシー。しかし、ガナシーのカンナイヤーチューの前にはひとたまりもなく、はるか彼方へと吹き飛ばされる。そんな朝基の態度に、本当にマブヤーとしてふさわしいのかどうかをいぶかしがるガナシーとクイナだったが、すでにそこには今後のマブヤーの成長を見守る優しさがにじみ出ていた。

オバーが路地裏を通りかかると、子どもたちがけんかをしている。1970年代当時には沖縄でもビー玉遊び[3]が流行っていたが、その順番を巡ってのいさかいだ。全員にすかさず飛んでくるオバーのメーゴーサー。「アガッ(痛っ)!」と声を上げ、オバーの「仲良くしなさい。男の子はね、小さいことでぐずぐずしないよ〜」の言葉に、子どもたちは素直に「はい」と言って、ふたたび遊びへと戻っていく。個人主

オバーの必殺技「ティーアンダーメーゴーサー」が朝基に炸裂！
「オバーのメーゴーサーは効くねぇ」とコーリンオジー。ローラーガールも「ナイス・メーゴーサー！」とリスペクト。

義にどっぷりと浸かった近代社会では、よそ様の子どもの頭に拳固を据えるなどという光景はおよそ見られないが、こうして地域の大人たちが皆で寄ってたかって子どもたちを見守り、しつけていくのが本来あるべき地域社会の姿であるはずだ。

このオバーのメーゴーサーは、遅れて店に出勤してきた朝基にも炸裂する。オバー曰く、名づけて「ティーアンダー（手の脂＝愛情）メーゴーサー」。そんなオバーの気も知らないでぶつくさ文句を言う朝基を、「叩かれた人だけが痛いんじゃないよ。叩いた人も同じように痛いさ〜！」とコーリンオジーがたしなめる。これが物理的な痛みだけを指しているのではないことは言うまでもない。まさに「獅子の子落とし」の如く、心を削ってまであえて厳しく当たるという精神的な痛みのことを言っているのだ。「親の心子知らず」、朝基がマブヤーとして得た強靱な力の

3　真上から自分のビー玉を弾いて相手のビー玉にぶつけ、当たって三角の外へはじき出された場合、そのビー玉は自分のものとなるという遊び。

使い方をも含め、オバーやオジー、そして周囲の人間たちに、マブヤーたる朝基は育てられていく。「大事な人を思うのは当たり前」というオジーの言葉は、さすがの朝基にも少しは響いたようだ。

そうこうしている間に、うつらうつらと居眠りを始める朝基とコーリンオジー。夢のなかで朝基は森の大主《うふぬし》と対面する。大主から自分が琉神マブヤーであり、みなぎるその力は、沖縄の世《ユ》から大和の世、大和の世からアメリカの世、そしてまたふたたび世代わりを迎えようとしている沖縄がずっと守りつづけてきたものを守るために与えられたと聞かされる。沖縄の大切なものとはいったい何なのか。朝基がたずねようとした瞬間、大主の姿は消える。

目覚めた朝基が表へ出て行くと、またオバーがけんかする子どもたちにメーゴーサーを食らわそうと腕を上げていた。ところが、急に様子がおかしくなる。振り上げた手がいったい何なのか、オバーにはわからなくなり、子どもたちのけんかはエスカレートする。もっとやれとけしかけるオバー。マジムンたちがメーゴーサーのマブイ石を奪ったせいだ。朝基が困っていると、そこへクイナが現れる。せっつかれるまま、朝基はマブイ石を取り返すためにマジムンのもとへ急ぐ。マジムンたちはメーゴーサーのマブイ石を奪ったことで、ウチナーンチュは痛い思いをしなくて済むから良いことをしたのかも知れないとやや後悔気味。テーゲー[4]のマブイストーンを奪ったときも、初代ハブデービルは沖縄にとって良いことをしてしまったのではないかと一瞬躊躇する場面があった。この戸惑いは、一見不要に思えるもの、ない方がいいように思えるものが、じつはなくてはならない必要なものであることを実感させるうえでちょうどいい揺りもどし感を醸し出す。善と悪、正と負の境界を一瞬ぼやけさせるこの構成が、人びとをして本当に必要なものは何か、またそれはなぜなのかを考えさせる絶妙な間となっているのだ。

クイナに急《せ》かされてマジムンたちの前に飛び出した朝基は、クーバーのパンチを手で受けた瞬間にマブヤーに変身する。そして始まるマブヤーとマジムン軍団の闘い。クーバーを追い詰め、ふたたびパンチの嵐を浴びせようとしたとき、朝基はオバーのメーゴーサーに込められたチムグクル（思いやり）を思い出す。こうして生まれたのがマブヤーの必殺技であるスーパーメーゴーサーだ。もっとも、このときはそのような命名はなく、単なるメーゴーサーとして撃ち放たれるのだが。メーゴーサーを食らったオニヒトデービルはハブクラーゲンの方へ倒れ込み、ハブクラーゲンは手に持っていたマブイ石を思わず放してしまう。こうして無事メーゴーサーのマブイ石は取り戻され、ウチナーンチュが大切に守ってきた愛情いっぱいの拳固の伝統は守られるのだった。

4　大概、だいたい、おおよそ、程ほど、適当のこと。ものごとを深刻に突きつめて考えない態度や精神を表わす沖縄の方言（『沖縄民俗辞典』、pp.350-1）。さらに詳しいことは、第1章第四節第四話を参照のこと。

第三話

「ウチナーグチのマブイ石がデージなってる！（前編）」

子どもたちに姿を見られそうになって、あわてて鳥の人形に姿を変えるクイナ。人形の雑な作りが妙におかしい。

コザの街の路地裏に響きわたる子どもたちの「トリックア〜トリ〜」の元気な声。ハロウィーンの〝Trick or Treat〟（「お菓子をくれないといたずらするぞ！」）のことである。このころの沖縄はアメリカ軍とともにアメリカ世、つまりアメリカによる統治の時代だ。駐留するアメリカ軍とともにアメリカの文化が次々と流入し定着していった。子どもたちにあげようと飴玉を用意するオバー。祭りの中身はアメリカーに様変わりしても、子どもたちを愛おしむオバーの気持ちは少しも変わらない。

そんな子どもたちの掛け声を聞きながら英語はカッコイイ、方言はダサいと文句を言う朝基。オバーはそんなことを言うものではないとたしなめる。返す刀で、ならばウチナーグチでは何というのかと朝基がたずねる。それを聞いていたオジーの目がきらりと光る。「ワチャク[5] or クワッチー[6]」。一瞬の沈黙の後、「うり〜、方言かっこ悪いやっし〜」。それを聞いたオバーは呆れて朝基を叱る。

「言葉に良いも悪いもあるか！　自分たちの言葉を大事にしなさい！」

思えば本シリーズ第一作目の第一話で最初に奪われたのも、この「ウチナーグチ」のマブイストーンだった。あのときは標準日本語との対比だったが、今回は英語が相手だ。標準日本語が暗示するのは大和世の文化、英語はアメリカ世の文化であり、ともに沖縄の独自文化をときに脅かし、ときに発展させる異文化であった点では変わりない。そのような影響下で沖縄文化の独自性を守り抜くことの大切さが、ウチナーグチという表象を通じて語られている。

オバーたちが買い物に出かけて留守番を頼まれた朝基に、人形から姿を戻したクイナがガナシーの身に危険が迫っていることを告げる。朝基に断られ、一人で出かけるクイナ。クイナの胸騒ぎ

5　悪戯、悪ふざけのこと。
6　ご馳走、豪華な料理のこと。

通り、ガナシーは突然出現した謎の狼男に闘いを挑まれ、アメリカ式のボクシングに敗れてしまう。

一方、ハロウィーンに浮かれていたハブクラーゲンたちはヒメハブデービルにキャンディを取り上げられ、あわてて探しに出かけたウチナーグチのマブイ石を道端でゲットする。すると、店で朝基が聞いていたラジオの話し方がまずおかしくなる。標準語になるのだ。次に、いつものように店に入ってきたコーリンオジーのしゃべり方もウチナーグチではなくなり、朝基曰く、「気持ち悪く」なってしまう。

ウチナーグチのマブイ石を奪うことに成功したハブクラーゲンたちは、自分たちも方言を使うことを禁止しようとする。ハブクラ親方が取り出したのは、「ばか」と書かれた首からぶら下げる札だ。沖縄の歴史に敏感であればすぐにピンとくるであろう。かつての、いわゆる「方言札」である。方言札とは、

明治時代末以降沖縄の各学校で標準語励行を強制するために用いられた罰の方法。方言使用が学力向上の妨げになるという教育上の観点から、方言使用者には「方言札」と書かれた木札を渡し、その日最後に所持している生徒が罰を受ける形になっていた。軍隊の中で標準語が理解できなければ命令が伝えられないという軍部からの要請も当然あったと考えられる。国家主義の高揚とともに標準語励行運動が強化されたことからもそれをうかがい知ることができる。方言撲滅運動は、沖縄文化の基層に対する蔑視が生じる一因にもなった。第二次世界大戦後の標準語励行運動にさえ、地域によってはそれが用いられた。[7]

方言が学力向上の阻害になっているという考え方がいかに根拠のない誤った理屈であるかはいまさら説明する必要もないであろうが、このような愚考は沖縄に限らず東北などにも当てはめられ、世界的にも珍しくはない同化政策を支えるものであった。方言札を用いた今回のアプローチは、『1（ティーチ）』の第一話が言葉と心の関係から純粋に社会文化的であったのに対して、国家との関係による強い政治性を帯びている点でこれまでの『マブヤー』とは大きく異なる。しかし、同時に、それは沖縄が置かれてきた状況を直接的に示すものでもある。大和にアメリカ、さまざまな支配を余儀なくされてきた沖縄を、ポリティカルな側面からより鮮明に描いているのが『1972レジェンド』の特徴であり、また醍醐味でもあるのだ。

そして、そのポリティカルな色合いは、アメリカの影を描くことによってさらに濃さを増していく。これまでであれば、マブヤーにお仕置きされたマジムン軍団から取り戻されたマブイストーンは沖縄に無事返されるのが常であった。しかし、『レジェンド』で

7　『沖縄民俗辞典』、pp.462-3

は、マジムンたちが手放したマブイ石をアメリカの謎の怪人キングウルフが再度奪うことになる。そして、奪われたマブイ石は食べられてしまうのである。

第四話「ウチナーグチのマブイ石がデージなってる！（後編）」

　マブイ石を飲み込んだキングウルフ。呆気にとられるマブヤーとマジムン軍団、そして陰でこっそり見ているクイナとガナシー。キングウルフはマブイ石のことをMind Attention Buster Unique Identity Stone、その頭文字をとってMABUIストーンと呼び、自分の計画には邪魔なものだと説明する。かなり無理矢理の命名だが、意味するのはウチナーンチュのアイデンティティーを規定する精神性のようなものが詰まった石ということだ。それが邪魔だというのだから、キングウルフの目的はウチナーンチュのアイデンティティーを奪うことになる。マジムンたちがマブイ石を奪うのは、身勝手な人間であるウチナーンチュを困らせるため、つまり自然界に対する身勝手な人間の振る舞いを改めさせるためであるのに対して、キングウルフにはアメリカによる沖縄支配という悪質な野心があからさまに見える。これはまさに、かつて十五世紀末のコロンブスの新大陸到達以来、ヨーロッパの列強国が代わる代わる行なってきたカリブ、北中南米地域、そしてアフリカ、東南アジア、オセアニアに対する植民地支配と質を同じくするものであり、現在はそれにアメリカが加わったグローバリゼーションという、形を変えた経済的、文化的な植民地支配、つまり新植民地主義と呼ばれる深刻なテーマにデフォルメする。となれば、キングウルフはマブヤーたちのみならず、マジムンにとっても闘うべき存在、つまり全ウチナーの敵ということになる。

　実際、マブヤーが思いのほか強かったために騙すように撤退したキングウルフは、アジトに帰った後、英語のマブイストーンをコンピューターのPボックスに仕掛け、沖縄中にその威力をまき散らす。ウチナーグチのマブイストーンはキングウルフの腹のなかで封印され、代わりに英語のマブイストーンが沖縄を覆い尽くすのである。すると、さっきまで標準語をしゃべっていたオバーとコーリンオジーが、今度は英語っぽいコミュニケーションをするようになる。まさに、ウチナー世から大和世、大和世からアメリカ世だ。こうしてウチナーグチは、標準語と英語の底深くに埋もれてしまうのだった。

　ウチナーグチと英語をチャンプルーしたロックを目指し、アメリカ人の仲間とバンド活動をしていた盛仁は、バンドがウチナーグチの理解を完全に失ったことに失望し、なんとかあの石を取り返そうとガナシーとなってキングウルフに闘いを挑む。そこへ現れる朝基とクイナ。朝基は飲みかけのコーラの瓶をウルフに投げつけ、こう言う。

「そのコーラーはアメリカからウチナーに持ってきたもんだろう！　それは美味しいからいいけど、ウチナーのものを無理矢理奪うな！」

この言葉に大きくうなずくクイナと盛仁。その盛仁が朝基の目の前でガナシーに変身する。盛仁がガナシーだったことにここで初めて気づく朝基。自分もあんな風にかっこよく変身したいとミーハーなことを言っている間に、ガナシーがウルフに強烈なパンチをお見舞されてピンチに陥る。それを見た朝基はいつの間にかマブヤーに変身し、ガナシーに代わってウルフと闘う。そして、マブヤーの強力な肘鉄がウルフの腹部に入った瞬間、ウルフは二つのマブイストーンを口から吐き出す。

ここからがポイントである。吐き出された二つのマブイストーン、正確にはウチナーグチのマブイ石と英語のマブイストーン。これらが合体して一つになるのだ。驚いたマブヤーがウルフに理由を求めるも、ウルフはただただ「わからない」と繰り返しながら、動揺して逃げて行ってしまう。オジー（コーリンオジーではなく、シリーズ『3』でマブヤーに修行をつけてくれたオジー）のナレーションもまた、いったいどうしたものか、何を意味するのかと思わせぶりな言い方だ。すべてをコントロールしているはずのウルフでさえも予期せぬ現象を引き起こすことによって、これら二つのマブイストーンの合体がもはや支配や作為の域を超えた次元で起きている出来事であり、つまりそこにこそ真理があるという構成になっている点は見事と言うしかない。『琉神マブヤー』は、知識を与えるだけでなく、視聴者の心を深いレベルにまで掘り下げて考えさせるヒーローものということになる。あっぱれ、『琉神マブヤー』である。

さて、この合体、いったい何を意味するのだろうか。後々、詳しく述べることにするとしよう。

「Mind Attention Buster Unique Identity Stone」という長い名称を何度も“かぶせ”て笑いを取るキングウルフ。ちなみのこのシーンの背後で、近所の農家のおばさんが番組とはまったく無関係に草刈り作業をしている姿が、ロングショットの隅に写り込んでいて、たくまずしてマブヤーシリーズらしいシチュエーションとなっている。

第五話
「越来《ごえく》のギルー登場でデージなってる！」

場面は、アンガマの面[8]をかぶった黒装束の男が基地らしきところに忍び込んでいるところから始まる。翌日のコザ新聞の朝刊には、「越来のギルー現る　基地内に侵入」という大見出し。さて、越来のギルーとは何者なのか？　まず越来とは、嘉手納基地に近接する沖縄市に実在する地名である。続いてのギルーであるが、ギルーと聞いてすぐに思い浮かぶのは、沖縄芝居に出てくる架空の義賊の「運玉義留《うんたまぎるう》」。つまり、盗みを働いてはそれを貧しい人びとに分配する義賊である。基地と義賊、つまり基地から盗んだものを貧しい人びとに分配するということ。アメリカ統治下のこの時代、この後すぐの紙芝居の場面にも出てくる「戦果アギヤー」が多く出現した。紙芝居屋の説明によれば、アメリカ軍の倉庫に忍び込んで豊かな物資の一部を盗む（これを「戦果をあげる」といった）という行為を、危険を押して行なった人びとのことを戦果アギヤーと呼んだのだという。まさに伝説の運玉義留さながら、貧しい人びとのために命を張った義賊、それが越来のギルーなのである。

8　八重山諸島に伝わる、集団で練り歩き、所作をする行事。家々を回って、念仏謡をうたって巻踊りをして、仏壇の前で歌舞音曲を演じて祖霊の供養をする（『沖縄民俗辞典』、pp.18-9）。

八重山地方に伝わる芸能アンガマで用いられるウシュマイ（老人）の仮面を被り、米軍基地から「戦果をあげた」物資を背負って逃げる越来のギルー。その正体は……。

そのギルーを「コソ泥」と言い放った朝基に、盛仁は猛烈に腹を立てる。コソ泥とアギヤーの違いもわからないなら、母親の腹のなかからやり直せ、と。そして、ここで密かに明かされるコーリンオジーと盛仁の貧しい過去。ギルーの出現を心待ちにせねばならないほどひもじい食事。ナレーションは、確かに盗みという行為には違いないが、当時の沖縄の状況からすれば致し方なかったと続く。おかげでポーク卵の弁当を食べることができるようになった盛仁にとって、ギルーはけっしてコソ泥などではなく、まさしく正義の見方、ヒーローだったわけである。

そんな越来のギルーの行く手にキングウルフが立ちはだかる。人のものを盗むのは絶対に許せない、と。「物が余っている所から奪って何が悪い？　物が足りない人たちに配って何が悪い！」と訴えるギルー。腹にパンチを受けて気絶したギルーから物資の入った袋を持ち去ろうとするウルフに、駆けつけたマブヤーのヤーチューが飛ぶ。ガナシーやクイナも一緒だ。先の思い入れからだろう、盛仁であるガナシーが今回は自分がやると言って聞かない。事実、今回のガナシーはいつも以上に強く、あっという間にウルフを弱らせ、最後は必殺技のカンナイヤーチューで吹っ飛ばしてしまう。

気を失っていたギルーが目をさましたとき、盛仁は静かにたずねる。どうしてまた今頃現れたのか。本土復帰でウチナーがなくなる気がしたからだと、ギルー。そんなギルーに、もう奪わなくても、与えなくてもいい、ウチナーンチュは強くなって、誇りを取り戻しつつある、と説く盛仁。安心したように、頭を下げて三人のもとから去って行くギルー。背後にコーリンオジーが歌三味線する「汗水を流し働く人の心の嬉しさは働かない者は知ることがない」という『汗水節』[9]が流れる。どうやら、ギルーの正体はコーリンオジーだったらしい。かつて貧しい人のための義賊という裏の顔を持っていたコーリンオジーの、時代とともに変わりゆく沖縄へのノスタルジックな思いが切なく交錯する、少しさびしげなエンディングである。

9　1928年に公募により作られた沖縄民謡の一つ。作詞は仲本稔、作曲は宮良長包。働くことの喜び、大切さを唄っている。

第六話
「てぃーあんだーのマブイストーンがデージなってる！」

コーヒーシャープのオバーが、ご近所さんにサータアンダギーをいただいている。いつ食べてもおいしいと喜ぶオバーに、アンダギーをくれた別のオバーが「今日もティーアンダーが入ってるよ～」と言う。「てぃーあんだー」とは直接的には「手の脂」のことで、それが転じて、まごころ、愛情を意味する言葉だ。

そのティーアンダーのマブイストーンを天ぷら屋の店先で見つけたクイナ。手にしたサータアンダギーを美味しそうに頬張りながら、美味しさを生み出すティーアンダーのマブイストーンをマジムンに奪われないように気をつけなければと歩いている。そこへひょっこり現れたマングーチュ。驚いて逃げようと慌てたクイナは思わずマブイストーンを落とし、マングーチュに拾われてしまう。その瞬間、沖縄中からティーアンダーが消えてなくなる。オバーからも客への気遣いや愛情は消え失せ、料理を注文されても出さなくていいとまで言う始末。

まんまと手に入れたマブイストーンをマングーチュがハブクラーゲンに渡そうとしていたとき、横から突如現れたキングウルフに今度はマジムンたちがマブイストーンを奪われてしまう。そして、奪ったストーンをウルフはまたもや食べてしまう。ティーアンダーのマブイストーンを食べ、代わりにアメリカンフードのマブイストーンをPボックスにかけて沖縄中にまき散らそうという計画だ。次の瞬間、食堂のメニューはすべて英語に。ゴーヤーチャンプルーはBitter Melon Mixture、沖縄そばはOkinawan Noodleに書き換えられる。これで沖縄はアメリカンフードに占領されると喜ぶキングウルフ。栄養価たっぷりのアメリカ料理にかなうものはないと豪語するウルフに、怒り心頭のマブヤーが料理対決を申し出る。

場面一変、パプリカを丸かじりするハブクラーゲン。どこかで見たことのあるシーン、そう、昔一世を風靡した番組『料理の鉄人』のオープニングである。こうしてハブクラーゲンの司会で始まったマブヤーとキングウルフの料理対決。まずはウルフがニンジンと玉ねぎを空中に投げ上げ、見事な包丁さばきでみじん切りにする。それを見たハブクラーゲンは、「鍋のなかでニービチ（結婚式）が行なわれております！ 玉ねぎさん、ニンジンさん、末永くお幸せに～！」と実況する。一方、マブヤーもまた、ものすごい包丁さばきでゴーヤーを刻んでいく。鍋のなかに吸い込まれ、鍋のなかで舞い上がるゴーヤーを見て、今度は「これはまるでゴーヤーの唐船ドーイだぁ～、はい～や、なでぃじぇ、はい～や、いやささ♪」と踊るハブクラ。調子に乗って派手なパフォーマンスで料理を続けるマブヤー。その姿を見て呆れ顔のクイナはぽつりとつぶやく。「料理で一番大事なのはティーアンダーだけどね～」。そうこうしている間に完成するウルフの料理。名づけて「アメリカンパワフル」。四段重ねのドデカいハンバーガーだ。その大きさに負けじと、マブヤーは鍋振りパフォーマンスで対抗する。見かねたクイナが、料理で一番大事なのはここだと言って自分の胸をたたく。我に返ったマブヤーは、冷静かつ念入りに味付けを施

ハブクラーゲンの「ボクちゃんの記憶が確かなら……」というどこかで聞いたことのあるMC回しで始まった料理対決。アクションスーツのヒーローが鍋を振るう姿はなかなか珍しい。

す。その地味さにハブクラは戦意喪失かと叫ぶが、クイナはその調子だと大きくうなずく。ところが、ここでトラブル発生。ゴーヤーチャンプルーを炒めていたガスが切れてしまったのだ。ガナシーが機転を利かし、マブヤーにヤーチューで炒めろとアドバイスする。この最後のヤーチューの強火でチャンプルーは美味しくできあがったものの、勢い余ってキングウルフまで吹き飛ばしてしまう羽目に。ウルフのお腹から吐き出されたティーアンダーとアメリカンフードの二つのマブイストーンは、またもや一つに合体して落ちてくる。ウルフ不在のなか、完成したハンバーガーとゴーヤーチャンプルーを試食する面々。代表してジャッジを頼まれたクイナは、どっちも美味しいと言って両者引き分けを宣言する。

　こうして引き分けに終わったウチナーとアメリカーの料理決戦。一つに合体したマブイストーンが象徴するのは、良いものはともに取り入れ、共存させようとする当時の沖縄の懐の深さだ。コーヒーシャープのメニューも一新され、沖縄そばとハムエッグが横に並ぶようになる。オバーが言う。

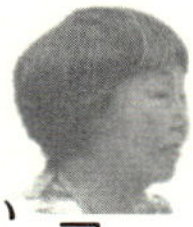

「ティーアンダーというのはね、食べてくれる人に対する思いやりだよ。ウチナー料理でもアメリカ料理でもティーアンダーが入っているのが大事！」

「うん！」しみじみとうなずく朝基であった。

第七話

「島唄のマブイストーンがデージなってる！」

この第七話は奪われるのが島唄のマブイストーンということもあり、全篇歌と踊りというミュージカル風の構成になっている点が特徴である。

始まりはコーリンオジーの唄。後ろでは朝基をはじめ、盛仁、オバー、そしてローラーガールが踊っている。よく聞いてみると、なかなか意味深長な内容であることに気づく。

イクサ世《ユー》をくぐり抜ければアメリカ世《ユー》
世《ユー》の中　回る大観覧車
ヤマト世《ユー》が　ふたたび来ると言うけれど
上を下への大騒ぎです！

ドルドルと　ドルドルドルと響くのは
空を切り裂く　ジェットエンジン　円円《えんえん》と
耳を押さえて鳴くけれど
円とドルとは通貨《ツーカー》の仲よ！

「空を切り裂くジェットエンジン」が米軍基地を意味することは

言うまでもないが、「耳を押さえて鳴くけれど円とドルとは通貨《ツーカー》の仲」とは、通貨とツーカーのダジャレを使って、日本とアメリカの国益のはざまでウチナーンチュがいくらその不条理を訴えても一向に耳を貸そうとしない両国政府の密接な関係を揶揄したものだ。
　一方、マジムンたちも負けじとミュージカル風に自己主張する。

わったー[10]は最強のマジムンさ
人間どもが来る前から　この島で暮らしてた
だから人間の大先輩！
だけど　気がついてみたら　いつの間にか人間の天下
やりたいほうだいして　わったーの暮らし邪魔する

　マジムンにはマジムンなりにマブイストーンを奪う理由があることが、ここでもあらためて歌われる。
　ここで場面変わって、民謡クラブの「なんた浜」[11]の舞台。そこにあった島唄のマブイストーンを乱入したマジムンたちが奪い取る。そして、島唄のマブイストーンをゲットしたからこれでウチナーンチュは島唄を歌えなくなると、なかなかセンスのいいメロディーで高らかに歌い上げる。
　マブヤー、マジムンがともにミュージカル仕立てとくれば、本場アメリカからやってきたキングウルフが黙っているわけはない。

大きなことはいいことデース！
ビッグなステージ　ビッグなエンジン
ビッグな作戦　突き進め！
ウイ　アー　メイド　イン　アメリカ！
ウイ　アー　リヴィン　アメリカ！
イエス　ナンバーワン！

たくさんあるのは　いいことデース！
大量生産　大量消費
物があふれる　豊かな世界！
…………

　歌詞はこの後も続くが、しかし、歌われているのは、アメリカは物が豊かで理想の国だとする自画自賛のモノトーンな内容。前回、ウルフがマブヤーと料理対決をしたとき、栄養価たっぷりのアメリカ料理にかなうものはないと豪語したあの高慢さがふたたび全面に押し出される。
　この後、島唄のマブイストーンを奪いに来たウルフとマジムン

10　ウチナーグチで「私たち」の意味。
11　与那国島祖納集落の前方、祖納港のある浜のことで、そこからつけられた店の名前。

たちの闘いになるはずだったが、今度は急にクラブでのダンス対決へと発展する。踊り集うウルフにラブリーラビー、マジムンたち。そこへ現れたのがすでに変身したマブヤーとガナシー、そしてクイナである。ただただ、ひたすらに踊りまくって、マブイストーンはもういいと言って満足気に帰っていくウルフとヒメハブデービルたち。あとに残されたハブクラーゲンたちはまだ踊り足りないといった風にその後ろ姿を見送るが、マブヤーにマブイストーンを返せと言われて我に返る。短いバトルの後、ヤーチューにやられたハブクラの手からマブイストーンは取り返される。

それにしても、皆なかなか踊りが達者である。そもそも、ミュージカル仕立てにされたTVヒーローものも珍しいであろうが、アクション、ダンス、演技を一様に同一人物ですべてバランスよくこなしているところは感動的ですらある。まさにこの『1972レジェンド』のテーマでも沖縄のチャンプルー文化が醸し育んできたバランス感覚を、沖縄の芸能は持ち合わせている。そんな印象だ。

そのことは、全員総出演の最後の曲の歌詞内容にもよく表れている。

この島はクロスロードでございます
いろんな人が出会って別れて
いいことも悪いことも　ありますね

第七話は全篇ミュージカル仕立ての異色中の異色の回。アンリ・マティスの名作絵画「ダンス」を彷彿とさせる、マジムン軍団の輪舞のシーン。

キングウルフとマジムン軍団のダンス対決に、いつの間にかクイナも参戦！キュートなステップを披露した。

それでも続く物語
わった－島の物語です！

当初よりずっと気になっているチャンプルーやカチャースンという概念。沖縄であの世を意味するニライカナイが善と悪のチャンプルー、つまり混在と融和を象徴していることからしても、それらを主人公の名に据えるマブヤーシリーズの底流にも同じコンセプトがあるに違いないことは、すでに繰り返し述べてきた。この最後の歌に出てくるクロスロードという言葉は、善悪をもひっくるめた森羅万象が出会い別れることによって、初めてこの世が成り立つとするキーワードとしても受け止められよう。その意味では、ニライカナイはもはやあの世ではなく、「いま」「ここに」ある沖縄そのものだとは言えまいか。つまり、沖縄はチャンプルーでカチャースンであるがゆえに沖縄なのだ、と。

第八話
「毛《もう》アシビーのマブイストーンがデージなってる！」

『愛のマジムン劇場』をヒメハブビジョンで勝手に見ていたことで叱られたハブクラーゲンは、ウチナーハゴー計画が完了するまでは恋愛禁止を手下たちに申し付ける。浮かない顔のクーバー1号と2号。それもそのはず、なんとクーバーたちはウルフのアシスタントである二人のラビーたちとすでに仲良くなっていたからである。ハブクラの言いつけにもかかわらず、いそいそと毛アシビーに出かけるクーバー1号、2号。オジーのナレーション曰く、毛アシビーとは[12]、原っぱや海岸に若者たちが集まって歌ったり踊ったりして楽しむことである。しばしの逢瀬を喜び合いつつ、恋愛禁止の苦痛は彼らに重くのしかかる。なぜかクイナに相談してみようということになり、クーバーたちはクイナのもとへと出かけていく。驚きつつもクイナは、正直に話して許してもらうしかないとアドバイスするが、正直に話したクーバーたちはハブクラたちのさらなる怒りを買って一週間の外出禁止を命じられる。ラビーたちもまた、沖縄アメリカナイズ計画の妨げだと言ってウルフに大目玉を食らう。ふたたびクイナに相談するラビーたち。そこへオニヒトデービルが現れ、クーバーたちが外出禁止になっていることを伝える。クイナは、駆け落ちしかないとアドバイスし、計画を練る。

一方、盛仁に誘われた朝基は鼻の下を伸ばして二人でコンパに出かけて行く。きれいな女の子が二人現れ、朝基たちのノリも絶好調に。そんな折、毛アシビーのマブイストーンがなぜかヒメハブデービルの手によって奪われる。すると、トイレから戻って来

12　詳細については、第1章第四節第五話「エイサーのマブイストーンがデージなってる（前編）」を参照のこと。

た女子たちは急に帰ると言って店を出て行ってしまう。恋路を邪魔された朝基と盛仁の怒りも一入《ひとしお》で、マジムンたちのもとへと駆けつける。ハブクラとウルフもまた、クーバーやラビーたちを連れ戻しにやってくる。そして、またいつもの闘い。またしてもガナシーのカンナイヤーチューに吹き飛ばされるウルフ、意味のない砂かけ爆弾で抵抗しようとしたハブクラはクーバーたちと一緒にマブヤーのヤーチューに飛ばされる。

クイナとオニヒトデービルがキューピッド役となって、クーバーとラブリーラビーたちの駆け落ちの手引きをするが、ハブクラーゲンとキングウルフに見つかってしまう。意外に人情家のオニヒトデービル。

　しかし、ラビーたちはアメリカに強制送還とあいなり、クーバーたちは悲しみにむせびながら出航する船を海岸から見送る。唯一の救いは、わざとその情報を漏らし、クーバーたちが見送れるように仕向けたハブクラたちマジムン軍団の思いやりである。マブヤーに並ぶマジムン人気は、この辺りにも理由があるにちがいない。

第九話
「イチャリバチョーデーのマブイストーンがデージなってる!」

　盛仁が組んでいるウチナーとアメリカの混成バンド。いつもいるはずのベーシストのジョニーの姿がない。酔っぱらって階段に倒れ込んでいたのだ。盛仁に起こされるも、コーヒーシャープで再び暴れ出す始末。最後はローラーガールにフライパンで頭を叩かれ気絶する。ジョニーが気を失っている間、盛仁はジョニーとの最初の出会いを思い出していた。場所はバー・ジャンボ。それぞれ一人で飲んでいたカウンターで三線を見て惚れ込んだジョニーが、売ってくれ、それが無理なら自分の大事なベースと交換してくれ、とせがむ。三線は譲れないが、バンドのベーシストを募集中だと答える盛仁。こうして、ジョニーと盛仁は仲良くなる。

仲良くなると言えば、有名なのが「イチャリバチョーデー」[13]という沖縄伝統の考え方。すでに第一作目でも取り上げられたテーマだが、この展開で行くとどうやらその関係は国際的なレベルをも含み込みそうだ。そのマブイストーンが、またもやマジムン軍団の手で奪われる。二日酔いの頭痛をこらえながら、アメリカへと戻らねばならなくなったジョニーが、盛仁との友情と思い出を振り返っている最中、マブイストーンが奪われた影響がつぶさに出始める。ジョニーは態度を急変させ、アメリカは沖縄のために闘ってやっているのにウチナーンチュは感謝もしない、だから盛仁は友達ではないと言いはじめる。ある意味、リアルでとても辛辣な内容である。音楽を通じて強固に結ばれていたはずの仲間同士の絆と友情が崩れたとき、話はそれぞれの立場、つまり国家と国家の関係にまで発展してしまう。こうなると個人的な感情や想いといったものは、ひとの顔の見えないイデオロギーの次元にまで上り詰める。本土基盤のヒーローもののなかに政治的イデオロギーが入り込むことは普通はないが、沖縄のコンテクストではごく自然なことになる。親兄弟が基地で働いて収入を得ているとか、米兵あるいはその家族のなかに親友がいるとか、あるいは自分の父親が米兵であるとかいった事象は、日常的にウチナーンチュを取り巻くごく普通の現実だからだ。[14]

13　第1章第四節第八話「イチャリバチョーデーのマブイストーンがデージなってる!」の項を参照。

14　実際に、朝基役を演じた與座和志の父親も米兵である。197~200ページの與座和志インタビューを参照のこと。

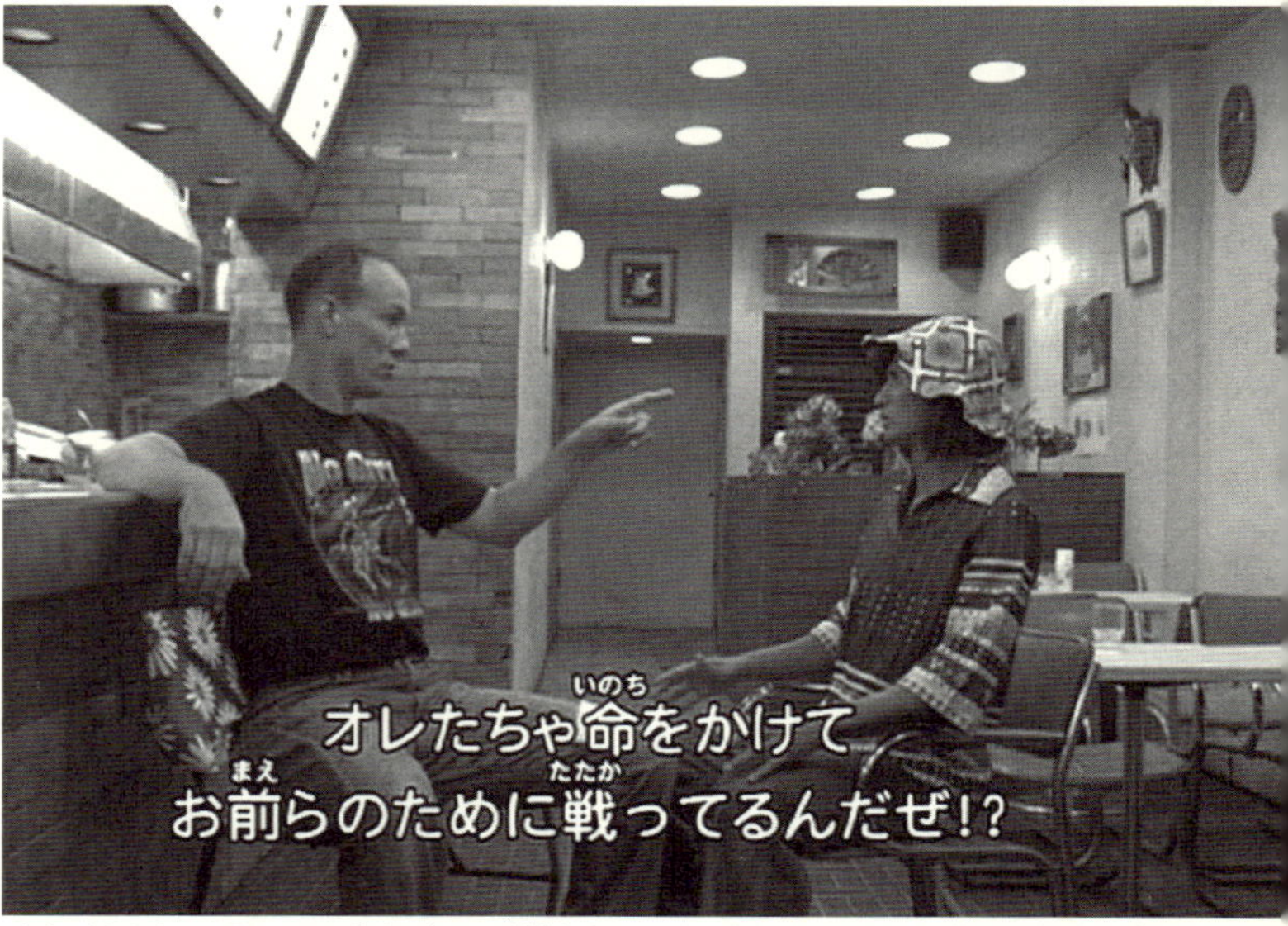

イチャリバチョーデーのマブイストーンが奪われてしまったために、バンド仲間で米兵のジョニーの口から「オレたちゃ命をかけてお前らのために戦ってるんだぜ!?」と普段なら言わない言葉が漏れる。個人同士の絆が国家間の論理に侵蝕される瞬間。

異変に気づいた盛仁と朝基は、マジムンを求めて表へ飛び出し、ガナシーとマブヤーに変身する。そして、マングーチュとハブクラーゲンたちに追いかけられていたクイナの危機を救い、ヤーチューによって「イチャリバチョーデー」のマブイストーンを取り返す。マブイストーンが戻ると同時に、盛仁とジョニーの友情も元通りとなり、バンドは「てぃんさぐぬ花」のロックバージョンを演奏して盛り上がる。ライブハウスを後にするジョニーを追いかけ、お金では絶対に売らないと言っていた三線を贈り物だと手渡す盛仁。礼を言いつつも、ジョニーは今度沖縄に戻って来るまで預かっていてほしいと盛仁に頼む。三線は盛仁の手に戻るが、それはジョニーのものという、またしてもチャンプルーな状況がそこに生まれる。もはや三線はタダの楽器ではなく、盛仁とジョニーの心をひとつにするかけがえのないものとなったのである。

第十話
「夢（イミ）のマブイストーンがデージなってる！」

キングウルフが眠っている。夢を見ているようだ。場面は夢の中身へと入っていく。赤い頭巾をかぶったクイナが、オバーに行ってくると言ってコーヒーシャープを出て行く。入れ替わりにウルフが現れ、「ワッタイム・イズイット・ナウ？（いま何時？）」と問うが、オバーは「わったーんむ？（わたしの芋は？）」というウチナーグチに聞いてしまい、「ここにはあんたの芋はない」と答える。英語とウチナーグチのコンピレーションギャグである。そんなやり取りの後、オバーはすぐに石に変えられて食べられてしまう。

そんなこととはつゆ知らず、帰ってきた赤い頭巾のクイナはオバーに化けたウルフに話しかける。「どうして耳が大きいの」「おまえのかわいい声が良く聞こえるように」と赤ずきんのパターンを繰り返すのも束の間、すぐに狼だとばれてしまう。お約束で「どうして口が大きいの」と言ったとき、クイナもまた石に変えられて食べられる。

そこへ忍び足で現れた、マブヤー、ガナシーとマジムン軍団。なぜか一緒になって、キングウルフに対する共闘態勢を組んでいる。ウルフの膨れた腹からオバーとクイナが食べられたことを悟った一行は、ニーブヤー（ねぼすけ）のマブイストーンをハンバーガーにして食べさせる。深い眠りに落ちたウルフ。今度はそのお腹をかっさばいてオバーたちを助けようとハブクラーゲンがチェーンソーを手にするが、その鋭い刃がウルフのお腹に迫ったとき、ウルフは夢から覚めて飛び起きるのだった。目覚めたウルフは、夢はビッグなアメリカンドリームだけでいい、ウチナーンチュにもそんな夢を見せてやると豪語する。

場面変わって、コーヒーシャープ。コーリンオジーにオバーが昨夜見た変な夢の話をする。アフロヘアのニーニ（お兄さん）が出てきて、7月30日から交通法が変わる、人は右、車は左、とボクシンググローブでパンチを繰り出す。カンムリワシと呼ばれた伝説のボクサー、具志堅用高である。オジーはオジーで、世界中の大統領が沖縄に集まって会議をしている夢を見たと話す。セレモニーではウチナーンチュの歌手が歌っていたという。そんな時代が来ればいいと口々に言い合う皆の顔には、少し哀愁が漂っている。

そんな夢《イミ》のマブイストーンを、足の節々が痛いのはコラーゲンが少ないから、「コラーゲン不足のハブクラーゲン」などとくだらないことを言いながら森でトレーニング中のマジムン軍団が発見、入手する。そこへ突然現れるキングウルフ。絶対渡さないと拒むハブクラからいとも簡単にストーンを奪い取り、またまた食べてしまう。その途端、コーヒーシャープで夢を語っていたオバーたちの様子が変になる。

「沖縄の人はよ、ただでさえ騙されやすいと言われているからさ。夢夢していたらすぐ騙されるよ」とオバー。

「やっぱり沖縄の未来に夢持ったらダメなんだね」とローラーガール。

自虐的なこれらのセリフ。でも、これが沖縄の神髄をついていることも確かだ。「命《ぬち》どぅ宝」[15]「イチャリバチョーデー」「チムグクル」[16]など、いずれも他人を思いやり、信じることが基本になっている伝統である。それに加えて、基地問題や雇用問題から、歴史が歪められることにもなりかねない教科書問題まで[17]、沖縄が過去から現在にかけて置かれてきた立場や状況を踏まえれば、より良い未来は一四〇万ウチナーンチュ全員の夢であるはず。その夢のマブイストーンをアメリカから来たキングウルフが奪うという設定は、あまりにリアルで生々しい。

一方、ひょんなことからウルフの基地に潜入してしまったマン

具志堅用高の左手のグローブに、7月30日から車両の右側通行が左側通行に変わることをアピールするシールが貼られている。

15　命より大切なものはない、という意味。
16　思いやりと心意気といった意味。
17　第1章第四節第八話「イチャリバチョーデーのマブイストーンがデージなってる!」の項を参照のこと。

グーチュは、留守番のＰボックスと仲良くなり、何も知らずに「アメリカンドリーム」のマブイストーンをセットすることに手を貸してしまう。するとまた、オバーたちに変化が現れる。

それまでしょげていたローラーガールやオバーに元気が帰ってくる。オバー曰く、

「でもよ、これからはコツコツ生きていくより、フロンティアスピリットを持って！」

オジーがそれに呼応する。

「やんどー（そうだよ）！　やっぱり人生は成功しないと意味ないからねー！」

「そうよ！　わたし負けない！」

ローラーガールも元気いっぱいだ。

しかし、外ではマブヤーとガナシーがウルフを退治するために駆けつけていた。ウルフは言う。

「私は沖縄の幸せを思って夢を与えたのでーす！」

それに対して、マブヤーたちは反論する。

「夢に大きいも小さいもない！」「夢を選ぶ自由を奪うな」

そして、ウルフの再反論。

「それでは、沖縄はこのままでいいのですか!?」

「それは沖縄が決めることだ！」とマブヤー。

勝手にしろと捨て台詞を吐いて、二人のもとを後にするウルフ。

しかし、このやり取りにもとても重要な意味合いが含まれている。それは沖縄の自主権だ。ヨーロッパの列強による長い支配統治の時代を経て、やっとの思いで独立してからまだ半世紀程度しかたたないアフリカやカリブ、東南アジアの多くの植民地が求めたのもこの自主権に他ならなかった。自分たちのことは自分たちで決めるという当然の権利と自由を、沖縄はアメリカ政府と日本政府の双方から奪われつづけてきた。そして、いまだに奪われつづけているという現実はあまりにも重い。

第十一話　「チムグクルのマブイストーンがデージなってる！」

客で満席のコーヒーシャープの店内。黒ずくめの集団が美味しかったとオバーに礼を言って店を出て行く。テーマ曲を歌う沖縄伝説のハードロックバンド「紫（むらさき）」[18]である。そんな店に、一人の女性が朝基をたずねてやってくる。聞けば、朝基の母親だという。

一方、当の朝基は女の子との初デートに浮かれて、盛仁やクイナとのキングウルフ対策の話し合いをすっぽかそうとする。沖縄を守る気がないのかと盛仁に詰め寄られ、頭にきた朝基はその気

18　1970年に結成された沖縄県のハードロックバンド。沖縄ロックの草分け的存在。

はないとつい口走ってしまう。その瞬間、朝基のなかからマブヤーのマブイが抜けて飛んでいく。神妙な面持ちになる朝基。後悔しているかと思いきや、これでもう自分はお役御免だと大はしゃぎ、いそいそとデートに出かけて行く。あきれる盛仁とクイナ。

コーヒーシャープでは、朝基の母親と称する女性が身の上話を語っている。病気がちで五歳のときに朝基を児童施設にあずけたこと、そして、そのことで自分は恨まれているにちがいないということ。病気だったのだから仕方がない、あの頃は皆貧しかったから、でも、よく頑張ったとコーリンオジーやオバーはなぐさめる。朝基がコーリンオジーに作っておいたまかないのチャーハンを美味しそうに食べる女性。

その頃、朝基はさおりちゃんとのデートでコンサート会場にいた。人気のバンドの名前は「DOOCATI（ドゥカッティ）」、つまり自分勝手。

朝基の母と名乗る女性に、朝基が余った食材で作ったまかない料理のメーイリチャー（炒め飯）をすすめるオバー。

今回奪われようとして「チムグクル」のマブイストーンとは正反対の言葉だ。会場の入り口で急にさおりちゃんが咳込みだし、意識を失って倒れてしまう。一緒に並んでいた客たちも最初は心配そうにのぞき込みながら、一人の男性は医者だと言って駆け寄ってくれる。かと思えば、次の瞬間、「銭《じん》にならんことはやらん」と言って突如よそよそしい態度に急変。それもそのはず、ハブクラーゲンたちが「チムグクル」のマブイストーンを奪ったからだ。

病気で臥せっていた母を思い出しながら、さおりをおぶって病院へと駆け出す朝基。途中、マブイストーンを手にしたマジムンたちと出くわす。病人を心配する気持ちすら奪い、人と人の絆を断ち切ったマジムンに怒った朝基は、マブヤーに変身しようとするができない。何度試みても変身できないのだ。「その力はウチナーの大切なものを守る力」「自分たちの言葉を大事にしなさい」「（沖縄の未来は）沖縄が決める」。森の大主《うふぬし》、オバー、そして自分自身が言った言葉のひとつひとつが走馬灯のように頭のなかを駆け巡る。そして、自分の手で守れなかった母の最期の姿。ひとつひとつ真摯に思い起こしたとき、朝基にマブヤーのマブイが戻り、朝基はマブヤーに変身する。そして、今回はいつも以上にキレのある技、切れのあるヤーチューで、マジムンたちを一気に吹き飛ばす。朝基の目覚めとマブヤーの活躍で、無事取り返された「チムグクル」のマブイストーン。こうして、沖縄には思いやりと絆を大切にする心が帰ってきたのだった。

さおりちゃんを病院に送り届け、きょうのデートを済ませた朝基がコーヒーシャープに帰ってくる。母親が来ていたこと、チャーハンを美味しいと食べていったことを告げるコーリンオジー。そこで明かされる衝撃の事実。なんと、朝基の母親は五歳のときに亡くなっていた。そして、その日は母の命日であった。さて、ここからがいかにも沖縄らしい。ふつうは怖がるはずのところを、オバーは小躍りせんばかりに言葉を弾ませる。

「じゃあグソー[19]から元気な姿を見に来たんだはずねー」

そしてオジーも、

「あいやなー、引き留めておけばよかったねー」

とうれしそうだ。

それを聞いた朝基にも悲壮感はない。全部食べてくれたのだからよかった、とうれしそうに、でも淡々と話す。

そうなのである。すべてが自然なのだ。いままで彼らが会っていたもの、そして話しているものが幽霊であるにもかかわらず、恐怖視することも敵視することもない。あたかも生きている人間のように母親の霊は扱われている。愛しみこそあれ、恐怖など微塵もない。そして、何よりそれが皆の共通理解、共有された感覚になっている。あの世とこの世の境界が融合する思想を、沖縄の伝統文化は育んできたのである。

このグソーまたはグショーについて、あらためて触れておきたい。グショーとは、

沖縄で死後の世界のこと。グソーともいい、仏教用語の後生《ごしょう》の訛ったもの。用例として、「死んだ」ことをグソーカインジャン（後生に行った）、蘇生した人をグソームドゥヤー（後生戻り）、死装束のことをグソージン（後生衣）、副葬品のことをグソーヌナーギムン（後生へのおみやげ）、その他グソーニービチ（後生の結婚式）、グソーヌソーグヮチ（後生の正月）などがある。―中略― 来世でも畑を耕し、麦や粟などを栽培していると考えられている。グソーヌソーグヮチは旧暦一月十六日で、一族揃って墓前にご馳走を供えて盛大に祝う。ミーグソー（新仏）は、死後四十九日間は墓と家を往来していると考えられ、墓前のオーヤーと称する小屋掛けはそのた

19 ウチナーグチで「あの世」のこと。漢字では「後生」と書く。

めのものであるという。死後数日後に巫女の家を訪ねて、ミーグソーの口寄せを聞きに行く。昭和初期まで、死者を墓庭に出し棺桶を開けて座らせ、口に酒を含ませて、「一緒に遊びましょう」と呼びかけて、夜九時から十二時ごろまで死者との別れ遊びの風習があった。[20]

第十二話
「復帰を迎えたウチナーがデージなってる！」（前編）

さて、いよいよ本土復帰が秒読みとなった沖縄では、皆が不安と期待の入り混じった思いで息をひそめている。ドルが使えなくなるから円に換えなければならないとラジオから流れたのをきっかけに、盛仁と朝基とローラーガールが立て続けにオバーにたずねる。

「本土復帰したら沖縄に雪降るって本当か？」

「電車も走るって聞いたけど？」

「富士山も近づくの？」

呆れたオバーは、いい年をしてそんな子どもじみたことを信じているのかと笑い飛ばす。三人は冗談だと慌てて言い訳するが、まんざらでもなさそうな様子。少なくとも子どもたちはそう信じていたようだ。そんな神話を生むくらい、沖縄と大和の距離は遠かったのである。そんな笑い話を締めくくるコーリンオジーの一言は、これまた深い味わいがある。こんな若者に沖縄の未来を任せて大丈夫かと嘆くオバーの言葉を受けて曰く、

「苦いものも美味しく作ってきたウチナーンチュだから大丈夫！」

そう言って、ゴーヤーチャンプルーを旨そうに頬張る。

ゴーヤーの苦さに沖縄の苦難の歴史がかぶる。どうにか乗り越えてきたのだから、これからも沖縄は何とかやっていけるという決意表明にも似た響きである。

一方、本土復帰を迎えて、キングウルフにも大きな心境の変化があったようだ。Pボックスに向かって「沖縄アメリカ化計画」を中止すると言い出す。チャンプルーという言葉通り、沖縄と日本とアメリカが仲良く混ざり合うのもいいと言うのだ。ところが、Pボックスは納得できない。そして、暴走を始めてしまう。主人であるはずのウルフに電気ショックを与えて、逆に操りはじめるのである。そのせいか、ハブクラーゲンのからだは蓄電されて電気クラーゲンになり、コーヒーシャープは一時的な停電に見舞われる。

しばらくして、停電から回復した店内でいつものように食事を済ませるコーリンオジー。その口からは、またまた意味深長な言葉が飛び出てくる。

「くわっちーさびたん（ごちそうさま）！　チャンプルーは美味し

20『沖縄民俗辞典』、p.182

いねー。やっぱり、コザのぐとぅらっさー（コザみたいだ）。人種も文化も料理も音楽もみんなチャンプルー！」

　きょとんとする若者たちに向かってオバーも加わる。

「朝基！　あんたもチャンプルーをもっとチャンプルーにしなさい！　あんたたちが新しい時代を創るんだよー」

「新しい時代を創るなら、いろんなものを受け入れる柔らかい優しい気持ちも大事さー。言ってみたら「軟骨精神」[21]さー」

　そう言って、オジーは締めくくる。

　その頃、マジムンたちにも事件が起こっていた。Ｐボックスに操られて凶暴化したウルフに襲われたのだ。手がつけられないことに焦ったクーバーたちは、ハブクラーゲンがウルフと闘っている間にコーヒーシャープに電話をしてマブヤーを呼ぼうとする。クーバー言葉が通じないにも関わらず、マブイストーンの発する音を察知したガナシーとマブヤーは急いでマジムンたちのもとへと駆けつける。その間、なぜか公衆電話の後ろにあった「チャンプラリズム」[22]のマブイストーンをオニヒトデービルがゲットするが、駆けつけたクイナに簡単に取り返される。ハブクラはストーンを手に入れたことすら気づいていなかった。つまり、今回の騒動とマブイストーンは無関係だということだ。

　そんなウルフの様子はマブヤーたちにもマジムンたちにも奇異に映っていた。ウルフ自身も「助けてくれ」と頼む始末。黙るウルフに朝基が理由をたずねようと近づく。ハブクラにとってもウルフは腹に据えかねる存在だ。

「何でもかんでも持ち込むな！　ワッター（おれたち）の住処《すみか》を荒らさんけー（荒らすな）！」

　それを聞いて、朝基はひらめく。

「そうか……持ち込まれたものを受け入れる。アメリカーの良いものも、ウチナーの良いものも、大和の良いものも全部受け入れてチャンプルーして新しい時代が生まれるんだ！」

　しかし、すでにハブクラとウルフは互いの方へ向かって突進を始めていた。それを見た朝基は、「みんなの心を一つに集めてムル（全部）受け入れる！」と叫びながらマブヤーに変身、すぐにヤーチューを双方に向かって放つ。反対方向に弾き飛ばされるハブクラとウルフ。起き上がったウルフはこのとき我に返り、Ｐボックスの暴走を止めねばならない、マブヤーたちに一緒に来てほしい

21　本土復帰前後に本土に追いつけ追い越せで言われたスローガン。「反骨精神」だと摩擦が生じるが、逆に良いものを吸収して取り入れることができるからというコンセプト。

22　「テルリン」の愛称で親しまれた沖縄の音楽家で漫談家の照屋林助（てるや・りんすけ、１９２９〜２００５年）が提唱した「ごた混ぜにして楽しむ遊びの文化」の思想。沖縄に流れ着いた寄り物を天の恵みとして拾い上げ、暮らしのなかに取り入れて楽しむという思想は、多文化社会論や異文化コミュニケーション論そのものである。

と、アジトに向かって走り出す。ところが、Pボックスの暴走は止むことなく、走り出したウルフにふたたび激しい電気ショックが浴びせられる。そして、ウルフは巨大な怪獣と化してしまう。

「沖縄アメリカナイズ計画」を止めようとするキングウルフ。それを知ったＰボックスは、計画が叶わないのなら「いっそのこと沖縄をすべて壊してしまうのです」とキングウルフを巨大化させ暴れさせた。

最終話
「復帰を迎えたウチナーがデージなってる!」(後編)

その頃、ハブクラたちとは別にPボックスのもとへと駆けつけたマングーチュとヒメハブデービル。二人に向かってPボックスは単調な声で言う。

「私は沖縄の文化を破壊し、ミスターキングウルフは沖縄の街と自然と何もかもを破壊するのです」

その声と同時にPボックスに操られ巨大化したキングウルフは、いまにも沖縄の破壊を開始しようとする。焦るマブヤーに対して、ウルフは悪くないと説得するクイナ。闘うこともできないのにガタガタ言うなとハブクラーゲンの横やりが入る。一瞬落ち込んだクイナは、意を決して言う。

「飛ぶ……ウチ飛ぶ!」

クイナが飛んでマブヤーを空まで連れて行き、そこからメーゴーサーを撃てと言うのだ。ヤンバルクイナの化身のクイナ。飛べるはずもないのに、今なら飛べる気がすると空を見上げる。そして、飛翔。奇跡を起こして飛んだクイナが、マブヤーに背中に乗るよう促す。そのやり取りの最中、ウルフの光線がマブヤーとガナシーを狙って飛んでくる。二人の前に立ちはだかったのはハブクラーゲン。光線の直撃を受け倒れ込む。マブヤーたちを助けた照れ隠しか、マブヤーを倒すのは自分だからウルフには負けるなと励ます。

その間もPボックスの暴走は止まらない。マブイストーンが次々と脱色しはじめ、沖縄から独自の文化が消えはじめる。焦るクイナとマブヤー。折しもウルフの様子に変化が起きる。アジトにいたマングーチュとヒメハブデービルの機転で、Pボックスの電気コードがコンセントから抜かれたからだ。機を逃さず、クイナに飛び乗ったマブヤーは、「チムグクル」と何度も唱えながら、全ウチナーンチュの思いの詰まった「スーパーメーゴーサー」をウルフに撃ち放つ。

小さくなって地面にのびたままのウルフ。マブイストーンにも色が戻ってくる。一緒に闘ってくれたことをハブクラに感謝するマブヤー。人間が悪さをすればまた現れると一言釘を刺し、クーバーたちと颯爽《さっそう》と去って行くハブクラーゲンがカッコイイ。ウルフもまた、サンキューと言い残して立ち去る。そんな二人の後姿を見送りながら、マブヤーはあらためて頭を下げる。

次の瞬間、マブヤーとガナシーのマブイが抜けて飛んでいってしまう。あわてる朝基と盛仁。しかし、クイナはこれで森の大主から託されていた役目は果たしたと喜ぶ。もしまたウチナーに何かあったら守れないと不安がる朝基に、クイナは落ち着いた声で言い聞かせる。

「大切なマブイはいつだって君の心のなかにあるよ」

静かにうなずく朝基。そして、ヤンバルの森へと帰っていくクイナ。その後ろ姿を見送りながら、新しい時代を築くのは自分たちだと自覚する朝基と盛仁。

そして、迎えた沖縄復帰の日。一日中、雨。街にも森にも、包み込むように静かに雨が降り注ぐ。

場面変わって、コーヒーシャープ。朝基と盛仁が料理と音楽の修業のためにアメリカへ旅立つという。さみしげに見送るオバー、コーリンオジーとローラーガール。こうして、二人の元ヒーローはアメリカへと旅立って行くのであった。

ここで先にコーヒーシャープを後にした盛仁を見送る朝基の顔と、シリーズ三作目でカナイに修行させたオジーの顔が二重写しになる。場所は現在の久保田商店の前。島酒を旨そうに飲むオジーの前で、カナイとニライが組手の練習をしている。あまり無理しないよう促すオジーにカナイは言う。

「オジーはマブヤーやったことないからわからんと思うけど、けっこう大変なんだよ」

「やさやさ（そうそう）」と、泡盛をまた一献ひっかけるオジー。

クレアとの結婚式に出席してほしいと頼むカナイをはぐらかすように、オジーは商店を後にする。入れ替わるようにして店の奥から出てくるオバー。どこから見てもあのコーヒーシャープの元経営者の、あのオバーだ。オバーはいぶかしげに言う。

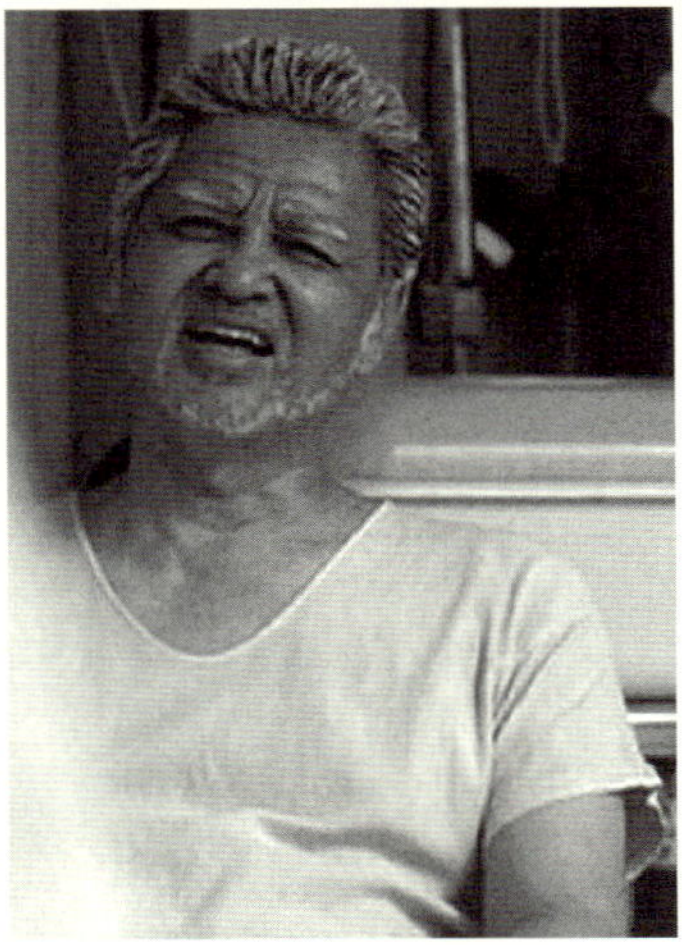

時は現代。組み手の練習をするカナイとニライを、島酒をあおりながら見守るオジー。その正体は朝基だった。やがてこのオジーにカナイは弟子入りすることになるが、それが前作『3』の物語である。それにしても、朝基の老け具合に比べて、オバーの変わらないことと言ったら！

「そういえば、あのオジー、昔どっかで見たような……」

その気配に一瞬立ち止まり、振り返るオジー。

そう、このオジーこそが朝基、つまり元祖マブヤーその人なのである。

時代を経ても、その時代に応じてもっともふさわしい人間に宿るマブヤーのマブイ。クイナの言う通り、それはウチナーンチュのマブイそのものなのである。

RYUJIN MABUYER INTERVIEW

インタビュー

與座和志《よざかずし》

1992年豊見城出身。
地元の高校を卒業後上京し、日活の俳優養成所で学ぶ。
沖縄に戻って『琉神マブヤー1972レジェンド』の朝基役を務めたのち再び上京。現在は東京を拠点に舞台などで活躍。

米軍の軍人の父とウチナーンチュの母の間に生まれた彼ほど、
1972年の本土返還直前の沖縄を舞台にしたこの特異なヒーロー作品の主人公にふさわしい青年はいない——。

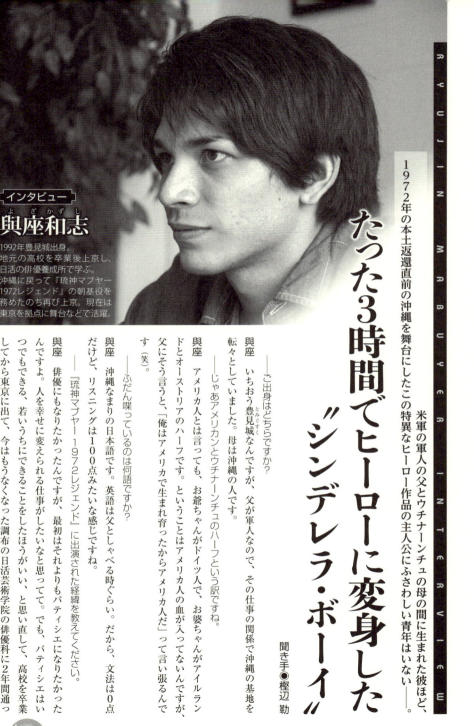

たった3時間でヒーローに変身した〝シンデレラ・ボーイ〟

聞き手◉樫辺 勒

——ご出身はどちらですか？

與座　いちおう豊見城《とみぐすく》なんですが、父が軍人なので、その仕事の関係で沖縄の基地を転々としていました。母は沖縄の人です。

——じゃあアメリカンとウチナーンチュのハーフという訳ですね。

與座　アメリカ人とは言っても、お爺ちゃんがドイツ人で、お婆ちゃんがアイルランドとオーストリアのハーフです。ということはアメリカ人の血が入ってないんですが、父にそう言うと、「俺はアメリカで生まれ育ったからアメリカ人だ」って言い張るんです（笑）。

——ふだん喋っているのは何語ですか？

與座　沖縄なまりの日本語です。英語は父としゃべる時ぐらい。だから、文法は0点だけど、リスニングは100点みたいな感じですね。

——『琉神マブヤー1972レジェンド』に出演された経緯を教えてください。

與座　俳優にもなりたかったんですが、最初はそれよりもパティシエになりたかったんですよ。人を幸せに変えられる仕事がしたいなと思ってて。でも、パティシエはいつでもできる、若いうちにできることをしたほうがいい、と思い直して、高校を卒業してから東京に出て、今はもうなくなった調布の日活芸術学院の俳優科に2年間通っ

て、演技の勉強をしました。そこを卒業して、いったん地元に戻り、GGプロモーションという事務所に入ったんです。そうしたら、その3時間後にマブヤーのオーディションがあって……。

――エッ、3時間後？

與座　ええ。まだ契約書も交わしていないうちに、「そういえば與座君、今日、オーディション行ける？」「何時からですか？」「8時から」「8時ですか……まぁ大丈夫ですけど」って。で、会場に行ったら、それがマブヤーでした。だから、マブヤーへの出演が決まってから契約書を交わしました（笑）。ただその時は、何役に決まったのかはわかりませんでしたけど。

――エッ、主役って知らなかったってこと？

與座　はい。僕が朝基役だって知らされたのは、記者会見の1週間前です。「與座クン、オーディション、受かったよー」「ありがとうございます！」「これ、第一話ね」って台本を渡されて。どの役を演るのかなぁ、主役はこれまでのシリーズどおり翁長大輔さんだとして、僕は何か飛び込みのマジムンの役あたりかな、って思いながら台本を読んでました。でも、いつまで経っても何の役だか教えてもらえない。それで「僕、何役なんですか？」って訊いたら、「え、わかってるでしょ？」「いや、わかんないから訊いてるんですよ」「主役だよ」「エーッ!?」。それが記者会見の1週間前（笑）。

――ということは、俳優稼業を始めて3時間後には、人生最初の出演作が決まり、しかもそれが主役だったということですか？

與座　そうなりますね。僕、シンデレラボーイかも（笑）。『1972レジェンド』が終わった後、また東京に戻ったんですが、上京してからもすぐに舞台に出させてもらったりとか、けっこう早いスパンでいろいろやらせてもらってます。

◎オバァはマスコットor魔女？

――出演が決まってどういうふうに思いましたか？

與座　これで好きなことで食べていけるようになるのかな、という期待もありつつ、でもプレッシャーもすごく感じましたね。もしかしたら僕のせいで、今まで少しずつどんどん積み重ねてきたものを、僕が1シーズンだけ入ってきただけで崩してしまうんじゃないかという怖さがありました。

――現代の青年カナイではなく、1972年の青年朝基という役を演じるにあたって、何か考えたことはありますか？

與座　1972年を舞台にするということで、僕の曾おばあちゃんが元気なので、話を聞いたりしました。台本をもらった時に、「台本にこういうふうに書いてあるけど、この時どういうふうにしてたの？」とか。そのうえで、どこまで1972年の泥臭さというか、泥臭いからこそのいぶし銀な感じというか、そういうものを出せればいいなって思いながらやりました。具体的にモデルとというか参考にしたのは、僕の亡くなったお爺ちゃんですね。表情の使い方や、歩き方とか、ちょっと肩を切って歩くようなところ。その感じを思い出しながら、もしお爺ちゃんが若い頃だったら、どんな感じで歩いていたんだろうな、って。それをイメージして演っていました。

――実際にお会いして、映像に比べてだいぶ細身なのに驚きました。けっこうガッチリした感じかと思っていたので。

與座　あの時はちょっと太ってたんですよ。沖縄に帰ってきて、おいしいものがたくさんあるので、15kgぐらい体重が増えて67～8kgぐらいになってたんです。そうしたら、ドンピシャでマブヤー役の翁長さんと体重が同じになった。身長も同じなので、あまり違和感なく変身しているように見えていると思います。

――ラストでやっとマブヤーの変身ポーズが確立しますが、それまではいろいろ試行錯誤していますね。なかなか変身できなくて、盛仁に「お先に」って追い抜かれていったりとか。

與座　台本には「変身できない朝基」としか書いてなくて。監督さんから「変身ポーズってマネできたりする?」と急に言われて、一発目に浮かんだのが仮面ライダー1号の変身ポーズだったんで、それでやってみたんですが、「ちょっと似すぎだね。ガナシーを混ぜてみて」と言われて、手を横に広げるポースをやってみました。最後にマブヤーの変身ポーズが完成するんですが、あれもちょっとだけ知念さんバージョンや翁長さんバージョンと違うんですよ。知念さんは右手をグーにして挙げてますけど、僕は人差し指を立ててます。

——アクションシーンのアフレコも初めて?

與座　そうです。アテレコ（アフレコ）の時に気をつけたのは、朝基は気性が荒いっていう設定が第一話であって、クーバーを殴り殺しかねないぐらいということだったんで、マブヤーに変身した後はダミ声に近い感じになるのかなって。なので、アテレコの時は、あえて一回タバコ吸って、わざと喉を痛めて「うおらぁっ!」ってやってました。

——他の共演者の方々についてお聞かせください。

與座　翁長大輔さんは、義侠心が染みついているというか、怒る時には笑いを混ぜながら、それでもダメなところはダメってしっかり言ってくれる、沖縄によくいるお兄さんみたいな感じです。与那嶺圭一さんは、「ハブクラ～ゲン!」って変身した時に、マスク（ヨーバーフォーム）をとってもう一個のマスク（チューバーフォーム）に変えるんですが、外した時の顔と元の顔が同じというか、いつも笑いそうになってしまって（笑）。ちなみに、キングウルフに入っているスーツアクターの吉田智人さんは、キングウルフ自体の声はやっていないんですが、Pボックスの声もやっています。Pボックスの声はほとんどエフェクトなしの地声でやってるんですよ。

盛仁役の良さん（高江洲良）は、それまで見たこともないぐらい、とにかくポジティブな方です。本番前も、筋肉の調子を確認するためにわざわざ衣装で走っていったり、パンプアップさせてから撮影に挑んだり。60㎞ぐらい離れた現場にも、平気でチャリンコで来てました（笑）。そんな人だから、良さんの顔の色が日焼けでどんどん黒くなっていって、最終話で監督さんが、

朝基のサイン。「マブヤー」の「マ」の字が、朝基の髪型の七三分けになっている。

できるだけ盛仁の色の黒さを第一話と同じ黒さにしたい、ということで、良さんの顔の色を調節したら、今度はそれで僕がどんどん発光していく、という事件が起こりました。最終話を見ると、なんとなく僕が白く光ってます（笑）。

――女性陣については?

與座　大人びたローラーガールとロリータ顔のクイナは、実は同い年なんです。あれにはびっくりしましたね。ローラーガール役のルシアさんは、いかにもザ・ハーフって感じの、すぐに笑う女の子。クイナ役の棚原里帆さんは何をさせてもかわいい感じで、クイナに何をやらせるかが、現場ではひとつの楽しみのようになってました。……え? オバーですか? 吉田妙子さんはマブヤー以上のマスコット・キャラクターです（笑）。いや、『1』とかに比べて『1972レジェンド』での若返りっぷりときたら、もうほとんど魔女（笑）。第一話の最初のシーンで、オバーが朝基の耳を引っ張って「あんた、ちょっとやりすぎだよ」というところがあるんですが、あそこの芝居はほとんど吉田さんの即興なんですよ。さすが、オバー。演じることを長く続けていけば、こんな名人芸ができるんだというのを感じることができて、感銘を受けたところです。僕の一番好きなシーンのひとつですね。

あえて善／悪の境界に立つ

――東京に活動拠点を移した現在から振り返ってみて、『マブヤー』という作品、ないしはそれを育んだ沖縄は、與座さんにはどのように見えていますか?

與座　本土に来てから沖縄に対して感じたのは、『マブヤー』っていう作品そのものが、沖縄の風土や沖縄の人の優しさの上に成り立っていた作品で、そのことに僕自身がすごく支えられていたんだなってことです。今の事務所（ブルーローズ）が拾ってくれたのも、『マブヤー』っていう経歴があったからだし、「マブヤーやってました」って言うと、そこからコミュニケーションがとれる。今でも『マブヤー』に救われることがたくさんありますよ。

残念なのは、マブヤー自体はすごく有名なんですけど、それを演ってた人のほうはまだあまり知られていないってところかな。特に僕の場合、まだTSUTAYAにもGEOにも『1972レジェンド』が並んでないんで（苦笑）。

――朝基の役をやったことで、ご自身のうちで何か変わったことはありましたか?

與座　考え方が少し変わった気がします。昔は僕、すごく正義感が強すぎたんです、周りから煙たがられるぐらいに。そして自分を煙たがる人たちに相当反感を持っていたんですけど、そうした自分にも少し不信感を抱き始めた頃に『マブヤー』をやることになって。で、『マブヤー』をやってみて、正論を武器にしたら悪なんだな、見方を変えたら正義にも悪にもなってしまう、その中間に立てるような者が本物のヒーローで、もしかしたら偽善に見えるかもしれないけど、本当に必要なのはそういう行動なのかもしれない、って思うようになりました。マジムンという存在自体も、単純な善／悪では割り切れないものですし。越来《ごえく》のギルーの話なんかにも、特にそういう思いを持ちますね。もしかすると、そのあたりが、本土のヒーローものにはない、沖縄のヒーローものの最大の特徴なのかもしれません。

（2015年6月30日）

第5章

『琉神《りゅうじん》マブヤー4《ユーチ》』

話数	放送日	タイトル
第一話	2014年10月5日	シーミーのマブイストーンがデージなってる!〈前編〉
第二話	10月12日	シーミーのマブイストーンがデージなってる!〈後編〉
第三話	10月19日	ウーマクーのマブイストーンがデージなってる!
第四話	10月26日	モアイのマブイストーンがデージなってる!〈前編〉
第五話	11月2日	モアイのマブイストーンがデージなってる!〈後編〉
第六話	11月9日	三時茶のマブイストーンがデージなってる!
第七話	11月16日	ニライがデージなってる!〈前編〉
第八話	11月23日	ニライがデージなってる!〈中編〉
第九話	11月30日	ニライがデージなってる!〈後編〉
第十話	12月3日	ユイマールのマブイストーンがデージなってる!
第十一話	12月10日	メンソーレのマブイストーンがデージなってる!
第十二話	12月17日	ショーガチのマブイストーンがデージなってる!〈前編〉
最終話	12月24日	ショーガチのマブイストーンがデージなってる!〈後編〉

第一節 概要および登場人物

先の『琉神マブヤー 1972レジェンド』が変則的に間に挟まることで、マブヤーが生まれた経緯や沖縄が大和の世からアメリカ世、そしてまた大和の世へと翻弄される姿が解き明かされ、これまでにはなかった政治色が加わったことで、本シリーズはさらに有機的で立体的な広がりを見せたが、この『マブヤー4（ユーチ）』は『3（ミーチ）』の純然たる続編として、ふたたび沖縄の日常を描くことへと戻っていく。

クレアとふたり水入らずの仲睦まじい生活を送りつつ、カナイはなかなかうまくいかない就職活動にいそしみながらも、結局は一度あきらめたヤチムン作りの道へと戻っていく。一方、空手道場を営む兄のニライは、ナミと一人息子のカグラと一緒に幸せに暮らしている。オバァも元気だ。相変わらず若い恋人のトムをはべらせ、日々チャーガンジュウに過ごしている。マジムン達も相変わらずである。

が、いくつか新しい登場人物も出てくる。ひとりはマブヤー側のハイビー、もうひとりはマジムン側のミノカサーゴである。ハイビーはこれまでのケンやマヤ、クイナのようにマブヤーやガナシーのそばでヒーローたちを見守る役目の存在であるが、何と言っても本シリーズの展開上カギを握るのはミノカサーゴである。プロットは、一方で他の作品同様シーミーやモアイ、ユイマールなどといった沖縄の文化伝統が一時なくなることを軸としながらも、他方では後半ニライやミノカサーゴに暗示される「憎しみ」と「許し」をテーマに展開される点が特徴である。そして、その底流に子を思う親の愛情があることも新しい展開だといえよう。

❖登場人物

琉神マブヤー＆カナイ◉演：翁長大輔

龍神ガナシー＆ニライ◉演：末吉功治

ブラックガナシー◉演：末吉功治

ミノカサーゴの策略にはまってニライの怒りと憎しみが生み出した、黒いガナシー。全身の色が黒になっただけでなく、動きや声も違っている。

凰神カナミー＆ナミ◉演：仲本紫野

ハイビー◉演：前田ロマーシア

ハイビスカスの妖精で、自称「南国に咲く一輪の花」。自分の能力(や容姿)を過大評価する傾向があり、ガナシーから「邪魔しないでくれる？」と釘を刺されることも。

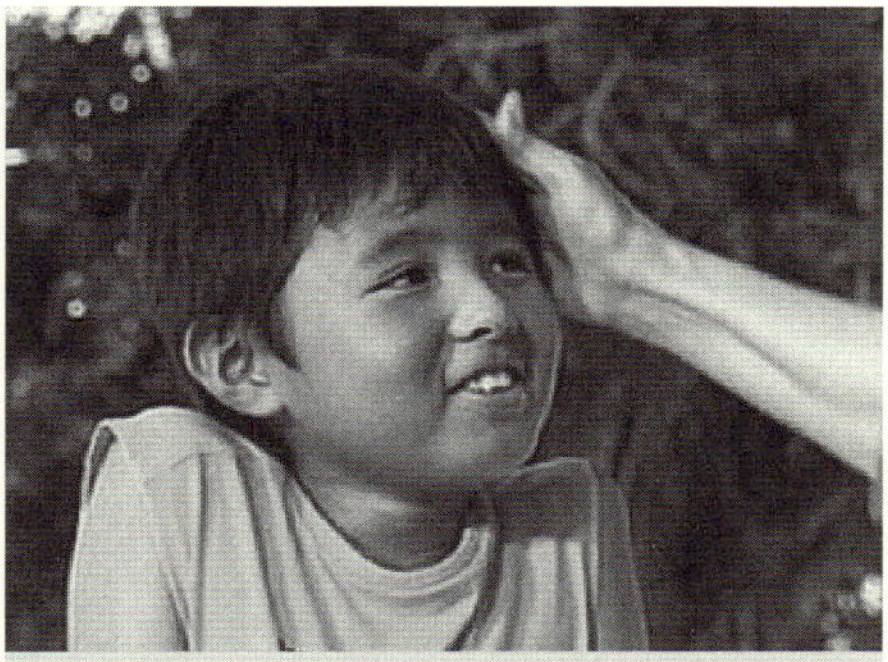

カグラ◉演：普久原一生

ニライとミナのあいだに生まれた子。ミノカサーゴにマブイを奪われる。カグラ役を演じた普久原一生クンは、カナイの空手の師匠のオジーを演じている普久原明の実子で、『3』で宮古島の少年ガニー役を演じた普久原男クンの弟でもある。

マヤ◉演：いずみ(いずみ＆やよい)

クイナ◉演：棚原里帆

クレア◉演：桃原遥

岩次郎◉演：新垣正広

オジー◉演：普久原明

福地工房の客◉演：中尾彬

オバァ◉演：吉田妙子

トム◉演：村山靖

時間の大君(トゥチのおおきみ)◉演：ナツコ

ウチナーの時を司る女神。森の大主からはなぜか(？)「ナッちゃん」と呼ばれている。「想像より全然若い」とクイナたちに言われて舞い上がるところは、完全におばさんキャラ。

ハブクラーゲン＆海月ゲンイチ◉演：与那嶺圭一

ミノカサーゴから人間に変身する特殊能力をプレゼントされ、「ウミツキエコサービス」のチョビひげ社長・海月ゲンイチに化け、カナイを社員として採用した。

森の大主(うふぬし)◉演：ヒゲのかっちゃん(川満勝弘)

マブイ洞の番人◉演：古謝美佐子

オニヒトデービル◉演：翁長武義

マングーチュ◉演：椎名ユリア

クーバー１号◉演：町田達彦

クーバー２号◉演：比嘉健雄

ミノカサーゴ＆LUNA◉演：石原萌

初登場のマジムン。息子のミノカサゴ（魚）をカグラに殺されたと誤解し、親であるニライに復讐を誓う。「ウミツキエコサービス」の秘書LUNAに姿を変えて、カナイに接近する。『外伝』のゆいを演じた石原萌が、それとはまったく違う妖艶なキャラクターを演じた。

第二節 各ストーリーの詳細とポイント

第一話
「シーミーのマブイストーンがデージなってる！〈前編〉」

太陽のさんさんと照り付ける波打ち際、マングーチュがビーチチェアにもたれてカクテルを手に取っている。スイカのビーチボールを追いかけて前を横切るハブクラーゲン。マブヤーに会えずに淋しいと嘆くマングーチュに、思い出しただけでもイライラするとハブクラはマブヤーと同じ色のビーチボールをコンコンとこづく。そこへオニヒトデービルが呼びに来て、マジムン軍団のビーチバレーが始まる。

場面変わって、久保田商店の前ではオバァと英語訛りの彼氏がシーミー（後述）の準備に忙しい。彼氏がウチカビを手に「これは何？」と尋ねると、オバァは答える。「ヘブンズマネー」。そう、天国のお金である。ご先祖様が天国でお使いになるお金のことをウチカビという。そこへ登場するのが、カグラという名の少年。年の頃は一〇歳前後といったところだろう。と、次の瞬間、カグラはリンゴを一個くすねて走り去る。オバァは「あきさみよ～な～（あれまぁ！）」と言いながらも怒りはせずに、「お父さんにシーミーにおいでと言いなさいよ」と少年に告げる。少年は「わかった」と言って嬉しそうに走り去る。相変わらず「ウーマクー（やんちゃ）」だと見送るオバァの目が優しい。

ひとり歩くカグラに後ろから声をかけるカナイとクレア。カナイを「おじさん」と呼ぶところから、カグラがカナイの兄ニライの息子であることが判明する。にーに（兄さん）と呼ぶように注意するカナイを諭しつつ、「おばさん」と呼ばれたクレアは絶句し、場の雰囲気は凍りつく。

甥のカグラが無邪気に発した「おばさん」の一言で、クレアの周りの時間が凍りつく。

いつもの、マブヤー的笑いである。

カグラと二人は、青空の下で空手の指導をするニライのもとへとやってくる。そういえば、カナイがネクタイ姿なのはなぜか。ニライの口から就活という言葉が飛び出す。カナイは就職のために会社回りをしているらしい。手合せでもするかと話している最中、裏からこっそり回ったカグラがニライの急所を正面突きする。「チ〜ン♪」という音とともに、男らしい太い声とは打って変わっての情けない悲鳴を上げるニライ。相変わらずキレのいい反応だ。次にカグラが「かあちゃん！」と言って飛び込んでいった先には見覚えのあるナミの顔。みんなで一緒にシーミーに出かける約束をする。

堤防を散歩しながら、就活の具合を聞くクレアにカナイはダメだと元気なく答えるが、クレアに励まされ元気をとり戻す。今晩のおかずは、またポーク卵だと話しながら、幸せそうに二人は肩を寄せ合って家路に着く。

同じように仲良く肩を寄せ合いながら森のなかを歩くマジムン軍団。海で遊んだ帰りなので、楽しそうである。しかし、相変わらずそこにはヒメハブデービルとハブデービルの姿はない。ハブクラ親方によれば、「世界のハブーンチュ大会」に出ていてしばらくは留守だという。これはもちろん、「世界のウチナーンチュ大会」のギャグである。世界のウチナーンチュ大会とは、

> 沖縄県民と沖縄県系人との交流を目的とする全県的行事。大会は前夜祭パレードに始まり、開会式から閉会式までの間に、古典芸能祭や親善スポーツ大会、ビジネス交流会や県人会リーダーによる会議・シンポジウムなど、さまざまなイベントが開催される。一九八〇年代に、沖縄のメディアによる「世界のウチナーンチュ」を意欲的に取り上げる試みなどを背景に、県民と世界に散在するウチナーンチュ（沖縄の人をさす沖縄方言）たちが連帯感を再認識し、国境を越えて共鳴し合うようになる。こうした「世界のウチナーンチュ」意識が盛り上がりをみせるなか、（中略）沖縄県の新たな振興策を模索し続ける県政の延長線上に、移民一世の故郷への思いと二世・三世などのルーツ探しを熱望する声、そして沖縄県民の誇りと希望を将来に見出したいというベクトルが交差する形で、一九九〇年（平成二）、記念すべき第一回世界のウチナーンチュ大会が開催された。その後、第二回（一九九五年）、第三回（二〇〇一年）、第四回（二〇〇六年）、第五回*（二〇一一年）と五年ごとの開催を果たし、ウチナーンチュの越境的な連帯を強化しつつ、表（省略）にみられるようにその参加者も増加し続けている。[1]
>
> *第五回は筆者加筆

「だから買い食いしても怒られない」などとかわいらしいことを喜ぶマジムン軍団たちの様子を背後からうかがう謎の影。鋭い爪が不気味な、どうやら女のマジムンらしき存在だ。

大きな亀甲墓の前でオバァがウートートー（手を合わせてお祈り）している。オバァの後ろでは、カナイ始め皆も同じように手を合わせている。シーミー（清明祭）である。清明祭とは、

1 『沖縄民俗辞典』pp.291-2

> 沖縄において清明節に行われる墓前祭。起源は中国にあり、近代以降沖縄にも伝えられた。シーミーともいう。沖縄における本来の墓前祭は、五月十六日と七月七日であったが、近世に上級士族の間で儒教風、中国風の祭祀が導入された。―中略― 明治のは廃藩置県後、身分制度の廃止によって士族の風俗習慣が一般平民にも浸透していく中で、清明祭も沖縄本島全般に広がったと考えられている。[2]

「ウサンデーせえ（お供え物いただきなさい）」のオバァの声で場は一気にリラックスムードになり、カナイがオバァにいつも呼んでくれることに対する礼を言う。そういえば、ニライとカナイの兄弟は親も実家もわからない孤児だった。当然、シーミーにも縁はないから、うれしいのだという。そんなホロッとくる雰囲気が次の瞬間一気に崩れ去る。どうして墓の前で飲み食いしているのかわからないと混乱するオバァたち。すぐにマジムンのせいだと気づいたカナイらは、二人の正体に気づいていないクレアをごまかしながら二人で飛び出していく。ウージ（サトウキビ）の畑の真ん中で変身しようとする二人だが、久しぶりだという理由からここで少しテレが出る。普通のヒーローものにはこんなテレはない。一人ずつやるか、一緒にやるか、迷いながらも二人はマブヤーとガナシーに変身する。そして、駆けつけたのが道端でくつろいでいるマジムン軍団のハブクラーゲンたちの居場所。「盗んだマブイストーンを返せ」と迫るガナシーに、身に覚えのないマジムンたちは戸惑うも、売られたけんかを買うハブクラーゲン。このとき、五秒以内にストーンを返せと迫るガナシーだが、カウントダウンが二で止まったまま、二を繰り返す様子には思わず笑ってしまう。ここでもヒーローと普通の人の感覚が交差して、ます

亀甲墓の前でシーミー（清明祭）を行なう一同。オバァの彼氏のトムも参加している。そのトムの手の合わせ方は、ほとんどストレッチのよう。

2 同、pp.289-290

ます身近に感じずにはいられない。ガナシーはさておき、闘うマブヤーの動きがいまひとつ歯切れが悪い。就活のやり過ぎでなまっているにちがいないから、自分の道場に通えと言って月謝の割引で勧誘するガナシー。通常五千円のところを四千九百九十八円にしとくから、と。

いよいよ二人合わせてのターチ・ヤーチューを撃とうとするところへ、マングーチュが割って入る。「本当に何もしていない」。ここでやっと、マブヤーらは、今回のシーミーのマブイストーンを盗んだのがハブクラたちではないことを悟る。では、いったい誰が？

第二話
「シーミーのマブイストーンがデージなってる！〈後編〉」

マジムンたちとの誤解は解けたものの、相変わらずマブイストーンのありかはわからないままだ。そのせいで、オバァも恋人のトムも墓から姿を消して戻ってこない。濡れ衣を着せられたことにいら立ちながらも、マブイストーンを盗んだのは誰なのかと相談するハブクラーゲンたちのもとへ現れた新人マジムンのミノカサーゴ。お色気ムンムンの、いかにもハブクラーゲンがイチコロで参ってしまうキャラクターである。物腰もやわらかく、お色気たっぷりに沖縄をハゴーにしようと迫るミノカサーゴにハブクラはメロメロだ。マブヤーの弱点について話すミノカサーゴとハブクラたちマジムン軍団を、ハイビスカスの花から人間の姿になった女の子がいぶかしげに眺めている。これもまた新たなキャラである。

墓の前に残されたクレアとナミ母子。さっきからナミが胸を押さえて少し苦しそうだ。これは凰神カナミーとしてのセンサーによるものだが、なんと息子のカグラもまた胸が「ワサワサする（ざわつく）」とうつむく。ナミは息子にも同じ力があることに気づく。

沖縄をハゴーにするために協力しようと持ちかけるミノカサーゴに、ハブクラーゲンはすっかり骨抜きにされる（といってもクラゲには最初から骨はないが）。

そんななか、二手に分かれてマブイストーンを探すカナイのもとへ再びハブクラーゲンたちが現れる。今度は手にマブイストーンを持っている。つい今しがた疑ったことを謝ったカナイは、やっぱりお前たちだったかと怒りをあらわにして熾烈な闘いが始まる、と思いきや、かけていく先が工事中で通行止めであることに気づいたカナイは、置いてあったヘルメットをかぶり工事の交通整理のおじさんに化けて、ハブクラーゲンたちをごまかそうとする。しかし、ついに追い詰められる、就活で身体のなまったカナイ。そこへニライが助けに来て、二人はマブヤーとガナシーに変身、マジムンたちとの闘いは続くことになる。しかし、やがて二人の前にクーバーもオニヒトデービルも観念し、残るはハブクラ一人。恋は人を強くするとかなんとか言って、ヤーチューでもなんでも撃ってみろと「マジムン仁王立ち」の態勢を取る。様子がおかしいハブクラを前に撃つことを躊躇しながらも、ティーダヤーチューを放つマブヤー。案の定、ハブクラたちは吹っ飛ばされ、マブイストーンはマブヤーたちの手に戻る。

オバァたちは墓に戻り、いつも通りシーミーは再開される。楽しそうにおいしい料理を頬張るカグラが言った「ピクニックみたい」という言葉にオバァが答える。「そうよ、カグラが言うの、当たってるよ。シーミーはね、親戚一同とご先祖のみなさんがそろってね、ピクニックしてるようなものさ」。超楽しいとはしゃぐカグラを、心配そうに見つめる母親のナミ。きっと同じ能力を身に着けたカグラの行く末を案じているにちがいない。

第三話

「ウーマクーのマブイストーンがデージなってる!」

カグラが友達と一緒に下校している。カグラのあとをつける、あのハイビスカスの精みたいな正体不明の女の子。カグラが行き着いた先ではオバァの恋人のトムがいかしたバイクを整備している。鼻の頭が黒くなっていると嘘をつかれて油で汚れたタオルを渡されたトムは、それで顔を拭いて真っ黒になってしまう。愉快そうに笑いをこらえるカグラに、「ヘイ! カグラ! ヤナ(嫌な)ウーマクーボーイ(わんぱく小僧)!」とトムが怒る。通りの角でこっそりとほくそ笑むハイビスカスの精。どうやら悪いヤツではなさそうだ。

場面変わって、カグラの父であるニライが空手の指導を終えて、生徒たちに解散の号令を出している。タオルを渡すナミ。心配事があるという。そう、カグラのあの能力のことである。シーミーのときにマジムンが出てきたのを察知した、本人も気づいていない能力。将来、わが子が危険な目に遭うかも知れないという母親の心配を、同じように受け止める父ニライ。

一方、カナイは相変わらず就活に苦しんでいる。クレアに電話をして弱音を吐くカナイの姿は、マブヤーの勇士とは対照的で切なく哀しい。ここで、もしや、とつい深い読みを入れたくなる。

就活中のカナイ。ワイシャツにネクタイ姿の主人公がヒーローに変身するのは、数あるヒーロー番組の中でも珍しい。

つまり、これは沖縄の就職難を反映させたものではないかということだ。最近は完全失業率が4・9％[3]と改善しつつあるものの、かつては8・3％まで行ったことのある沖縄県。3％台を推移する全国平均と比べてもかなり高い数値である。だからこそ、基地問題が功罪織り交ぜて絡んでくるわけだ。さすがのヒーローマブヤーも、沖縄の就職難には繰り出す必殺技はないようである。

一方、マジムン軍団が今回目を付けたのは、トムの顔を真っ黒にしたカグラのやんちゃさ、つまり「ウーマクー」のマブイストーンだ。難なくウーマクーのマブイストーンを手に入れたハブクラたちのせいで、公園で遊ぶ子どもたちは力なくへたり込んでしまう。カグラも例にもれず道端に倒れ込む。後をつけていたハイビスカスの妖精が慌てて駆け寄ろうとするのを遮るミノカサーゴ。ハイビスカスの妖精は「ハイビー」と名乗り、マジムンたちの好きなようにはさせないとミノカサーゴに言う。余裕で光線を放つミノカサーゴ、倒れ込むハイビー。ミノカサーゴはカグラに近づき、マブイに何か細工しようとする。

その頃、マブイストーンの異変を感じたカナイとニライは、マブヤーとガナシーに変身してマジムン軍団のもとへと駆けつける。案の定、ウーマクーのマブイストーンを手にしたハブクラたちとの闘いが始まり、軍団はいつものようにヤーチューで吹っ飛ばされる。子どもたちはやんちゃを取り戻し、以前のように元気いっぱいに遊びはじめる。しかし、なぜかカグラだけは気を失ったまま。胸騒ぎで駆けつけた母親のナミに、意識を取り戻したハイビーが言う、ミノカサーゴにマブイを取られた、と。

第四話

「モアイのマブイストーンがデージなってる！〈前編〉」

ウチナー（沖縄）をでーじ（とっても）ハゴー（みにくく）するのが目的、そのためにウチナーからウチナーらしさのマブイストーンを奪う。それがマジムン軍団のそもそもの計画だとハブクラは手下たちと確認し合うが、ミノカサーゴの計画はこれとは少し

3　沖縄県統計資料WEBサイト（http://www.pref.okinawa.jp/toukeika/index.html）による2014年10月の数値。

違っているようだ。さっき取ってきたカグラのマブイを見せながら、計画は順調だと不気味にほくそ笑む。そして、ハブクラーゲンだけを離れたところに連れ出し、特殊能力のプレゼントだと言って何か怪しい光をハブクラに照射する。叫び声をあげるハブクラ。

ナミたちが布団に寝かされたカグラを心配そうに見下ろしている。ナミが全身全霊でカグラの抜けたマブイに呼びかけても応えは返らないという。家についてきたハイビーのアドバイスで、ミノカサーゴのいるハゴー山に向かうことを決意するニライ。

心配したカナイはナミに電話をしてカグラの具合を尋ねる。横で聞いていたクレアには風邪だとごまかすカナイ。マブヤーの正体を知らないクレアには話せない内容だ。そんなとき、カナイは陶芸仲間のモアイ[4]が今夜あることを思い出す。カグラのマブイのことが心配でたまらないカナイは、どうしたものかと迷うのだった。

その頃、ニライはハイビーに案内されてハゴー山へと向かっていた。途中、カグラのマブイを奪ったミノカサーゴの狙いは何かと尋ねるニライに、ハイビーはそれがニライ自身であることを告げる。ニライから大事なものを奪うことによって、闇の世界へ引き入れようとする魂胆だというのだ。そして、いよいよニライはミノカサーゴと初めて遭遇しガナシーに変身するが、ミノカサーゴはカグラのマブイを持ったまままふたたび姿を消してしまう。

4　第1章註40を参照のこと。

場面変わって、三線の音色が流れる居酒屋のなか。クレアの父、つまりカナイの義父の岩次郎が仲間たちと酒を飲んでいる。そして、遅れてきた四人目に、「カナイの分も入っているから」と茶封筒を手渡す。やはり、就活の不振で落ち込んでいるカナイは欠席したのだ。他の連中も続き、受け取った仲間は礼を言いながら「うちの嫁がこれでさ」とお腹を膨らませるジェスチャー。妊娠したのでお金がいるというのだ。こんなときこそ模合（モアイ）が助かると青年は頭を下げる。モアイは助け合いの精神だと岩次郎は笑う。別の青年は、それもそうだがこうやって飲みに来られるのが何より楽しみだと皆を笑わせる。

岩次郎たちヤチムン（焼き物）仲間のモアイで、妻の出産のための資金援助を受ける男を演じているのは、実はクーバー２号の“中の人”比嘉健雄（クレジットでは「けんゆー先生」と表示）。モアイは人間とマジムンとのあいだも結びつける？

そうなのだ。モアイには経済的な助け合いという役割と並んで、仲間との親睦やコミュニケーションという機能も含まれている。単なる数字合わせの枠を大きくはみ出した、精神的交わりの有機性にあふれる風習、それがモアイなのだ。かつては日本全国にあったモアイがいまなお沖縄においてその体《てい》をとどめていることは重要な事実である。

カナイとマジムンたちのビアガーデンでの格闘シーン。カナイ役の他にアクションコーディネートも担当している翁長大輔自身によるアクションシーンは、思い切りがよく、またアイディアに富んでいて痛快。カメラワークも素晴らしい。

そんなモアイのマブイストーンを、ウチナーンチュたちが楽しそうにお酒を飲んでいる居酒屋のテーブルの下に見つけたマングーチュ。途端にウチナーンチュたちの和やかな酒席はおかしくなる。岩次郎が叫ぶ、「さっきの金返せ!」「いままでの分も返せ!」。返そうとしない若者に向かって全員が口々に叫ぶのだ。

マブイストーンの異変に気づいたカナイがマブイストーンを手に祝杯を挙げているマジムンたちのもとへ駆けつけるが、今回は珍しく変身する前に投げ飛ばされ気絶してしまう。しかし、しばらくすると勝手に変身して必殺技のナンクルーアッパーを繰り出し、マジムンたちを次々に天へと打ち上げる。ところが、肝心のマブイストーンはマングーチュが一足先に持ち去っていたために結局取り返せず仕舞いだ。

肩を落とすカナイのもとへクレアから面接試験の案内が届いたとの電話が入る。本人は受けた記憶がない。おそらくミノカサーゴの罠だろう。しかし、何社も受けているカナイはそこまで考えが及ばない。とぼとぼと家路につきながら、いままで受けた会社をおさらいする。ブツブツと小さな声ではあるが、「沖縄映像センター」と「マブイストーン」とはっきり聞き取れる。いずれも本作品に直接関わる実在の会社で、これまたマブヤーお得意のお笑いである。

第五話 「モアイのマブイストーンがデージなってる！〈後編〉」

カグラのマブイはいまだ戻らないなか、カナイは気乗りしないまま面接試験へと出かけて行く。マブイストーンを奪い返せないまま面接に行くことにも後ろめたさを感じるカナイ。そして、一言ポツリ、「俺、マブヤーと会社両立できるかなー?」。これまた、ヒーローらしからず、笑える。

場面は森のなか、マングーチュたちがマブイストーンを持ったまま、ハブクラとミノカサを待っている。そして、きょうがマジムンモアイの日であり、積立金はすべてハブクラが持っていることを知る。「まさか持ち逃げ？」と案じはじめるマングーチュ。

ここで経済的相互補助という機能や相互交流による絆の構築といったモアイの役割を支える本質が見えてくる。つまり、それは信頼である。積立金の持ち逃げや使い込みはまんざら聞かない話でもないが、まずは互いへの信頼関係なしにはモアイは始まらない。信頼あってこそのモアイなのだ。経済性、コミュニケーション、絆、そして信頼という、人が人らしく生きていくうえで不可欠な要素がモアイには一杯詰まっている。

カナイを面接するウミツキエコサービス社の海月ゲンイチ社長。それにしても、ハブクラーゲンの“内”と“外”でこんなにも似ていることに驚きを禁じえない。

面接会場で落ち着かない様子のカナイのもとに現れた美人の秘書とちょび髭の社長。そう、これがマブヤー史上初公開のミノカサーゴとハブクラーゲンの中身、つまり彼らが人間になったときの姿である。スーツアクター[5]がこのような形で外見を見せることはおそらく少ないなか、カナイとマブヤー、ニライとガナシーがそれぞれ同じ人物によって演じられている『琉神マブヤー』ならではの、独特な興奮を覚えずにはいられない記念すべき場面である。

社長のしゃべりはハブクラそのものであるにもかかわらず、また、途中で人間どもを追い出そうとかなんとか口が滑っているにもかかわらず、カナイはまったく気づかない。おまけに、「カナイ

5　着ぐるみの中に入って演じる役者のこと。

が来ないと会社つづカナイ」とかのハブクラお得意のおやじギャグまで浴びせかけられながら、カナイはウミツキエコサービスの社員として採用される。

ミノカサーゴが化けた秘書に車で送ってもらう途中の「誘惑」を逃れて飛び出したところで、カナイはガナシーとハイビーがマジムンたちと闘っているところに出くわす。慌ててマブヤーに変身したカナイが加勢し、最後はガナシーのカンナイヤーチューでオニヒトデービルとクーバーたちは吹っ飛んで行く。観念したマングーチュはマブイストーンをマブヤーに手渡し、これで無事モアイの伝統が沖縄に戻って来る。

第六話
「三時茶《さんじちゃー》のマブイストーンがデージなってる！」

黙々と洗い物をするクレア。どうも様子がおかしい。原因はカナイの就職先であるウミツキエコサービス社の秘書ルナ（じつはミノカサーゴ）である。わざとカナイに色目を使って、クレアとの仲を悪くしようという魂胆が見え見えだ。しかし、そうとは知らないクレアはまんまとひっかかってしまう。当然、カナイも罪の意識はない。そして、この日の朝もルナが家まで迎えに来る。出がけルナはカナイと腕を組もうとするが、カナイはそれをうまくかわす。

その光景を見ていたクレアの嫉妬はもはや頂点に達し、ここで「クレアビジョン」が登場する。クレア自身の解説によれば、クレアビジョンとは「ある特有の感情にクレアが支配されたとき、目の前の現実を彼女の都合に合わせてゆがめることができる必殺技」だそうだ。これまたお笑いであるが、嫉妬や妬みといった人間の心理を見事に突いている点で感心する。もはや、『琉神マブヤー』は民俗学領域のみならず、心理学の領域にも足を踏み入れたか、と思わず膝を叩いてしまう。

相変わらずカグラのマブイは戻って来ないなか、カナイはウミツキエコサービスの社員としての一歩を踏み出す。出社したカナ

「説明しよう！」とワイプで登場して、これまでのシリーズでは見せたことのない楽しそうな表情で「クレアビジョン」について解説するクレア。

イを待っていたのが、朝のラジオ体操ならぬマジムン体操。カナイはマジムンという言葉に反応するが、社長の海月ゲンイチ（じつはハブクラーゲン）は慌ててごまかす。そして、カナイは大量の書類をパソコンに打ち込む仕事を任される。カナイの張り切りとは裏腹に、Rの文字も探せない仕事の遅さはふたたび笑いを誘う。

場面は、通りでハブクラとミノカサを探すマジムン軍団。リーダー役にはなりたくないと不平を言うマングーチュの目の前に突如出現する「三時茶（さんじちゃー）」のマブイストーン。また沖縄の文化的精神がひとつがマジムンたちによって奪われてしまった。三時茶とは、農作業などの途中に挟むお茶休憩のこと。くるじゃーたー（黒砂糖）や果物などが一緒に出ることが多く、サトウキビ畑等での重労働から心身ともに癒す効果があると同時に、共同作業であるユイマール[6]の精神をさらに高める役割をも果たしている。

しかし、マブイストーンが奪われた途端、忙しい農作業の合間に心地よい一服をはさもうとしていた農家の青年たちは「早く働け！」と怒鳴られすぐさま畑へと慌てて散っていく。ウミツキエコサービスでの初仕事にいそしむカナイはこのことに気づき、トイレと称してマジムンたちのもとへと会社を飛び出していくのだが、ハブクラとミノカサは当然承知の上だ。

ときを同じくして、カグラのマブイを奪ったのがマジムンたちだと思い込んでいるニライは、マングーチュやオニヒトデービル、そしてクーバーたちに怒りを爆発させる。ところが、マングーチュたちはカグラの件については一切知らされていないので、ニライのそこまでの怒りの意味がわからずに当惑する。カグラのマブイ奪取はミノカサーゴの対ガナシー秘策だったからだ。しかし、いつもの通りに闘いは続き、途中カナイを追いかけてやってきたハブクラ（ここでは社長の姿ではない）が参戦するも、ミノカサの姿はない。

カグラのマブイがミノカサーゴに奪われた件は未解決のままではあるものの、いつものようにマジムンたちはマブヤーたちのヤーチューによって吹っ飛ばされ、三時茶のマブイストーンは無事取り返される。

サトウキビ畑にふたたび元気な声がよみがえる。「三時ちゃーがないと作業がはかどらないわけよ」「やっぱりよ〜、三時ちゃーがいちばん！　うん！　はっはっは」。

今回も無事またひとつ沖縄の文化が守られた一方で、カナイたちはますます複雑な状況に追い込まれていく。会社から戻ると、クレアが書置きを残して実家に帰っていたからだ。カグラのマブ

6　沖縄における労働力交換の習慣。イーマールーともいう。直訳すれば、結い回りである。したがって、用語や習慣は日本「本土」と共通のものである『沖縄民俗辞典』、p.533）。このあとの第十話がそのユイマールを題材にした「ユイマールのマブイストーンがデージなってる!-」である。

イが奪われて苦しむニライと、クレアが出て行ったことに悩むカナイ。いままでにない心理攻撃にマブヤーとガナシーは追い込まれていく。

第七話
「ニライがデージなってる！〈前編〉」

そんなミノカサーゴとハブクラーゲンの単独行動に不信感をつのらせるマングーチュと手下たち。真相を知ろうとハブクラの後をつけるが、ハブクラは途中で社長に変身する。ところが、マングーチュたちにはハブクラであることを信じてもらえない。追いかけられ汗だくになって会社に逃げ込んだ社長（じつはハブクラ）は、「クモとオニヒトデとマングースみたいなのに追いかけられた」といいながらカナイを連れて外回りに出かけて行く。

そして、着いたのが、なんと浜辺の海岸。メガホンを手にハブクラ社長が叫ぶ。

「青い海を返せ！　海岸をこれ以上埋め立てるなー！」

「ゴミはちゃんとおうちに持ち帰れ！」

ここでそもそもなぜマジムンたちがマブイストーンを奪って人間に悪さをするかという問いに立ち返ってみよう。そう、基本的に彼らは人間の都合と欲望による身勝手な自然破壊の被害者という立場にある。沖縄の自然を壊そうとする人間を懲らしめようとして立ち現れたわけである。したがって、ハブクラの主張はそれを基盤としたものであることはまちがいない。しかし、この言葉の裏に沖縄の米軍基地開発による自然破壊をも想起せずにいられないのは筆者だけではないはずだ。

日常的に当たり前のことを当たり前に言っているだけであるのに、それが政治的な皮肉として響くところに沖縄が置かれている立場の異常さがある。自然を守るのは人間としての当然の務めであるにもかかわらず、それが果たされていない異常さ。それを国家権力が国民に強いているという異常さ。同胞の暮らす自然への破壊に無関心な国民の異常さ。マブヤーのこのストーリーが意図しているかいないかに拘《かかわ》らず、ハブクラ社長の浜辺の主張はしっかりとその異常性に対する叫びとして受け止めることができるのだ。

浜辺の帰り、森のなかでカナイと社長はマングーチュたちにつかまる。社長が自分たちの姿を見たから懲らしめるために待っていたというのだ。そして、ここでふたたびマブヤー史上あり得なかったことが起こる。マブヤーがハブクラーゲン、いやカナイが社長の身を守るためにマジムン軍団と闘うのである。クーバーに散々張り手されて気を失ったハブクラ社長の横で、カナイはマブヤーに変身して軍団をやっつける。

場面変わって、ガナシーとハイビーが道を歩いていると、ミノ

息子カグラのマブイが焼き尽くされそうになるのを眼前にしてニライの怒りと憎しみが頂点に達したとき、ニライから“黒いガナシー”が分離して現れる。俳優の表情と画面構成が緊張感をつくり出している素晴らしいカット。

カサーゴが二人を待ち受けていた。手にはカグラのマブイが入った壺。怒りに震えるガナシーはカグラのマブイを返せとミノカサに迫る。このやり取りのなかで、ミノカサがなぜカグラのマブイを奪ったかの片鱗が明かされる。どうやらそれは、ニライに「憎しみのパワー」を解き放たてさせるためらしい。ハイビーの制止もむなしく、カグラのマブイを守りたい一心でガナシーのミノカサーゴへの憎しみのパワーは限界を超えてしまう。そして、次の瞬間、ニライのからだを抜け出した憎しみのパワーはとんでもない恐ろしい存在をこの世に導き出すのだった。

第八話
「ニライがデージなってる！〈中編〉」

ニライのからだを抜け出した憎しみのパワーが創りだした邪悪な存在であるもう一人のガナシー。ニライ自身をも締め上げて気絶させ、ミノカサーゴに命ぜられるがままマブヤーのもとへと迫っていく。

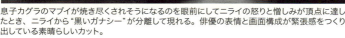

マジムンとの闘いが続き、ハブクラ社長がマングーチュにとらわれるなか、ひょっこり現れたガナシーにマブヤーは助っ人を求める。ところが、それは憎しみのパワーに満ちたもう一人の邪悪な黒い「ブラックガナシー」だった。様子のおかしいガナシーに気づくも、そのパワーの前にマブヤーは手も足も出ない。マジムンたち共々逃げ回るマブヤーとハブクラ社長。

マブヤーがブラックガナシーと闘っている間、ミノカサーゴはカグラのマブイを通してカグラに話しかける。ニライの憎しみのパワーを解き放したことでもはやカグラのマブイは用済み、だからマブイ洞に連れて行くという。ひとつ気になるのは、このときにミノカサが口にする「自分がしたことを思い出すがいい！」という言葉。どうやらカグラがミノカサーゴ、もしくはその周辺に対して何かをしたらしい。しかし、カグラには思い当たるところがない。そうこうしている間に、これまで断片的だった母親ナミ

「ガナシーがアッポー（頭がおかしく）なってる〜！」とマジムンたちが逃げ出すなか、ブラックガナシーはその尋常ならざる怪力でマブヤーの首を片手でつかんで持ち上げる。

とカグラのテレパシーがついに途切れずに交信できるようになる。そして、判明したマブイ洞という場所。ナミはあわてて外へ飛び出していく。

ちょうどその頃、ハイビーは道端で気を失っているニライに張り手をかましていた。そして、目を覚ましたにもかかわらず、さらに両手による激しい張り手の連続。パチンパチンと大きな音が響くなか、ニライは「起きてるよなっ！　目開いてるよな！　気づいてるよね……起きてるよね……」と、こんなところでまたシャープなギャグを炸裂させる。同時にナミからの交信が入り、ニライもまたハイビーの案内でマブイ洞に向かう。

一方、ブラックガナシーとの闘いを続けていたマブヤーだったが、ついに倒されてマブヤーはカナイの姿に戻ってしまう。心配してカナイのもとへと駆け寄るマングーチュ。そして、マブヤーに代わってブラックガナシーに応戦するオニヒトデービルたち。そうでなくとも敵に思えないマジムンたちへの親近感がますます募るシーンだ。しかし、ブラックガナシーの力はすさまじく、オニヒトとクーバーたちはやられてしまう。そこへ現れたのが、いままで社長の姿をしていたハブクラーゲン。その変身に驚きつつ、オニヒトたちは力を合わせてブラックガナシーにふたたび立ち向かう。

第九話
「ニライがデージなってる！〈後編〉」

マブイ洞とはマブイグミ[7]してもらえずにさまよっている迷子のマブイが集められた場所だとハイビーは説明する。そして、一度マブイ洞に入ってしまったマブイは二度と戻って来られない、と先を急ぐニライとハイビー。

その頃、マジムンたちとブラックガナシーの闘いはまだ続いていた。まったく倒れる気配のないブラックガナシーに手を焼くハブクラーゲンたち。その肩をかすめてティーダヤーチューが飛んでくる。気絶していたカナイが目を覚ましてふたたびマブヤーに変身したのだ。吹っ飛んでいくブラックガナシーに止めを刺すべく、ハブクラとマブヤーは結託して後を追う。

マブヤーとマジムン軍団の共同戦線。これぞウチナーンチュのマブヤーファン必見の安らぎの画であろう。いや、それだけではない。彼らが相手にしているのはガナシーではなくブラックガナ

7　第1章第二話「マブヤー誕生でデージなってる!」の項を参照のこと。

シー、つまり人のなかにある憎しみの偶像である。つまり、誰のこころにも潜んでいるこの邪悪な要素に戦いを挑んでいるわけだ。それだけでもう崇高ではないか。ここにもまた、ニライカナイが象徴する琉神マブヤーシリーズの重要なテーマの「善と悪の表裏一体性」[8]がにじみ出ている。

場面変わって森のなか。ついにナミがカグラのマブイの入った壺を手にマブイ洞へ向かうミノカサーゴに対峙する。そして、久しぶりに凰神カナミーに変身するのである。カグラのマブイを取り戻そうと必死のカナミーに向かって、ふたたびミノカサは気になることを言う。「カナミー、あなたになら私の気持ちがわかるかもしれない」。どういう意味かわからないまま、カナミーはパンチを食らわし、カグラのマブイの入った壺をミノカサから取り上げる。窮地に陥ったミノカサーゴはテレパシーでブラックガナシーを呼ぶ。

呼ばれたことでブラックガナシーはマブヤーたちの前から忽然と姿を消し、ミノカサたちの前に現われる。ブラックガナシーに首を締め上げられるカナミー。カグラのマブイの入った壺はふたたびミノカサの手に。

ブラックガナシーがカナミーにとどめを刺そうとしたそのとき、本物のガナシー、ナミの夫でカグラの父のニライが現れる。「あいつは俺の一部だ。あいつを倒せるのは俺しかいない」と告げて、ニライは自分のこころに巣食う憎しみの要素と対決する。互いにカンナイヤーチューを放つも、あろうことか、ブラックガナシーのパワーの方が勝ってしまう。そのとき聞こえてきたのがカグラとナミの声。その声に後押しされるようにガナシーは再び起き上がり、まばゆいばかりの光の渦に包まれる。そのまぶしさに狼狽するブラックガナシー。ガナシーは言う。

「お前は……俺だ。憎しみの力は強い。だが、今の俺はそれを受け入れて許すことができる。お前は……俺だ。お前は俺の憎しみだが俺の一部であることにかわりはない。だからお前がいないと俺は俺じゃない。あんしわじらんけ（そんなに怒るなよ）」

そして、ブラックガナシーにそっと手を差し出す。応じるブラックガナシー。ふたりが手をつないだ瞬間、ブラックガナシーはガナシーのなかへ吸い込まれるようにして消える。

このくだりは感動的である。とくに「あんしわじらんけ」という言葉がけ。じつは『1（ティーチ）』でも、同じ言葉をマブヤーがオニヒトデービルに対して使っている。「そんなに怒るなよ」。これは相手を優しさで包み込む物言いだ。人間のなかにある優し

8　善か悪かではなく、人は善悪の混ざったもの、つまり善と悪の協調をベースに人間は存在するという考えを基盤としたヒーローもの、それが『琉神マブヤー』だという筆者の持論。詳細については第1章第一節の冒頭を参照。

さと憎しみのこころ。それらが共存するなかで人は存在し、ときに自制し、ときにさらけ出すことを営みとする。それが生きるということだとこの場面は語りかける。沖縄の伝統文化が培った哲学が、こんなところにもにじみ出ているのである。

　さて、カグラのマブイを納めようとマブイ洞に着いたミノカサーゴの前に、番人であるひとりの老婆が現れる。[9] ウチナーグチで何をしに来たかと尋ねる番人に、さまよえるマブイだとしてカグラのマブイを手渡すミノカサ。そこへ駆けつけたカナミーとガナシー。自分たちの子どものマブイなので返してほしいと懇願する。老婆はふたりのマブイと引き換えにカグラのマブイを返すと答える。ためらいなくマブイを差し出すナミとニライ。親が子を思う愛情の強さはところを選ばないが、オジーやオバァを思いやり、親戚一同の絆、家族の絆、仲間同士の結びつきを大切にする沖縄であればなおさらだ。

　気を失って動かなくなったふたりの前で必死に呼びかけるハイビーに、老婆は「この子のマブイはここへ来るべきではない」と言ってカグラのマブイを返す、と同時に、「ふたりで仲良く育てなさい」とナミとニライのマブイも返してくれるのだった。そう、マブイ洞の番人の老婆はふたりの親としての愛の強さを試したのだ。そして、それが本物であることを確かめてからマブイを返したのである。

　こうして無事マブイは取り返され、カグラは元気を取り戻した。でも、これはガナシーとカナミーという超人ヒーローの活躍によるものではなく、ニライとナミというごく普通の父と母のわが子を想う愛の力によるものなのだ。言い換えれば、すべての親はヒーローと同じく、いや、それ以上に活躍できる強い愛の力をもっていることを、このストーリーは暗示しているのである。

第十話　「ユイマールのマブイストーンがデージなってる！」

　すっかり元気になったカグラがニライの手伝いをしている。とはいえ、運んでいるふりをして怠けているので、ウーマクー（わんぱく）なところはちっとも変っていない。そこへオバァが恋人のトムとふたりで手伝いにやってくる。感謝するナミに向かって、オバァは言う。「ゆいまーる、[10] ゆいまーる」。しかし、カグラには意味がわからない。「お互い助け合いましょうね」という意味だと

9　このマブイ洞の番人の役を演じているのが、夏川りみ等に広くカバーされている名曲「童神（わらびがみ）」の作者で元ネーネーズの古謝（こじゃ）美佐子（1954～　）。彼女のウチナーグチの優しい響きがいかにもマブイ洞の番人としての雰囲気を醸し出している。中頭郡嘉手納町生まれ。

10　詳しくは、第1章第四節第十話「カチャーシーのマブイストーンがデージなってる」を参照のこと。

ナミは優しく教えてあげる。そんななか、カナイが来ていないのを不審がるオバァであった。

その頃カナイはクレアのいないアパートで味気ない朝食のトーストをかじっていた。そして、慌てて後片付けをしようとしてふたりで作った思い出の皿、名づけて「クレアとカナイのゆいまーるディッシュ（皿）」を割ってしまう。ミノカサに仕組まれたクレアとカナイの夫婦間の危機にさらに追い打ちをかける事態だ。しかし、そのことを他の連中は知らない。

コミュニティーセンターで大掃除に精を出すオバァやカグラだったが、突然「やめた」と言ってどこかへ行ってしまう。そう、「ユイマール」のマブイストーンをマジムンたちが奪ったのだ。異変に気づいたニライは奪われたことを知らせに駆けつけたハイビーと一緒にマジムンたちのもとへと急いで向かう。一方、壊れた皿と同じものを作ろうと久しぶりに師匠のもと、つまりクレアの実家を訪れたカナイだったが、マブヤーとなって駆け付ける。

ここでいつものように闘いが始まるかと思いきや、今回は少し趣向が違う。ハブクラーゲンの提案で二人三脚ならぬ「三人四脚」での勝負。ハブクラとオニヒトとクーバー、そしてマブヤーとガナシーとハイビー。理由は今回のマブイストーン、つまりユイマールといえば共同作業と助け合い精神だからだと、ハブクラは説明する。マジムンらしからぬ真面目な解釈に思わず感心してしまう。ところが、やはりそこはマジムンで、期待は裏切らない。スタートの合図と同時に足紐をはずし、さっさと駆け出していく。「インチキ」だというハイビーの叫びがむなしく響く。しかし、直後余裕綽々だったハブクラたちに異変が起きる。オニヒトデービルは途中に置いてあった水を飲みたいとわがままを言い、クーバーは足がつったと苦しみだす。もうちょっとだと励ますハブクラ自身も、突然現れた健康美人にたじたじで戦意喪失。その横をきちんと足を結

三人四脚競走で、インチキな手を使いながらも最後にはお約束どおり自滅したマジムン軍団と、彼らを尻目にゴールインするマブヤー・ハイビー・ガナシーのトリオ。

んだままのマブヤーたちがユイマールの精神で息を合わせて見事ゴールする。無事ユイマールのマブイストーンをゲットしたマブヤーたちを遠目に、悔しさをにじませながらもハブクラ親方の何気ない一言が見事な演出となって効果を醸し出す。

「やっぱりチームワークって大事だな」

マジムンすらも認めるユイマール精神の大事さ。三人四脚というひじょうにわかりやすいたとえで、もはや家族親戚総出で農作業にいそしむような機会が少なくなった沖縄の子どもたちは、きっとウチナー文化の大切さを感じることができたはずだ。カグラもそのひとり、マブイストーンの奪還とともに大掃除に戻って来て、「みんなで掃除するのは楽しい」と笑顔を振りまく。

しかし、工房には笑顔のない男がひとり。割れた皿の横でカナイが真剣に皿作りに精を出している。その姿を陰からじっと見つめるクレア。二人の関係はまだ修復されないままだ。

第十一話 「メンソーレのマブイストーンがデージなってる!」

森のなかでマジムンたちの話が盛り上がっている。どうやってハブクラーゲンは人間に変身したのか、その方法を教えてほしい、と。ハブクラは全員を整列させ、やり方を伝授しようとするが何度やっても変身できない。ハブクラ自身もなぜか変身できなくなっていたのだった。異変は他にも起きていた。カナイの会社が閉まっていたのだ。意味のわからないまま、カナイはニライとハイビーと一緒にオバァの店にお茶をしに向かう。

人間に変身できなかったマングーチュたちがハブクラに向かってブツブツ文句を言いながら通りを歩いていると、家の塀の隙間にマブイストーンがはさまっていた。今回のマブイストーンは「メンソーレ」のマブイストーン。

途端にまたまた沖縄はおかしくなる。さっきまで本土からの観光客たちに優しくしていたオバァが急によそよそしくなり、追い返してしまう。その光景を見てすぐにマジムンの仕業と気づいたマブヤーたちが「観光客が減るだろ!」というニライのお約束のギャグの一言とともに変身し、ハブクラたちのもとへと駆けつける。今回はマブヤーたちが来ることをあらかじめわかったうえで広場で待ち受けるマジムンたち。もはや緊張感も何もない。しかし、この後のハブクラのメンソーレのマブイストーンについての口上は、シリーズ最初のハブデービルのそれを彷彿させる。つまり、メンソーレの意味がきちんと解説されているのだ。

「このマブイストーンが無くなってしまえば、ウチナーン

チュはおもてなしの心を忘れてしまう。そんな沖縄には誰も来なくなるぜー！」

そして、それを受けるようにガナシーが沖縄には世界に誇れる良いところがたくさんあると言い、マブヤーが見せたいからついて来いとマジムンたちを誘う。

そして、着いたのが、あの「美《ちゅ》ら海水族館」の巨大水槽の前。ジンベエザメやマンタが悠々と泳いでいる。ここでガナシーの解説が入る。「美ら海水族館は沖縄の海を丸ごと体感できるんだぜ！」。そして、ハブクラのこの返し。「ちくしょー、人間のくせにいいとこ作るじゃねえか！」。少し闘ってからマブヤーはふたたびマジムンたちを次の場所へと連れて行く。そこは「北谷《ちゃたん》のアメリカンビレッジ」、大きな観覧車の前だ。シニハゴー（とっても汚い）だと言うハブクラの横で、乙女心がくすぐられるほどおしゃれなところだと喜ぶマングーチュ。

この後もマブヤーたちによるマジムン連れ

「美ら海水族館」の巨大水槽の前で戦うマブヤーたち。しかし、目の前を悠々と泳ぐジンベエザメやマンタに、戦いなんかそっちのけで見とれるハブクラーゲンとマングーチュそれにハイビー。

回しはさらに続き、今度は沖縄の顔ともいうべき「守礼門」。琉球王朝時代の城「首里城」の門のひとつだとマブヤーが説明する。そしてこの後、ガナシーのさらに詳しい歴史的解説が入る。「残念ながら守礼門は沖縄戦で焼失し、1958年に再建されたんだぜ」。これに対して、「人間どもも頑張っている」と言いつつ、クーバーたちに闘いを急かすハブクラーゲン。

「いいところのあるそんな沖縄をたくさんの人に見てもらいたいだろ？」と説得するも、メンソーレのマブイストーンを返そうとしないハブクラーゲンにマブヤーのスーパーメーゴーサーが炸裂、マブイストーンは無事取り戻され、マジムンたちは逃げていく。

マブイストーンが帰ってきたことで平常を取り戻した沖縄。オバァの店にも観光客が戻ってきて、お茶やお菓子を振る舞うオバァとトムの表情も明るい。

さて、明るさを取り戻すと言えば、いま一番そうしたいのはカナイのはずである。クレアとの関係が気まずくなったままのカナイ。マジムンたちとの闘いがすんで、再び皿作りのために工房を訪れたカナイをクレアが外へと連れ出す。そして、工房を訪ねてきたひとりの男がカナイのヤチムン（焼き物）をさわやかな風のようだと褒めて帰っていったことを伝える。ヤチムンを作っているときのカナイがいちばん素敵だと気づいたクレア、ふたりの会話のなかでクレアビジョンが創り出していた誤解も解け、ふたたびふたりは夫婦としての絆を取り戻すのだった。

第十二話

「ショーガチのマブイストーンがデージなってる！（前編）」

夫婦仲も元通りになり、カナイを会社へと送り出すクレア。カナイの手には「退職願」が握られている。「きっぱり辞めて、またヤチムンをやる」というカナイをクレアは優しく送り出す。ところが、会社に着いたカナイは、「ウミツキエコサービスは閉鎖いたしました。あしからず　海月ゲンイチ」というドアの貼り紙を見て驚愕する。

ところ変わって森のなか、ハブクラーゲンたちが今年の総括をしている。[12] そこへ現れたのが、カグラのマブイ作戦失敗のあと、しばらく姿を消していたミノカサーゴ。とくに悪びれるでも落ち込むでもなく、すでに次の作戦を考えていると不気味な笑みをもらす。

そして、ときは大晦日。

カナイ夫婦と岩次郎がニライの家での年越しパーティーに向かっている頃、マジムンたちもまた森で年越しパーティーの相談をしている。そこへ割って入ったミノカサーゴの手には、「ショーガチ（正月）」のマブイストーンが握られている。これでウチナーンチュは無事に正月を迎えることができなくなる、真夜中の0時を過ぎれば何が起こるかわかると自信たっぷりだ。直後、始まるハブクラーゲンの年末恒例の獅子舞。大はしゃぎするハブクラとは裏腹に、その獅子舞のあまりの雑な出来栄えにあきれ返るマングーチュであった。

時間は経ち、いよいよ年が明けようとする真夜中近く、ニライ家での年越しパーティーが盛り上がりを見せている。一方のハブクラたちは、外で火を焚きながら今度は「マジムン第九」を歌い、いよいよカウントダウンを待つことに。人間界もマジムン界も時間は共有されているので、カウントダウンももちろん同時に進行する。十から順に数え、いよいよ三、二、一となったとき、異変

11　この役は中尾彬（1942〜　）が演じている。住まいは東京だが、陶芸のアトリエを沖縄に構えていることがおそらく出演のきっかけであろう。千葉県木更津市出身。

12　これは暮れも押し迫った2013年12月21日に放送されたもの。したがって、年末のお話となっている。

が起きる。大晦日の昼間にふたたび逆戻りしてしまうのである。そして、皆が同じことを繰り返すのだ。ハブクラたちは獅子舞を踊って第九を歌い、カナイらはニライ家のパーティーで盛り上がる。そして、ふたたび一斉のカウントダウン。と、また時間が逆戻り。ハブクラが三度目の獅子舞に興じているとき、やっとマングーチュが異変に気づく。

ここでいままでとはまったく質的に異なる状況が起きていることがわかる。それはマジムンもまたマブイストーンが無くなったことの影響を受けているという点だ。これまではマジムン対マブヤーという単純な二項対立のなかで、マブイストーンが奪われることによって沖縄の文化習慣が変容したりし消失したりして、困るのはウチナーンチュ、つまり人間だけだったのに、今回は共有する時間の経過そのものを奪われてしまったがために、マジムンたちまでもがその影響下に置かれてしまったわけである。

こうしてみても、やはり突然現れたミノカサーゴはマジムン軍団とは一線を画す正体不明の存在であることがわかる。そして、気になるのはカグラのマブイを奪ったときに母親のナミに対して口走った「あなたになら私の気持ちがわかるかもしれない」という言葉の意味。文脈から察すれば、自分の子どもが何らかの不幸な目に遭わされたと解釈するのが自然だろうが、そこはまだ謎のままである。

年越しのカウントダウンを前に、「マジムン第九」を歌うハブクラーゲンたち。歌詞はドイツ語ではなくウチナーグチ(というよりマジムン語?)。

それにしてもここで強く感じるのは、マジムンへの親近感だ。シリーズ中もっとも縮まっていると言ってもいいだろう。ちょっと強面に変身してはマブヤーと闘ってきたハブクラーゲンが年を越せないことを嘆く姿や、マブヤーを愛しく思う気持ちをもはや包み隠さないマングーチュの態度は、ミノカサーゴを間に挟むことでマジムンたちへの親近感をよりいっそう増幅させる。これをしても、やはり「善と悪の表裏一体性」こそがマブヤーシリーズの重要なテーマに違いないとさらに確信を深くするばかりだ。

異変に気づいてマジムンたちのもとへ駆けつけたマブヤーとガナシー。いつものように闘いが始まる。ハブクラお得意の砂かけ爆弾をお見舞いしようとしたそのとき、男子たちを注意する女子たちの声がハモる。「こんなことしてる場合じゃないでしょ!」このハイビーとマングーチュの声を合図にするかのように、バッが悪そうにシュンとして闘いをやめるマブヤーらとハブクラたち。ズバリ、その光景は小学生の男子らが石投げをしてけんかを始めようとしたところを女子にたしなめられたそれに重なる。しっかりした女子に、しっかりしていない男子。児童の世界そのままである。

第十三話「ショーガチのマブイストーンがデージなってる！（後編）」

ミノカサーゴが正月のマブイストーンを奪ったこと、それによって皆が時間のなかに閉じ込められていることが、ハイビーとマングーチュの口から語られる。そして、そこへ登場する張本人のミノカサーゴ。当然ながら、マジムンたちからも非難を浴びる。しかし、ミノカサは「こんな世界など朽ち果ててしまえばいい！」と毒のある言葉を吐き続ける。そして、誰もがずっと気になっているであろうことをガナシーが口にする。

「なんでそんなにおれたちを憎む？」

ここで初めてミノカサの憎しみの原因が判明する。ミノカサは言う。

「それはおまえの息子のせいだ！」

「去年の夏を思い出すがいい！」

聞けば、去年の夏、海から小さなミノカサゴ（魚）をカグラが家に持って帰って殺してしまった、それがミノカサの子どもだったというのだ。やはり、思った通りであった。カグラのマブイを奪った理由はわが子の復讐だったわけだ。「それはちがう」と必死に言い返すガナシー。何か事情がありそうである。

その頃、マブヤーはガナシーたちのもとを離れ、ハイビーに連れられて森の大主《うふぬし》に会っていた。そして、懐かしのマヤ[13]（今回は肥ったオバサンバージョン）とクイナ[14]が登場！　そして、いきなりマヤのギャグ炸裂。「だからよー、私も頑張ってるんだけどね。なかなかやせないのよね。あいっ！　気をつけてよ！　そのうちあんたたちもよ！……って言ってる場合じゃないよー！」。そうこう言いながら、森の大主は沖縄の時間をつかさどる神である「時間《トゥチ》の大君《うふきみ》」を呼び出し、時間に閉じ込められている沖縄をもとに戻してくれるようにお願いするのである。

一方、カグラが自分の子どもを殺したことを突き付けられたガナシーはミノカサーゴと対峙する。ここでカグラが海岸で一匹のミノカサゴを網ですくう回想シーン。悲痛なミノカサーゴの叫びが響く。あちこちと子どもを探して回るミノカサに、やがて宿った人間への憎しみの力。これはブラックガナシーを生み出したあ

13『3』でハブデービルに完敗して修行に出たカナイに同行しアドバイスするイリオモテヤマネコの妖精。肥ったオバサンバージョンを演じているのは、沖縄を代表するお笑いコンビ「泉&やよい」の喜舎場泉。登場場面では必ずキレのいいギャグが炸裂する。

14『1972レジェンド』でマブヤーをサポートするヤンバルクイナの妖精として登場。演じているのは棚原里帆。

の憎悪の源と同じものである。

　しかし、それは誤解であった。ふたたび、海岸での回想シーン。今度はカグラたち親子三人が一緒だ。さっき獲って帰ったミノカサゴを海を返しにやってきたのである。「せっかく獲ったのに」と嫌そうにため息をつくカグラにナミは言う。「このミノカサゴは小さい子供だからお母さん探しているはずよ」。そして、ニライ。「カグラも父ちゃんと母ちゃんがいなくなったらイヤだろ？」。納得して海へとミノカサゴの子どもを返してやるカグラ。この話に、どうやらミノカサの誤解は解けたようだ。

　ふたたび場面は森のなか、大主が後は任せたと言って消えたあと、時間《トゥチ》の大君がその力でマブヤーとハイビーを過去へとタイムスリップさせることに。ただし、タイムスリップできる時間には制限があるので急がないといけない。海岸へと急ぐふたり。そして、そこで出会うのがカナイの師匠である、「やさ」が口癖のあの懐かしのオジーである。こうなると、シリーズキャスト総出演による豪華キャスティングということになる。普久原明[15]演じるところのオジーは、相変わらずキレもいいし味もある。

タイムスリップしたマブヤーとハイビーを、時空の向こう側から覗き込むマヤ、トゥチの大君、クイナ。オジーを見つけたマヤは「でーじ久しぶり～！」と叫ぶが、かつての若い頃のオジー（『1972レジェンド』の朝基）しか知らないクイナは、「オジーって、まさか……あい！　でーじ老けてる！」と驚く。

　オジーとの再会を喜んでいるところへ、過去のミノカサーゴが「正月（ショーガチ）」のマブイストーンを持って現れる。時間がないと焦るマブヤーたちに助っ人するオジー。空手の達人のオジーはあっという間にマブイストーンをミノカサの手から奪い取りマブヤーに渡す。そして、タイムリミット。オジーに礼を言い、現在へと帰ってくるマブヤーたち。その瞬間、現在のミノカサーゴが手にしていたマブイストーンは光となって消える。

　時を同じくして、聞こえてくるミノカサの子どもの声。「お母さん、ボクはここだよ。海の中でずっとお母さんを探しているんだ。お母さんどこ？」どうしてもっと早く呼んでくれなかったのかと悔やむミノカサーゴに、それは憎しみと怒りが目と耳をくもらせていたからだとガナシー。そして、その憎しみと怒りが消ええつつある今、ようやく子どもの声

15　普久原原明はなんと、カグラ役の普久原一生および少年ガニー役（『3』）の普久原男（ダン）の父。なお、シリーズ全体としては第3章を参照のこと。

が聞こえるようになったのだと、ミノカサの肩を叩いて子どものところへ早く行くようなかす。

こうして無事時の流れを取り戻した沖縄は、いつも通りの大晦日を迎える。三度、いや四度目のあの場面、カナイ夫婦に岩次郎、そしてオバァたちがニライ家での年越しパーティーで盛り上がっている。そこへ現れたのがオジー。カナイの師匠かつ初代マブヤーである朝基[16]その人である。

そして始まるカウントダウン。ニライ家と、外で火を焚くマジムン軍団とハイビー。みんな同時に無事新年を迎えることができたのだった。安心したようにほのぼのと外を眺めるカナイとニライ。そこにはこちらに手を振る森の大主はじめ、時間《トゥチ》の大君、マヤ、クイナの懐かしい姿が。いい感じにエンディングテーマが始まり、ここで終わるはずが……。

カグラがニライにたずねる。「父ちゃん、あの人たち誰？」。

「お前！　見えるのか？」驚くニライ、カナイ、

手刀であっさりとミノカサーゴからショーガチのマブイストーンを奪い返すオジー。

ナミ。やはりカグラにはその能力が備わっていた、というオチである。

薄々はわかっていたカグラのこの能力。これをシリーズ第四弾の最後に持ってきたというのは、このあとのマブヤー『5（イチチ）』への橋渡しではないかとも勘ぐってしまうが、人の絆や親子の情、自然の神秘や力を最大限に重視してきた沖縄の「見えないものの価値を見る」という素晴らしい伝統を象徴しているととらえることもできるだろう。

マジムン対人間という構図でも、また悪対善という構図でもない、それらが混ざり合ったチャンプルーな哲学。顕示的、顕在的な合理主義ではとても解き明かせないその構造を、沖縄はだれかれとなく守りつづけていることを、将来を担うカグラにまるで託すかのような、そんな象徴的な終わり方である。

16　詳しくは第4章『1972レジェンド』を参照のこと。

ローカルヒーロー番組は立ち上げること自体が奇跡に近い。
それを大成功のうちに成し遂げたプロデューサーが、その栄光と喜び、戸惑いと後悔を語る。

7年間の「マブヤー狂騒曲」を回顧する

聞き手◉樫辺 勒

インタビュー

古谷野《こやの》 裕一《ゆういち》

1967年神戸市出身。『琉神マブヤー』の立ち上げからプロデューサーを務め、全シリーズに関わる。それ以外のプロデュース作品として、『沖縄オバァ烈伝』（ＹＴＶ、2005年）、映画『琉神マブヤー THE MOVIE 七つのマブイ』（日本、2011年）、『RYUJIN JUWARA』（マレーシア、2014年）、『Ku tinggalkan Cinta di Okinawa』（マレーシア、2015年）がある。

——番組立ち上げの経緯を教えてください。

古谷野裕一（以下、古谷野）「美《ちゅ》ら島戦隊ウチナーンジャー」というのをご存知ですか？　これは元々、２００６年に本土のメーカーが「全国各地にご当地戦隊を」と呼びかけた企画がありまして、沖縄でお土産グッズを販売している南西産業の代表で、沖縄発のキャラクターグッズを作りたいと考えていた畠中敏成さんが、それに応じて誕生したものです。

——それが沖縄で最初のご当地ヒーローですか？

古谷野　いちおうＮＨＫ発のヒーローというかキャラクターで「ゴーヤーマン」というのがありますけど（笑）。ただ「ウチナーンジャー」はキャラクターの設定とデザインが出来ている程度で、別に映像化された訳ではありませんでしたし、仮にそうした展開を望んだところで、そのままの名前とフォーマットでは正直厳しかった。そこで畠中さんが「本格的な沖縄のオリジナル・ヒーローを創りたい、いっそのことリアルに動いている沖縄のヒーローを見たい」と一念発起されて、「笑築過激団」の座長で現在沖縄県議会議員を務める玉城満さんに相談しました。私もその時からの参加です。それが２００７年の暮れで、その時にはもう「琉神マブヤー」というネーミングが誕生しています。名付け親は玉城さんですね。「沖縄の文化を紹介する」「敵を懲らしめるが、殺さない」「いたるところに笑いがある」といった番組の基本コンセプトは、この時点でもう決まっていました。あとは、どうやって作ればできるのか、どうやってそのお金を集めるかだけ（笑）。

——いや、そこが一番大変なところですよ（笑）。

◉『アンパンマン』の実写化

古谷野　そして翌２００８年の３月には「マブヤープロジェクト」が始動しました。ヒーローものを制作するノウハウはまるでなかったので、ご当地ヒーローの先輩にあたる秋田のローカルヒーロー『超神ネイガー』の産みの親である海老名保さんに助言と協力をいただきました。シーサーをモチーフにしたマブヤーのマスクをデザイン・造型したのも、海老名さんです。そしてその3カ月後の6月には、制作発表の記者会見に漕ぎ着けました。7月にはテレビに先駆けてヒーローショーが始まり、そして10月にテレビ放送が始まっています。最初は毎週土曜日の早朝6時45分からの15分枠で、年明けの２００９年1月から深夜枠で再放送されました。

——プロジェクトが始動して半年後には放映開始とは、驚くほど早い展開ですね！

古谷野　ええ、全然「ウチナータイム」じゃない（笑）。実は私自身は沖縄出身ではなくて神戸出身で、沖縄へは単身赴任なんです。番組立ち上げのプロデューサー役を仰せつかったんですが、しばらくの間、実質的にプロデューサーは私一人しかいませんでした。

——1クール続くテレビ番組のプロデューサーが1人だけ、というのはかなり珍しいのでは？

古谷野　普通はそうだと思います。でもここは沖縄ですから（笑）。結局、音楽のプロデュースまでやることにもなり、実は曲も一部自分で作りましたけど、とにかく死ぬほど忙しい目に遭いました。なんとか番組を立ち上げて、これでやっと神戸に帰れると思ったら、番組が予想もしない大ヒット。それで今日までずっと沖縄に単身赴任です。おかげですっかり「島ナイチャー」（沖縄に移住してきた人）になりました（笑）。

——実際に番組化するにあたって作品づくりの参考や目標にしたのは、やはり『スーパー戦隊シリーズ』や『仮面ライダー』ですか？

古谷野　いいえ、ああいう中央資本の大掛かりな番組制作は最初から考えていませんでした。敵怪人の着ぐるみを毎回爆発させるなんて予算はそもそもありませんでしたし（笑）。むしろ目標にしていたのは『アンパンマン』ですね。悪さをしでかしたバイキンマンを懲らしめるけれど、決して殺したりはしない。そういう「許し」の精神というところでは、『マブヤー』は『アンパンマン』をモデルにしています。その意味で「『マブヤー』は『アンパンマン』の実写化」と言ってもいいかも知れません。

◎経済効果は３００億円

——『外伝』でキャストが大幅に入れ替わりましたね。

古谷野　はい。苦渋の決断でした。一作目は、とにかくこの一作を実現することだけを考えればよかったし、それでスタッフもキャストも一丸となれた。そのおかげで大ヒットにつながった訳ですけれども、この勢いで二作目も！となった時に、一作目では考えもしなかった、考えずに済んでいたいろんな問題が噴出してきました。なにせ期待を遥かに超えた大ヒットでしたから、ヒットした後どうするかなんて考えた者は、私を含め誰一人いなかった。特に困ったのが方向性の問題、それと絡んでスケジュールの問題です。一作目を支えてくれたカナイ役の知念臣悟さん、ケン役の山城智二さん、ハブデービルの仲座健太さんらFECの方たちにしてみれば、彼らはお笑いの舞台が本業。撮影はともかくヒーローショーに時間と労力を取られて、肝心の本業がおろそかになるのは本末転倒だ、という彼らの気持ちは十分理解できます。

——ヒーローショーは年間に何回ぐらい行なわれていたのですか？

古谷野　２００８年は放送前ということもあり７回だけでしたが、初回放送と再放送のあとの翌２００９年には、一挙に１５５回に跳ね上がりました。ピークだった２０１０年は年間２３５回です。毎回１０００人以上の観客動員がありました。これだけの人気コンテンツはそうはありません。特になかなか地場産業が育ちにくい沖縄にとって、折からのマブヤー・ブームは降って湧いた絶好のビジネスチャンス。これを活かさない手はないと、いろんな企業が新規参入してきました。それはそれでありがたい

就航を記念して、「マブヤージェット」のミニュチュアが限定発売された。

ことではあるんです。それに第一、生のマブヤーやハブデービルに会いたくて、子どもたちが大勢イベント会場に集まってくる。その期待は裏切れない。これ以上ショーは増やせないとわかっていても、「子どもたちが『マブヤー、いつ来るの?』って待ってるんです」と言われると、とても止めることはできませんでした……。

――実際の経済効果はどのくらい?

古谷野　商品化されたキャラクターアイテムは300以上。DVDの売り上げは3万枚を超えました。JTA（日本トランスオーシャン航空）の飛行機の胴体にもマブヤーがプリントされるほどで、トータルの経済効果は200億とも300億とも言われています。だからこそ番組予算にも余裕ができて、マブヤー以外のヒーローやヒロインも登場させることができた訳です。

――想像以上の経済効果ですね!

古谷野　そうした経済効果の反面で生じた、方向性や利害の食い違いを調整しなければならなかったのですが、これがなかなか難しかった。時間があればみんなが納得できる道を見つけることができたかも知れませんが、琉球放送さんとの関係で、次を作ることはもう決まっていました。二作目の撮影が始まるギリギリまで妥協点を探りましたが、結局タイムリミットになってしまい、キャストを総入れ替えして『外伝』とせざるを得ませんでした。

――視聴者の反応はどうでしたか?

古谷野　大人の、『1』のファンからはそのことでかなり不満や批判の声が上がりました。子どもたちはそうでもなかったようで、『外伝』の視聴率は最高で17・6%に達して、番組的には大成功でした。とはいえやはり、キャストを入れ替える事態を回避できなかったことについては、プロデューサーとして自らの力量不足を恥じるばかりです。かといって、それ以外の選択肢があったかというと……というのが正直なところです。

――本作のようなローカルヒーロー番組の場合、いろんな方々の功績があったのは言うまでもありませんが、一番の功績は「番組を立ち上げたこと自体」にあると思います。プロデューサーとしてそれを達成したのですから、それだけでも十分では?

JTA（日本トランスオーシャン航空）のジェット機の機体にマブヤーがプリントされた、通称「マブヤージェット」。反対側にはマブヤーが単体で描かれている。2010年の2月から11月までの期間限定で、那覇ー離島（久米島、宮古、石垣）間、本土ー那覇間、本土ー離島間など県内のみならず県外でも運航し、沖縄ご当地ヒーロー・琉神マブヤーを県内外に広くアピールした。インパクトのある、かつ離島の多い土地柄を活かした宣伝戦略のたまもの。これが空遠くから飛んでくるのを目撃した島の子どもたちは、そして運良くこれに乗ることのできた子どもたちは、さぞ興奮したことだろう。

古谷野　そう言っていただけると少しは気が楽になります。そもそも『マブヤー』は「許し」や「和解」をテーマにした作品ですから、一度別々の道を歩むことになった者同士が、またいつか手を取り合うことも十分にあると思います。そんなに広くない島のことですからね。

——その言葉は、まさしく島ナイチャーでないとなかなか言えない言葉ですね。

古谷野　アハハハ。気づかないうちに私にもウチナーのマブイが宿っていたのかも知れない。

——シリーズは『4』でいったん終了となりましたが、その後の展開はあるのでしょうか?

古谷野　私自身はヒーローものばかりプロデュースしている訳ではなくて、大人向けの一般ドラマも手がけていますが、ヒーローものに関していうと、このシリーズで培ったノウハウを活かして、2013年にはマレーシア版『マブヤー』こと『琉神ジュワラー』というヒーロー番組をマレーシアで立ち上げました。この『ジュワラー』がそうであるように、『マブヤー』のマブイはいろんな形で受け継がれていく……私はそう確信しているんです。そしてもちろん、本家の『マブヤー』も……おっと、まだ話せないんだった（笑）（※後日『5（イチチ）』の情報が公開された）。

（2015年3月18日）

あえて原作者としてではなく、
『琉神マブヤー』に関わった多くの者のなかの一人という立場から寄せる、
感謝のことばとメッセージ――

沖縄と『マブヤー』を愛する者の一人として

メッセージ

畠中敏成

はたなか・としなり。
1958年奄美大島出身。
『琉神マブヤー』シリーズ企画・原作。南西産業代表取締役。

この度、『琉神マブヤー』シリーズを丸ごと一冊かけて取り上げた本『琉神マブヤーでーじ読本』が発刊されましたこと、原作者として感慨に堪えません。誠に有り難うございました。

この企画は、私の友人である玉城満氏（笑築過激団座長、現沖縄県議会議員）と二人の話から始まりました。制作当初、右も左もわからない状況の中、この様な企画を作ってみたいという願望だけで走り始めましたが、その後多くの協力者を得ることによって、また多くのファンの皆様に支えられることで今日まで継続することが出来、お蔭様でいつの間にか多くの人々を巻き込んだムーブメントに発展することが出来ています。

振り返ってみると、私自身は沖縄出身ではなく、奄美大島という沖縄と日本の中間のような島で育ちました。おそらくはそのことがかえって幸いして、現地の人にはあたりまえとしか感じられない沖縄の素晴らしさが、私には少しだけ余計に実感できたのでしょう。それを形にしたのが『琉神マブヤー』だと言えるかもしれません。

しかしもちろん、この様なムーブメントはとうてい一人の力で成しうるものではありません。「私が（も）『琉神マブヤー』を作った」という方々、自分自身のこととして本作の立ち上げに関わりそして本作を愛してくださった方々が、少なくとも１００人程度はいらっしゃるのではないかと思います。私も――確かに私自身は『琉神マブヤー』の原作者でありまた責任者でありますが――そうした〝沖縄と『琉神マブヤー』を愛する多くの者〟の一人にすぎませんし、またそうであることにこそ誇りを感じています。

そうした様々な方々のご協力で企画自体の掘り込みも深まり、多くのアドバイスや激励を頂きながら、一番最初の本質的な枠組みが作られ、それが２００８年に『琉神マブヤー』として実りました。その後さらに継続の努力を積み重ねることで、次の枠組みが作られ続け、そうして今日まで継続しています。この２０１５年には『琉神マブヤー５（イチチ）』も制作されることになりました。沖縄発という、非常に狭いエリアの中から生まれながら、それを理由にあきらめることをせずに、今後とも絵を描き続けて行ければと考えています。

最後に、『琉神マブヤー』を〝研究〟までしてくださった山本伸先生はじめ、それを本という形にしてくださった三月社のスタッフの皆様、そして『琉神マブヤー』を愛してくださるすべての方々に、心からの感謝を捧げさせて頂きたいと思います。

２０１５年７月
『琉神マブヤー』原作
畠中敏成

まとめ

放送開始以来、県内最高視聴率17・6パーセントを記録、年間百五十回を超えるキャラクターショーには一回平均一〇〇〇人前後、最大で二〇〇〇〇人を集客するなど、ずっとその人気に衰えを見せない琉神マブヤーシリーズ。子どもも大人も、女子も男子も、あらゆる層に大人気の魅力とはいったい何なのだろう。

ポップカルチャーの琉神マブヤー

いわゆるキャラクター商品というやつである。基地問題で揺れ続ける沖縄がいつもその天秤棒の反対側に吊るさざるを得なかった経済活性化のための地域振興。マブヤー誕生のきっかけのひとつはまさにここにある。ゴーヤーマン[1]などといったそれまでの沖縄のキャラクターを凌ぐ新しいインパクトのあるキャラクターで、なおかつご当地キティ[2]に対抗できる男の子用のキャラづくりが発想にあったという。

しかし、これはどこにでもあるような地域振興以上の意味を持っていたといえる。なぜなら、「沖縄発のキャラクタービジネスの主導権を地域に確立した」[3]からである。沖縄のキャラクター商品のライセンスのほとんどは本土の企業が持っていたために、それまでのランセンシーでしかなかった沖縄が初めてライセンサーとして主導権を握ったのである。本土主導を強いられてきた沖縄が主導権を得るということは、たとえ経済上であってもきわめて象徴的な出来事だ。

こうして開発されたキャラクター商品が出回り、かつテレビ放映、ショッピングセンター等でのキャラクターショーが三つ巴となって、琉神マブヤーは沖縄のポップカルチャーとして定着した。筆者が２０１１年に沖縄で実施したアンケート[4]でも、家にひとつやふたつは必ず関連グッズがあるとのことであったし、マブヤーを知らないという答えは皆無であった。琉神マブヤーのポップカルチャーたるゆえんである。

そんな圧倒的な好感度のもと、アンケートにおける人気キャラクターの順位は次のような結果であった。

1　ＮＨＫ連続テレビ小説「ちゅらさん」（２００３年）に登場したゴーヤーをモチーフにしたキャラクター。

2　株式会社サンリオのキャラクターブランド「ハローキティ」を全国各地の名所や物産に合わせてアレンジした地域限定商品。

3　『沖縄感性・文化産業研究会報告書—沖縄振興に向けた感性・文化の再発見—(PDF)』（平成23年2月17日、沖縄感性・文化産業研究会）、p.9

4　沖縄県中頭郡北谷町みはま7プレックス前広場で１００名の小中高生を対象に実施。

第一位	**マブヤー**	キャラクターが好き／カッコイイ／メーゴーサー／ティーダヤーチュー
第二位	**ガナシー**	カッコイイ／顔が好き
第三位	**ハブクラーゲン**	ボケがいい／キャラがおもしろい／ウチナーグチがいい／セリフがおもしろい
第四位	**クーバー**	笑える／ウケる／「ハゴー」という掛け声が好き／かわいい
第五位	**ハブデービル**	強い／おもしろい／ボケがいい／テーゲー（いい加減）なところ）／アドリブがおもしろい／方言がいい
第六位	**マングーチュ**	かわいい
第七位	**オニヒトデービル**	
第八位	**カナミー**	かっこいい
第九位	**ケン**	シニ（とっても）おもしろい／大人が笑えるボケ
第十位	**オバァ／ジンベエダー**	

見ての通り、「ウケる」とか「おもしろい」とかいった感想があちこちに躍っている。こうしてみても、ハブクラーゲンらマジムン軍団のおかしさ、おもしろさがマブヤー人気の一翼を担っていることがよくわかる。なかでも、注目すべきが第五位にランクインしているハブデービルであろう。仲座健太演じる[5]ハブデービルは第一作目のみに登場したもので、ハブデービルというキャラクター自体はシリーズ二作目、三作目および映画にも登場はするものの、キャストも違うし、なによりお笑いの要素がほとんどない怖くて強い存在に様変わりしている。アンケートにあるウケる、笑えるハブデービルとは仲座のハブデービルのことであり、一作目が放映されてから長い年月を経てもいまなお人びとの印象に強く残っているのは、彼のウチナーグチ（沖縄方言）によるセミアドリブが繰り出す笑いがいかにおもしろかったか、また、そのキャラが「マジムン＝単なる悪役ではない」ことを印象付けるうえでいかに重要な役割を果たしたかを物語っている。

このようにさまざまな要素をチャンプルー（混ぜこぜ）にして、琉神マブヤーは沖縄を代表するポップカルチャーとして立派に成長をつづけている。

5　本書60〜67頁のインタビュー参照。

お笑いの琉神マブヤー

初代ハブデービルやその後のハブクラーゲンに象徴される笑い。先のアンケートからも、それがいかに大きな要素であるかがうかがい知れる。なんと笑いがマブヤー人気第一の理由（グラフ参照）にあげられたのだ。

そして、それは何もマジムン軍団だけに留まらない。ヒーローであるマブヤー、そしてガナシーはじめ、マブヤーを手助けする妖精たちや自然をつかさどる神々すらもしょっちゅう笑いをふりまく。人気第九位にあげられているシーサーの妖精ケンと、番外ではあるものの、同じくシーサーの妖精マヤのオバサンバージョンは、ボケなくしては登場しないというほど必ず笑いを伴わせる。初代ハブデービルの仲座同様、両者とも沖縄を代表するお笑いのプロである山城智二[6]と喜舎場泉[7]が演じており、マブヤーへの的確なアドバイスをしつつも毎回必ず笑いを絡ませる。このメリハリこそが、視聴者のこころを大いになごませながら伝統文化の大切さをしっかりと刷り込むという重要な役割を果たしている。

なかでもケンの人気は、ハブデービル同様第一作目しか出てこないにもかかわらずずば抜けており、アンケート中も「（新しいシリーズでも）ぜひまた見たい」という絶賛の声をいまだ多く耳にする。残念ながらその思いはかなわなかったが、その代わりに

琉神マブヤーの魅力

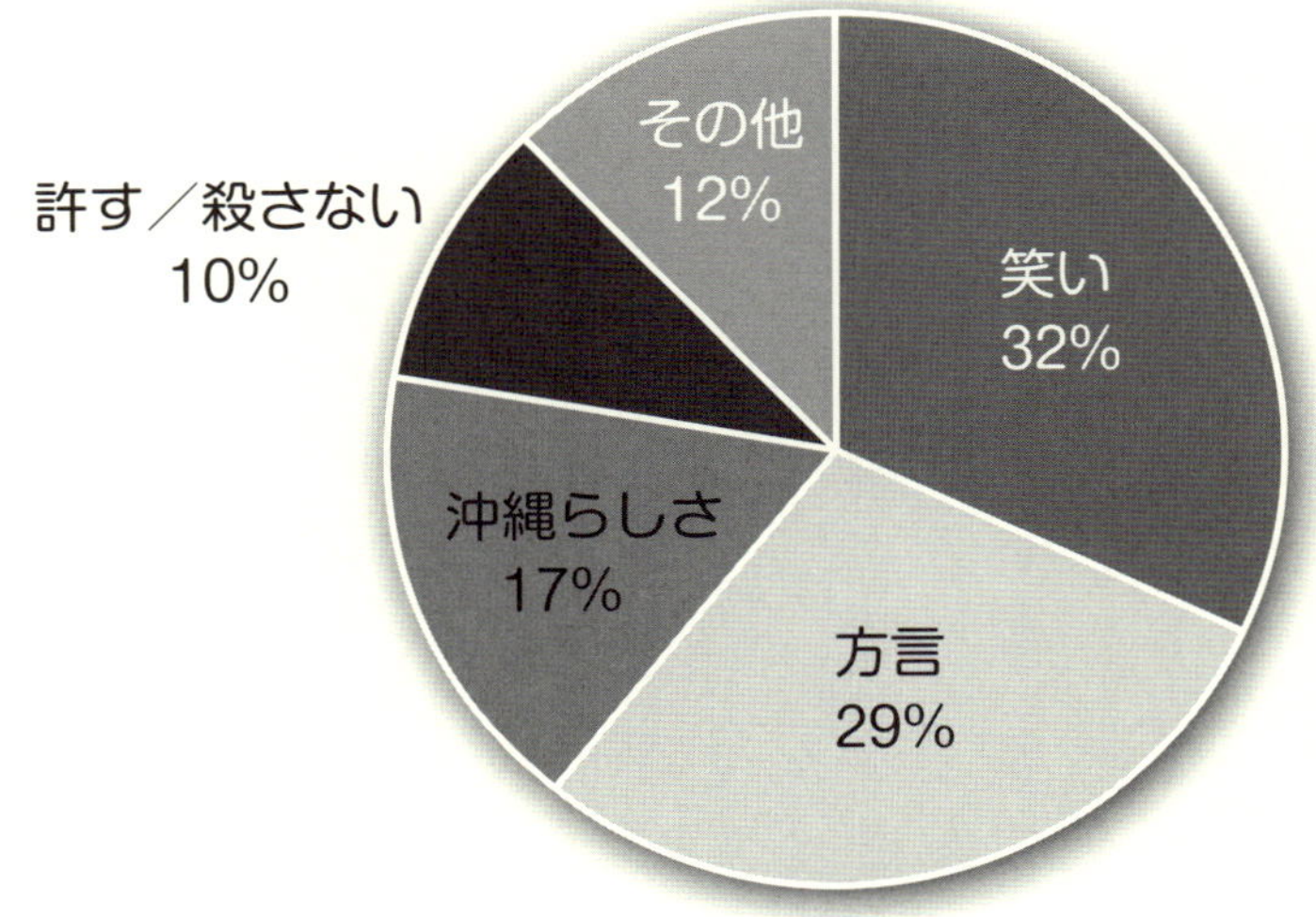

6　本書60～67ページのインタビュー参照。

7　きしゃば・いずみ（1968～　）は、ウチナーグチを使ったコントで有名になった沖縄のお笑いコンビ「泉&やよい」のひとり。与那原町出身。なお、本シリーズのクレジットでは、「いずみ」とひらがな表記になっているが、それは、メインの視聴者である子どもたちに少しでもわかりやすいように、という配慮によるもの（本人談）。

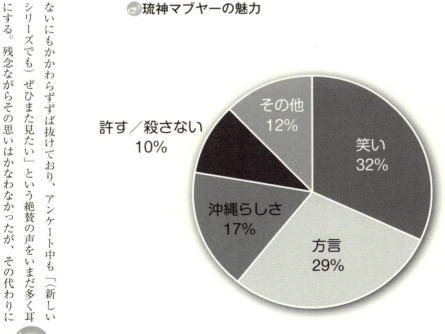

与那嶺圭一[8]演じるハブクラーゲンによって笑いのエッセンスは余すところなく継承されている。そのエッセンスとは「ウチナーグチを絡めた笑い」である。ウチナーグチの舞台芝居で不動の地位を占める沖縄喜劇の女王仲田幸子[9]が沖縄の人びとに地産地消の笑いを振りまきつづけているように、琉神マブヤーにおいてもウチナーグチを絡めた笑いは必須のエッセンスなのである。

文化と歴史の琉神マブヤー

世代を超えた笑いを沖縄じゅうに振りまきながら、沖縄ポップカルチャーの確固たる地位を築き上げた琉神マブヤーのプロットの要《かなめ》は、まずは先祖から累々と継承されてきた「人と自然は一元」という価値観を基盤とした沖縄の伝統的生活文化習慣であり、つづいては第二次世界大戦来の沖縄の苦難の歴史である。

文化的なプロットは、ウチナーグチ（沖縄方言）に石敢當《いしがんとう》（魔よけ）、テーゲー（寛容さ）、エイサー（伝統芸能）、チャーガンジュウ（健康）、イチャリバチョーデー（人類みな兄弟）、トートーメー（先祖を敬う心）、命どぅ宝（命を尊ぶ心）、カチャーシー（祝い踊り）、かぎやで風（めでたい席の琉球舞踊）、サン（魔除け）、ハーリー（竜船競漕）、三線《さんしん》（沖縄弦楽器）、空手、クンチ（元気）、チャンプルー（混ぜこぜ）、シーブン（おまけ）、ウミンチュ（漁師）、アララガマ（不屈の精神）、なんくるないさ（楽観主義）、ウチナータイム（ゆったりした時間の流れ）、世果報《ゆがふ》（世界の幸せ）、シーミー（ご先祖祭り）、ウーマクー（やんちゃ）、モアイ（経済的互助制度）、三時茶《さんじちゃ》（休憩）、ユイマール（労働的互助制度）、メンソーレ（歓迎するこころ）、正月《しょうがち》、メーゴーサー（げんこ）、ティーアンダー（料理を手塩にかけて作ること）、島唄（沖縄民謡）、毛《もう》アシビー（若者の屋外パーティー）、そしてチムグクル（思いやり）と、いずれも沖縄文化の粋を集めた内容がシリーズ全作に散りばめられている。

歴史については、戦後のアメリカ支配を経てふたたび日本に復帰する1972年をモチーフにした『琉神マブヤー 1972レジェンド』に集約されており、それまでのマブヤー（ウチナーンチュ）対マジムン、つまり人間対自然という構図に加えて、沖縄対アメリカが加わった三つ巴の闘いとなって複雑さを増すものの、ウチナーンチュとしてのアイデンティティーを固持しながらもアメリカの良いところは取り入れていくという柔軟なチャンプルー精神が随所にみられる点や、だからこそ文化が大切であり伝統は継承すべしとするウチナーンチュの信念がにじみ出ている点で、シリーズ中もっとも沖縄のアイデンティティーに迫った作品だと

8　よなみね・けいいち（1984〜　）は沖縄の役者・タレント。劇団「TEAM SPOT JUMBLE」所属。南風原町出身。

9　なかだ・さちこ（1933〜　）は、沖縄の喜劇女優。十五歳で南月舞劇団に入団、同劇団の役者兼脚本家の仲田龍太郎と結婚し、1956年「仲田龍太郎一行」結成、65年「劇団でいご＝仲田幸子一行」と改名。現在も毎日2ステージをこなす現役。決め台詞は「よろしくゴザイマス」。

言っても過言ではないだろう。そもそもこの作品に登場するマブヤーはマブヤーシリーズでは当然のように思われているカナイではなく朝基《ちょうき》であって、シリーズ『3』でカナイが修行の旅で出会った師匠のオジーこそがその朝基本人だとする設定と展開は、少なくとも時系列的なシリーズ発祥の源がこの『1972レジェンド』であることを物語っている。

元来子ども向けのヒーローものには政治的な要素は絡ませないところを、では、なぜあえてこの『1972レジェンド』で前面に押し出したのか。

唯一の地上戦場として数多くの民間犠牲者を出し、なおかつリアルタイムで米軍基地問題を抱える沖縄ということを一考しただけでも、もはや答えには窮しないはずだ。

そんな沖縄の文化と歴史を全面的にストーリー展開するマブヤーシリーズにおいて、吉田妙子[10]演じるオバァの存在はとてつもなく大きい。オバァはまさに沖縄の文化と歴史の百科全書、生き字引であって、何を聞いても答えてくれる完全無欠の先生でもある。ときには厳しく子どもたちにげんこを浴びせながらも、母性あふれるその優しい眼差しは沖縄の過去と現在、そして未来を見つめている。オバァの優しさは数々の苦しみや悲しみを乗り越えてきたウチナーンチュ女の強さと、先祖伝来の豊かな文化を先頭に立って継承してきたという自己確信の裏返しである。オバァの口癖である「である！（そうにちがいない！）」も「カメー！カメー！（もっと食べなさい！）」も、この強さと優しさが表裏一体となった態度に他ならない。

沖縄の文化や歴史に関する知識と経験がオバァの口から語られるとき、『琉神マブヤー』は同時に教育的側面をも表に出すことになる。対象は子どもだけでなく、その子らの親世代をも含めた現在を生きるウチナーンチュ。先祖代々受け継いできた沖縄の文化的価値観や生活の知恵、そしてオバァ自身が経験した過去を語るのは、現在を生きるこれら新世代のウチナーンチュたちに沖縄の明るい未来を託すためだ。岩次郎然り、オジーも然り、古い世代が願うのは子子孫孫のウチナーンチュの幸せであり、ひいては人類すべての幸福、つまり世果報《ゆがふ》なのである。

沖縄文化の独自性がウチナーンチュにとっていかに大切であるか、またそれが人類にとっていかに普遍的であるかは、オバァやオジーの言葉に素直に耳を傾けるウチナーンチュのしおらしい姿が強く暗示している。

愛と絆の琉神マブヤー

マブヤーの攻撃技が「ヤーチュー」と「メーゴーサー」であることは、毎回の闘いで嫌というほど繰り出されるので周知のこと

10　よしだ・たえこ（1935～　）は沖縄県の女優。1950年、劇団「あさひ座」で舞台デビュー。琉球芸能歌劇保持者。沖縄県指定無形文化財。沖縄芝居「演」を主宰。具志川市（現うるま市）出身。

だろう。しかし、それが「やいと」と「げんこ」という昔懐かしの子どもへのお仕置きを意味することは、このシリーズの根幹にかかわるという観点からも、いま一度思い起こしておく必要がある。

つまり、マブヤーはマジムンを殺したり、瀕死になるまで痛めつけたりはけっしてしないのである。

本文でもたびたび指摘している通り、マブヤーシリーズの底流には、善と悪、自己と他者、この世とあの世が明確な境目を持たぬまま融合し共存するという世界観がある。つまり、この世に悪や他者という絶対的存在はなく、それらは相対的関係のなかで生み出されるものだからだ。他者にとっての自己とはすなわち他者であり、善と悪もまた立場によって入れ替わる。物事は互いの関係性のなかで起こるというこのような本質を前提として、悪が悪でない可能性、他者が他者でない可能性をあくまで探ろうとするのである。

だから、やいとやげんこでお仕置きをして懲らしめる。親が子を叱るように、マブヤーはマジムンを叱る。とはいえ、マジムンたちが自然破壊を顧みようとしない人間に怒りを向けるのは当然のことであり、そう意味ではそもそもマジムンは悪なのかという疑問も湧いてくる。さらに、同じ個体のなかにも善なる部分と悪なる部分はある。このことを象徴するのがシリーズ『4』で出現するブラックガナシーである。善なるガナシーが悪なるブラックガナシーに優しくかけた「あんしわじらんけ（そんなに怒るなよ）」という言葉には、げんことやいとと本質を同じくする「悪を許し受け入れるという寛容さ」がにじみ出ている。

互いの立場を受け入れる寛容な精神と、過ちを犯さない者はいないという許しの姿勢を基本としているからこそ、ヒーローものにはありがちな勧善懲悪を絵にかいたような薄っぺらささや物足りなさをこのマブヤーシリーズに感じることはない。マジムン軍団がマブヤーたちに彼方へと吹っ飛ばされ、マブイストーンが無事戻ってきたときに込みあげてくるのは、海容な愛と深遠な絆のまったりと濃いまろやかな後味のよさである。

哲学の琉神マブヤー

深い愛も強い絆も、すべては沖縄の文化と歴史の賜物である。幾世代にもわたってウチナーンチュは独自の価値観、いわばウチナー哲学を築き上げてきた。偉大なる特定の哲学者がいたわけでも、優勢な特定の宗教があったわけでもない。いわゆるフォークロア（民間伝承）として先祖から累々と継承され、淘汰や刷新をはさみながら、民俗的合理性をもって残ってきたものである。なかでもヒヌカン[11]を中心としたさまざまな神々への信仰や、シーミー

11　火の神。家の守護神。通常台所に祀られ、かつては竈のうしろに置かれた三個の石をご神体としたが、現在では香炉と盛り塩、水の入ったコップを祭る。毎月旧暦の一日と十五日に供物を供えて礼拝する。沖縄家庭では最も身近で大切とされる神。

（清明祭）や旧盆などに行われる先祖崇拝に代表される「見えない世界」「あの世」との交流は、ウチナー哲学の基盤を成すもっとも重要なフォークロアだといえる。

マブヤーシリーズもまた、この要素のうえに成り立っている。マブヤーの起源自体がカナイという一人の青年に入ったマブイ（魂）であり、沖縄文化の伝統的価値観が宿るのがマブイストーンであるという点だけを鑑みても、それは自明であろう。そこにオバァが大切に伝授するトートーメー（先祖崇拝）やサン（魔除け）などの要素が豊富に入り込むことで、シリーズ全体に「見えない」ものへの高い価値観がさらに浸透していく。

マジムンにもその片鱗はうかがえる。初代ハブデービルが発した次の言葉は、まさに文化とは何か、言葉とは何か、アイデンティティーとは何か、を矢継ぎ早に連想させるきわめて哲学的なものとしてあらためて紹介するに値する。

「いいか、ウチナーグチ（沖縄方言）っていうのは口でできてると思うか。言葉っていうのは心でできてるわけよ。だから、ウチナーグチのマブイストーンは言葉を消すために奪ったんじゃない。ウチナーンチュの心を消すために奪ったんだ」

こんな哲学的なセリフを吐く悪者など、そう易々とお目にかかれるものではない。コミカルななかにきらりと光る摂理。このメリハリのすごさがたまらないのだ。

「命どぅ宝（命こそが何より大切な宝物）」を筆頭に、自然と人間との調和、自己と他者の関係、思いやりや助け合い、そして絆等々、人が人らしく生きていくうえで最も大切にしなければならないものを文字通りチャンプルー（混ぜこぜ）にして生み出されたウチナー哲学。琉神マブヤーシリーズが単なるヒーローもの、流行ものをはるかに超越した奥深さに溢れているのは、この哲学が随所に散りばめられているからに他ならない。

そう、まさにヒーローソフィカル（哲学をもったヒーロー）な琉神マブヤーなのである。

『琉神マブヤー』アンケート調査結果

日 時 2011年10月29日、30日

場 所 沖縄県中頭郡北谷町　みはま7プレックス前広場

総 数 100名

①性別／年齢別

年 齢	男	女	合 計
10歳未満	11	5	16
10代前半	14	10	24
10代後半	4	10	14
20代	5	10	15
30代	4	9	13
40代	3	5	8
50代以上	2	8	10
合 計	43	57	100

②好きなキャラクター

順 位	キャラ	概 数	理 由
第1位	**マブヤー**	28	キャラクター／メーゴーサー／ティーダヤーチュー／かっこいい
第2位	**ガナシー**	18	かっこいい／顔
第3位	**ハブクラーゲン**	16	ボケがいい／キャラがおもしろい／ウチナーグチ／セリフがおもしろい
第4位	**クーバー**	13	笑える／ウケる／「ハゴー」が好き／かわいい
第5位	**ハブデービル**	11	強い／おもしろい／ボケ／テーゲーなところ／アドリブの笑い／方言がいい
第6位	**マングーチュ**	8	かわいい
第7位	**オニヒトデービル**	4	
	カナミー	4	かっこいい
第9位	**ケン**	2	シニおもしろい／大人が笑えるボケ
第10位	**ジンベエダー**	1	
	オバァ	1	

③全体の印象

『琉神マブヤー』の好きなところは？

ゆるいところ　身近に感じる（言葉）　沖縄の方言がいっぱいでおもしろい
全部好き、特に方言　仲良くするところ、許すところ　おもしろい　方言　お笑い
ウケる！　おもしろい　ウチナーグチ　大人でも楽しめる　ゆるさ　適当さ
地元のヒーロー　テーゲーなところ　殺さないところ　方言がわざとらしくない
おもしろい　方言　ボケ　元祖マブヤー（2008年）の笑い　ギャグ
沖縄をテーマにしているところ　沖縄のヒーロー　ウチナーグチセリフ
登場キャラの個性　方言がおもしろい　ストーリーが好き　ウチナーグチ
誰も死なないところ　琉球らしさが出ている　おもしろい
優しい心を伝えるところ　わかりやすい　マジムン軍団が好き
方言でしゃべっているところ　ウチナーグチ　ローカルヒーロー　おもしろい
笑えるところ　2008年の元祖が笑えて好き　笑えるところ
悪いやつとのやり取り　方言　沖縄っぽい　ウチナー口　今までにないヒーロー
方言　沖縄の人のツボに入る　ノリがいい　笑い　沖縄的なところ　方言がいい
沖縄について考えている点　おもしろい　方言　方言を使っているところ
皆良いことを言っている点　方言だし笑える　カッコイイし、優しい
笑えるところ　おもしろい　方言を使うところ　ウチナー口
子どもたちの元気のもとになる　仲間　優しい　テレビの方が（映画より）面白かった

琉神マブヤーの魅力

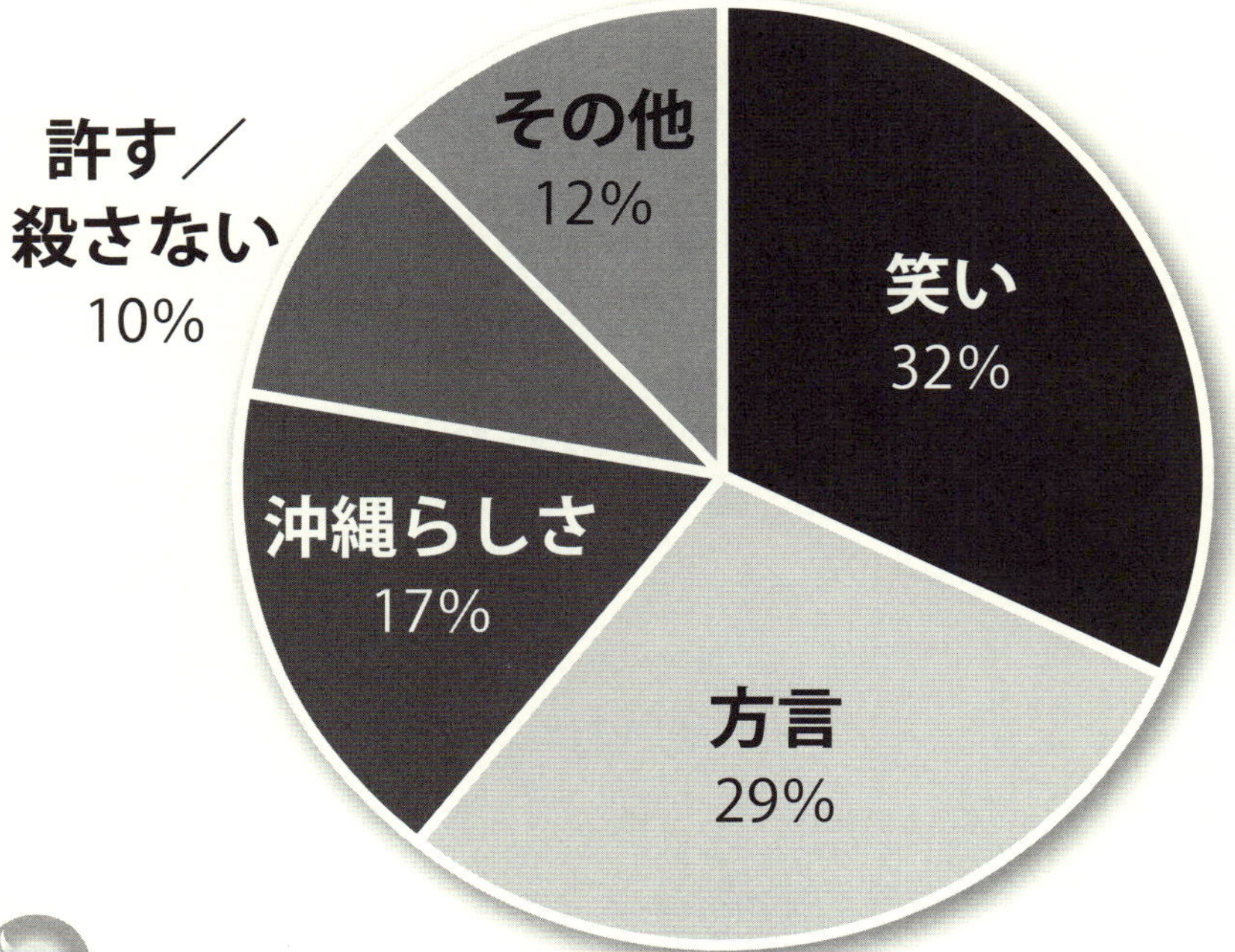

④映画とテレビではどちらの方が良かった？

	数	理　　　由
TV ／ DVD	21	ゆるさがより出ていた　キャストがいい 映画は TV をあまり反映していない TV の面白さは映画にはあまりない ハブクラーゲンが出ているから　ケンが出ているから わかりやすいから　ハブデービルが出ているから 映画には TV のノリがない　キャストがいい 地元を忘れないでほしい　内地内地しないでほしい 主人公のキャスティングがいい　わかりやすい わかりやすくてベター　温かさが伝わってくる　面白い
映画	21	迫力／ショーが楽しい／大画面
どちらもよい	18	どちらもそれぞれの良さがある

ＴＶ/映画、どちらがいい？

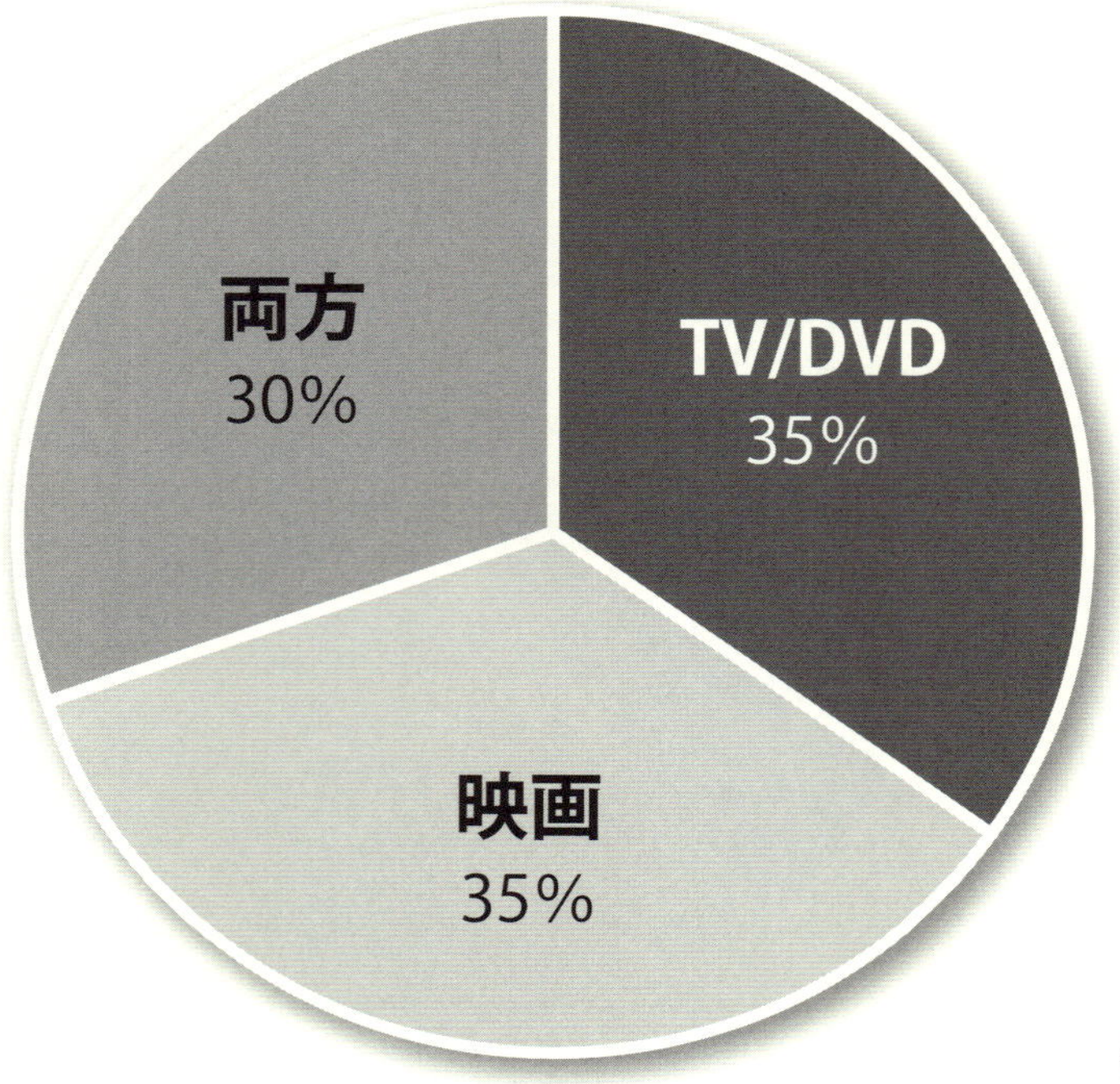

放送・上映データ

琉神マブヤー

放送期間◉2008年10月4日～12月27日（全13回）
放送時間◉土曜6：45～7：00（15分）
制作局◉琉球放送
主題歌◉「琉神マブヤー～魂の戦士～」
歌：アルベルト・シロマ／叫び：かっちゃん
挿入歌◉「ゴーゴー！マジムン」
歌：悪の軍団マジムン、「アイ♀アプリ」
歌：ザ・ココナッツ
エンディング曲◉「なないろマブヤー」
歌：チアキ／語り：古謝美佐子

琉神マブヤー／叶（カナイ）◉知念臣悟
福地紅亜（クレア）◉桃原遥
福地岩次郎◉新垣正弘
与那原犬（ケン）◉山城智二
ケン（犬）◉ブルース
オバァ◉吉田妙子
ハブデービル◉仲座健太
オニヒトデービル／大金城新雷◉平安信行
マングーチュ◉上門みき
クーバー1号◉照屋哉
クーバー2号◉金城博之（ハンサム金城）
森の大主（うふぬし）◉かっちゃん（川満勝弘）
キジムナー◉池間こうや
ナイスガイ◉大見謝力
カップル◉木村守、草間あゆみ
団長◉長瀬よしのり
副団長◉上原けいたりん
団員A◉スプリンクラーみやじ
メタボっちゃん◉よっちゃん
ビーチの若者◉米須円香、椎名ユリア、親川優志
バスガイド◉浦崎明香理
観光客◉山内千草、外間みよ子、仲程麻紀
青年◉いさお名ゴ支部、新本すすむ、松田しょう
MCしんいち◉知念臣一郎
お天気お姉さん◉親川伸江
地謡（クーバー3号）◉新良幸人
地謡◉よなは徹
ナレーション◉あったゆういち
ほか

エグゼクティブプロデューサー◉畠中敏成
プロデューサー◉古谷野裕一、渡口政旬
原案／脚本◉山田優樹
演出◉岸本司、高山創一
演出助手◉石田玲奈、鶴見真琴
撮影◉中村健勇、瀬長信治
録音◉吉川英嗣、大城輝己、吉田さやか、仲宗根靖章
PAエンジニア◉喜屋武尚
ヘアメイク・スタイリスト◉津波古理奈、平田智巳、比嘉愛利
ヘアメイク協力◉坂上恭子
美術◉比嘉ブラザーズ
制作進行◉木村守、草間あゆみ、畠中昭昇、大見謝力、比屋定里奈、古謝将人、上江洲奈央、親川伸江、又吉演、砂川敦志、新垣愛
編集◉又吉安則、金城華代
3DCG・デジタル合成◉勺坂正宏（TEAMなっちゃん）、平良隆一（TEAMなっちゃん）、武富はるひ、奈良円佳
音楽◉上地正昭
効果音◉具志堅洋
ウェブデザイン◉五十嵐初代
企画協力◉玉城満、中川陽介、仲村清司、海老名保
撮影協力◉山城ストアー、渡慶次小学校、嘉手納警察署、読谷村役場、波人そば、読谷山焼窯（金城明光）、読谷山焼窯（玉元輝政）、ローソン波平店、やちむんの里、ハブ研究所、読谷村立民俗資料館、むら咲むら、謝名亭、栄口区青年会、栄口区公民館、宇座区公民館、SUNSET GRILL、残波岬、ライブハウスMOD'S、上原理人、瀬長宙、読谷村のみなさん、カチャーシー隊に協力していただいたみなさん
協力◉AND OKINAWA、有限会社FECオフィス、日本アルティスアカデミー、ジー・ジープロモーション、劇団O.Z.E、オフィス・リゾム、ヒューマンアカデミー那覇校、日本ホールサービス株式会社（PRO SOUND Stack）、テクニカル・アクション・倶楽部、川満めい子、CLUB HOUSE D.D.、屋比久写真事務所、大星広告、沖縄フィルムオフィス、物語工房おきなわ、株式会社シーポイント（てぃーだブログ）、琉球放送株式会社、株式会社アドスタッフ博報堂
衣装協力◉CHRIF COX INGNI、JIN'S GROBAL STANDARD
協賛◉LAWSON
製作◉株式会社南西産業、有限会社CMC
製作・著作◉マブヤープロジェクト
発売元◉株式会社マブヤー企画

琉神マブヤー外伝SO！ウチナー

放送期間◉2009年10月17日～2010年1月16日（全13回）
放送時間◉土曜10：30～10：56（26分）
制作局◉琉球放送
主題歌◉「琉神マブヤー～魂の戦士～」
歌：アルベルト・シロマ／叫び：かっちゃん
エンディング曲◉「琉神マブヤー～琉神口説～」作詞：イクマあきら・平田大一／作曲：イクマあきら

ゆい◉石原萌
ユンタ◉大城康由
じんぶんぺーちん◉かでかるさとし
琉神マブヤー◉翁長大輔
龍神ガナシー◉末吉功治
マジムンキング◉田原雅之
ハブクラーゲン◉与那嶺圭一
オニヒトデービル◉金城諒、打越陽二朗
マングーチュ◉比嘉彩乃
クーバー◉吉田智人、仲宗根豪、浦中孝治、翁長武義
ハブデービル◉じゅぴのり（プロパン7）
フリムンペーちん◉メロディー
チルダイ森の子どもたち◉オフィスリゾム、GGプロモーション
ウーマクーA◉久田友介
ウーマクーB◉キム
ウーマクーガール◉外間みよ子
ナイスガイ◉M-JA
ゆい（子ども時代）◉池間夏海
ユンタ（子ども時代）◉宮城裕一郎
八木（はちき）マスター◉八木政男
ナミエ／カマドゥー◉比嘉彩乃
そばじょーぐー◉パッション屋良（特別出演）
空手修行者◉具志堅行夫、砂川恵太、嶺井裕之

工房の職人◉川満彩杏、伊波大志、玉城哲郎、新垣のん、嘉数辰徳、福里園恵
金城◉大嶺淳
唄◉金城比富美
ナレーション◉大城蘭（RBCアナウンサー）
エグゼクティブプロデューサー◉豊島亮一
プロデューサー◉富村元一、古谷野裕一、宮城卓志
原案◉山田優樹
脚本◉山田優樹、岸本司、川端匠志
演出◉高山創一、木村守、岸本司、川端匠志
演出助手◉石田玲奈
撮影◉中村健勇、瀬長信治
撮影助手◉後藤聡、城間朋、上江洲佑弥、仲宗根靖章
録音◉吉川英嗣
録音助手◉吉田さやか
編集◉又吉安則、金城華代、森田祥悟
3DCG・デジタル合成◉勺坂正宏、平良隆一
ヘアメイク・スタイリスト◉津波古理奈
ヘアメイク協力◉坂上恭子
美術◉RBCビジョン
美術応援◉比嘉ブラザーズ、新垣愛、仲村悠、知念優、村上展生
BGM◉石川清貴、上地正昭、赤嶺辰次
制作主任◉佐々木勇太
制作進行◉木村守、具志堅行夫、伊波文博、大見謝力、仲本亜衣子、棚原美保
制作応援◉前里茜、砂川幸太、瑞慶覧朝大、杉本悠、砂川恵太、久野敦海、嶺井裕之、眞栄城守人、名嘉眞涼、小橋川興樹、多和田浩之、勝美智子、仲村早妃、饒平名舞、米須朝之、金城友恵
方言指導◉八木政夫
紙芝居イラスト◉奥平千春
昔話出典◉宮沢貞子（『沖縄のむかしばなし』沖縄教販）
歴史アドバイザー◉上里隆史
殺陣指導◉打越陽二朗、翁長大輔
協力◉GGプロモーション、キャッツアイ、オフィスリズム、カラーズ、株式会社沖縄映像センター、有限会社サット、チームなっちゃん、ヒューマンアカデミー那覇校、フェルマータ株式会社、三育保育園、チームなっちゃん、RBCビジョン、ボンボーノ、キャスティングオフィスローナ（COL）
衣装協力◉EMMAJAMES、INGNI、CHRIF、COX、マンガ倉庫、ラマヤナ、Body Talk、CHARMY、仲嶺舞踊小道具店
ロケ地協力◉読谷山花織波平工房、体験王国むら咲むら、沖縄県立玉城少年自然の家、沖縄県立糸満青年の家、南城市教育委員会
企画◉畠中敏成
企画協力◉玉城満、海老名保、屋比久写真事務所
製作協力◉CMC
製作・著作◉琉球放送、マブヤープロジェクト

琉神マブヤー2（ターチ）

放送期間◉2010年10月2日～12月25日（全13回）
放送時間◉土曜10：30～10：56（26分）
制作局◉琉球放送
主題歌◉「琉神マブヤー2（ターチ）」作詞：山田優樹、作曲・編曲：上地正昭、歌：ディアマンテス
挿入歌◉「龍神ガナシー～ニライカナイの勇者～」作詞：武川勝太、作曲：上地正昭、歌：KENICHI、「ゴーゴー！マジムン2（ターチ）」作詞：KZ、作曲：上地正昭、歌：悪の軍団マジムン、「ゴーゴー！マジムン2（RYUKYUDISKO REMIX）」作詞：KZ、作曲：上地正昭、Remixed by RYUKYUDISKO、歌：悪の軍団マジムン
エンディング曲◉「夢みるマングーチュ」作詞：尾崎奈保子、作曲・編曲：上地正昭、歌：マングーチュ from 悪の軍団マジムン
（すべてテイチクエンタテインメント）
カナイ／琉神マブヤー◉翁長大輔
ニライ／龍神ガナシー◉末吉功治
ナミ／凰神カナミー◉仲本紫野
クレア（福地紅亜）◉桃原遥
福地岩次郎◉新垣正弘
オバァ◉吉田妙子
ウクレレ◉古堅晋臣
ハブクラーゲン◉与那嶺圭一
オニヒトデービル◉金城諒
マングーチュ◉椎名ユリア
ヒメハブデービル◉浦崎明香理
クーバー1号◉仲宗根豪
クーバー2号◉浦中孝治
クーバー◉町田達彦、翁長武義、我那覇裕也、兼城翔太
ハブデービル◉ゴリ（ガレッジセール）
森の大主（うふぬし）◉ヒゲのかっちゃん
森の妖精キジムコン◉Cocco
金物屋のオヤジ◉玉城満
青年会OB◉新良幸人（パーシャクラブ）
ディアマンテス◉ディアマンテス（アルベルト城間、ターボ、トム仲宗根）
婦人部◉いずみ&やよい
唄三線◉チアキ（しゃかり）、カンナリ（しゃかり）
ニュースキャスター（声）◉諸見里杉子
踊り手◉サンサナー（ミィキ、ユリエ、アーサ）、金城よう子、山城ノリ子、久保田タツ子、山里恵美
米須住民◉久保田たつ子、金城リツ子、仲本博重、高宮城実人、具志堅美紀、ひめこ、伊藤洋志、森山慎、吉田龍太郎、前川勝子
その他◉奥武島漁業組合青年部の皆さん、マブヤークラブの皆さん
ほか
企画◉畠中敏成
チーフプロデューサー◉古谷野裕一
プロデューサー◉瀬川辰彦、比嘉洋
脚本◉山田優樹
演出◉川端匠志
演出助手◉石田玲奈、前里茜
制作統括◉緑川徹也
制作◉高良史朗、渡慶次真矢、喜舎場優、塚本祥史、棚原美保、前里はるか、池間太喜、松井蓉子、緑川真紀子
撮影◉仲宗根健
REDONEエンジニア◉鈴木元
音声◉川端翔
CA◉鎌田康宏、前北斗、亀川善永、小橋川和弘、山田晋、神里勝、新垣美沙季、高良秋奈、宮城秀人世
ヘアメイク・スタイリスト◉キャッツアイ、金城勝子、古謝弥生、新崎志乃、米須美保子
ボランティアスタッフ◉饒平名智之、瀬川優、眞榮平美江子
キャストマネージャー◉吉田智人
アクション指導◉打越陽二朗
スチル撮影◉宮市雅彦（Porco Photograph）
編集／MA◉知花武 by REDCINE-X/smoke

３ＤＣＧ／デジタル合成◉チームなっちゃん、勾坂正宏、平良隆一
音楽◉上地正昭
音楽協力◉赤嶺辰次
標準語訳◉比嘉淳子
美術協力◉糸満大綱引行事委員会、濱田智有希（オキナワ美術）、仲座涼太（与根オートサービス）、クラブ陶スタジオケイズ、仲嶺舞踊小道具店、柳清本流柳清会、琉球ガラス王国工房、むら咲むら
衣装協力◉ROAD OF LIFE、COVER、大星広告、Tシャツ屋ドットコム、沖縄月星、Leather Base
撮影協力◉糸満市字米須自治会、久保田商店、米須小学校、政次金物店、ユエ美容室、プチパーラー、米須住民の皆さん、南城市字奥武地区、武村石材建設、おきなわワールド文化王国・玉泉洞、沖縄小林流空手道 究道館、儀間朝徳（総合土木）、儀保博紀（スカイマスターオペレーション）、ヒューマンアカデミー、沖縄観光コンベンションビューロー沖縄フィルムオフィス、沖縄ロケサポーターズ、神村酒造、イガルーサウンドスタジオ、シー・エム・シー、データリーフ、文進印刷、屋比久写真事務所、与根オートサービス、エフツーゾーン、アイアム、琉球放送
キャスティング協力◉ネクストワン、チームスポットジャンブル、キャッツアイ、ジー・ジープロモーション、オフィス・リゾム、イズム、ディネアンドインディー、インプレスト、ハイウェーブ、よしもとクリエイティブ・エージェンシー、シーオーダブルシーオー
Special Thanks To◉沖縄を愛する全ての人に
制作◉沖縄映像センター
製作・著作◉マブヤープロジェクト

琉神マブヤー３（ミーチ）

放送期間◉２０１１年10月1日～12月24日（全13回）
放送時間◉土曜10：25～10：55（30分）
制作局◉琉球放送
主題歌◉「琉神マブヤー２（ターチ）」
歌唱：ディアマンテス
挿入曲◉「ビーチパーリー」歌唱：サンサナー、「ゴーゴー！マジムン２ RYUKYUDISKO REMIX」歌唱：悪の軍団マジムン「龍神ガナシー～ニライカナイの勇者～」歌唱：KENICHI、「夢みるマングーチュ」歌唱：マングーチュ from 悪の軍団マジムン
音楽協力◉テイチクエンタテインメント
カナイ／琉神マブヤー◉翁長大輔
ニライ／龍神ガナシー◉末吉功治
ナミ／凰神カナミー◉仲本紫野
クレア（福地紅亜）◉桃原遥
ニフェ／ハブデービル◉小橋川よしと
マヤ（太った姿）◉泉（泉&やよい）
マヤ（痩せた姿）◉平田美樹
ハブクラーゲン◉与那嶺圭一
ヒメハブデービル◉浦崎明香理
オニヒトデービル◉翁長武義
マングーチュ◉椎名ユリア
クーバー１号◉町田達彦
クーバー２号◉浦中孝治
クーバー◉仲宗根彩靖、比嘉健雄
福地岩次郎◉新垣正弘
オジー◉普久原明
オバァ◉吉田妙子
トム◉村山靖
森の大主（うふぬし）◉ヒゲのカッチャン
森の妖精キジムコン◉Cocco
少年ガニー◉普久原男
ヤシガニヤシガー◉下地勇
食堂のおばちゃん◉与那覇冴子
宮古の青年◉下地昌伸、下地充、新里仁志、下地一世
宮古島の人びと◉宮古島のみなさん、池間島のみなさん、宮古島まもる君
空手道場の練習生◉塚原弘也、新垣匠、豊岡梨花、石川澪美、河野崇、新城基之、具志堅龍弥、内間貴桃、石川千紗、比嘉舞、木村友美
ビーチの若者達◉ヒューマンアカデミーの皆さん
弁当を買う客◉仲本博重
八百屋のおばちゃん◉伊波八重美
市場のおばちゃん◉大島和子、前里光子、新天地市場のみなさん
海人◉ジョニー宜野湾
海人たち◉都屋のみなさん、浜比嘉島のみなさん
マジムンアナウンサー◉浦添裕季
ショップ店員◉林洋子
お客さん◉山本紗織、西元美紀、内原実希、勝美智子、金城美香子、野原恵璃、宇根加那子、金城沙耶、高橋邦子、粟森ありさ、仲里美紀
民謡歌手◉大城美佐子、堀内加奈子
ほか
企画◉畠中敏成
チーフプロデューサー◉古谷野裕一
プロデューサー◉瀬川辰彦、比嘉洋
脚本◉平良泉一
演出◉川端匠志
制作統括／演出助手◉前里茜
制作◉中村将司、サンチェス ヒロキ、神谷香菜子
制作ボランティア◉加藤大喜、米須啓亮、垣花諒、吉由美子、譜久嶺知憲、瑞慶覧朝大、小橋川興樹、豊見山あずさ、松本貴史、大濱晃平、上原龍之介、照屋誠、森山恭行、石川倫光、渡嘉敷優太、仲盛穣、儀間広大、友利英寛、下地祐子、梶原大介
撮影◉仲宗根健、平田守
RED ONEエンジニア／水中撮影◉鈴木元
音声◉川端翔、城間朋、後藤聡
照明◉上原章悟
ＣＡ◉鎌田康宏、亀川善永、寺田拓司、上原理人
撮影協力◉ビデオサービス
演技指導◉普久原明
アクション指導◉翁長大輔
ヘアメイク／衣装◉松田亜利沙、新門清香、金城勝子、伊波理菜子、新垣彩
ヘアメイクボランティア◉島袋ゆきの、中村志穂、島袋美樹
ヘアメイク協力◉シャイニー、メイリーブライド、Jupiter、CAT-S EYE
ボランティア協力◉ヒューマンアカデミー、梶原大介
キャストマネージャー◉吉田智人
音楽◉上地正昭
編集／MA◉知花武、大城公亨 by REDCINE-X/smoke
３ＤＣＧ／デジタル合成◉grammuse 大山けんじ
スチール撮影◉宮市雅彦（Porco Photograph）
衣装製作◉F2ゾーン
衣装協力◉大星広告、与根オートサービス、Tシャツ屋ドットコム、ROAD OF LIFE、COVER、GIRLS168、CUES'、LEQUIO
撮影協力◉糸満市字米須自治会、久保田商店、米須住民の皆さん、南城市教育委員会 文化課、古民藝 陶楽、サンチェストモ子、長嶺空手道場、武村石材建設、ウォーターステーション 各店、百名自治会、喜屋武自治会、那覇空港ビルディング、国土交通省 大阪航空局、沖縄フィルムオフィス、沖縄県文化振興課、志喜屋公民館、おきなわワールド文化王国・玉泉洞、クラブ陶スタジオK-s、新原自治会、和田達雄、嶺吉食堂、泉食堂、仲村幸徳、花城直樹、中村渠自治会、瑞慶覧食品、名嘉商店、松本商店、那覇市なはまちなか振興課、那覇市第一牧志公設市場、なは商人塾、ちとせビル、新天地市場、ザハ商店、座波夕起子、金城勝也、金城秀人、金城俊、沖縄ウエル・スポーツ専門学校、平良亨、田里称吾、浜自治会、勝連漁業協同組合、読谷村漁業協同組合、恩納村漁業協同組合、仲松真助、友寄み

ずの、宮古島市、宮古島フィルムオフィス、宮古島観光協会 青年部、宮古島警察署、宮古地区交通安全協会、宮古テレビ、パック、ピースアイランド宮古島、Design Match、シネマパニック宮古島、石垣海上保安部交通課、割烹 魚宮 立津旨英、居酒屋ハーリー、下地暁、東江麻鈴、宮古島観光協会、琉球國祭り太鼓宮古支部、池間自治会、池間学区老人クラブ、糸満和夫、佐々本清子、IKIZU Marine Service、海美来、勝連荘、石嶺京子、国吉マツメガ、比嘉自治会、ホテル浜比嘉島リゾート、アクアラインマリンクラブ、諸志自治会、ホワイトロードiri長浜、太田自治会、大石林山、真壁自治会、琉球南蛮 洞山窯、比嘉豊邦、大城昌代、那覇オーパ、LIP SERVICE、恩納村漁業協同組合、恩納村役場 農林水産課、當真嗣治、糸満市教育委員会、あらがき貸衣装、YOKANG、Grand Blue、エムズ、沖縄式典プランニング、ポイントブランク、波上宮、神宮会館、久米崇聖会、ディティフル、マブヤークラブのみなさん

協　力◉CAT'S EYE、OFFICE RHIZOME、TEAM SPOT JUMBLE、GGプロモーション、シーオーダブルシーオー、アライズ、アンド沖縄、パッション・プロモーション

宮古島ロケ特別協賛◉日本トランスオーシャン航空、多良川、ホテル共和

制作◉沖縄映像センター

制作・著作◉マブヤープロジェクト

琉神マブヤー THE MOVIE 七つのマブイ

公開◉2011年10月29日沖縄先行上映、2012年1月7日全国公開

配給◉アスミック・エース

ウルマ／琉神マブヤー◉山田親太朗

サイオン／龍神ガナシー◉ISSA

アイリ◉福本ジュディ幸子

キジムナーのキジムン◉長浜之人（キャン×キャン）

玉城先生◉川田広樹（ガレッジセール）

おばぁ◉吉田妙子

アマン◉YASU（バーボンズ）

クマン◉TAKANO（バーボンズ）

マングーチュ◉椎名ユリア

超神ネイガー／アキタ・ケン◉海老名保

ジンベエダー（声）◉真栄田賢（スリムクラブ）

ハブデービル◉ゴリ（ガレッジセール）

キンマムンさま◉仲間由紀恵（友情出演）

その他の出演◉井上孝義、吉田智人、町田達彦、打越陽二朗、浦崎明香理、与那嶺圭一、當眞大地、玉城満、喜舎場泉、城間やよい、宮国まあり、新垣くりあ、津波信一、中沢初恵、川満聡、桃原遥、荒川真、富田稔、末吉功治、翁長大輔、金城諒、カンナリ（しゃかり）、チアキ（しゃかり）、古謝みずき、古謝美佐子、渡嘉敷三男（声の出演）、大城美佐子（声の出演）、登川誠仁

撮影協力◉沖縄市山里青年会（エイサー演奏団体）、沖縄市青年団協議会、高原青年会、越来青年会、照屋青年会、東青年会、安慶田青年会、登川青年会、比屋根青年会、園田青年会、住吉青年会、知花青年会、泡瀬第三青年会、久保田青年会、中の町青年会、胡屋青年会、那覇市のみなさん、沖縄市のみなさん、今帰仁村のみなさん、糸満市のみなさん、マブヤークラブのみなさん、すべてのウチナーンチュのみなさん

監督◉佐野智樹

脚本◉福原充則

音楽◉上地正昭（pao music company）

主題歌◉「琉神マブヤー～THE MOVIE～」（作詞：山田優樹、作曲・編曲：上田正昭、唄：ディアマンテス）

挿入歌◉

「龍神ガナシー～水龍の魂～」（作詞：武川勝太、作曲・編曲：上田正昭、唄：ISSA（DA PUMP）

「ゴーゴー！マジムン～ハブ熱唱！～」（作詞：KZ、作曲・編曲：上田正昭、唄：ゴリ（ガレッジセール）

「キジムンムン」（作詞：廣山哲史、作曲・編曲：上田正昭、唄：長浜之人（キャン×キャン）

「運玉森の仮面シーサー」（作詞・作曲：大村泰弘、編曲：山城孝治、唄：バーボンズ）

「ゴーヤー男のテーマ」（作詞・作曲：山城孝野、編曲：山城孝治、唄：TAKANO（バーボンズ）

「豪石！超神ネイガー～見だがおめだち～」（作詞：高橋大、作曲：盛隆、編曲：京田誠一、唄：水木一郎）

「We are Coober」（作詞：尾崎奈保子、作曲・編曲：上田正昭、唄：悪の軍団マジムン）

「ジンベエダーのテーマ」（作詞：尾崎奈保子、作曲・編曲：上田正昭、唄：真栄田賢（スリムクラブ））

「唐船ドーイ」（沖縄県民謡、唄：登川誠仁、新良幸人、よなは徹、山里青年会）

サウンドトラック◉テイチクエンタテインメント

劇伴音楽◉西原均

劇伴音楽作曲◉M.Henderson

VFX◉大畑智也

視覚効果◉田口清隆

撮影◉倉持武弘

撮影助手◉大内泰、平井英二郎

VE◉林正実

照明◉田中洋一

美術◉佐々木健一

装飾◉中山まこと

録音◉湯脇房雄

録音助手◉反町憲人

アクション監督◉大橋明

スタント◉荒川真、富田稔、翁長大輔

スクリプター◉勝原繁子

衣装スタイリスト◉みのわさやか

ヘアメイク◉TamA

監督補◉足立内仁章

助監督◉湯本信一、住松拓三

助監督応援◉戸崎隆司

車輌◉濱浩司、斉木康浩、上里忠司

演技事務◉宮城静香、酒井香保里

スチール◉向井宗敏

メイキング◉中島昇

クレーン◉成岡正之、太田量、植田久貴

散水車◉佐々木清和

特機◉桝井正美

今帰仁撮影コーディネーター◉上間宏明

ロケーションコーディネーター◉永井清人

沖縄市撮影コーディネーター◉金城諭（沖縄市観光協会）、仲真良彦（沖縄市観光協会）

エイサーコーディネーター◉比嘉祐子（沖縄市観光協会）、島袋林大（沖縄市観光協会）

沖縄風土監修◉玉城満、比嘉淳子、長嶺哲成

アートデコレーター◉淀名和祐介

ポストプロダクションプロデューサー◉大谷直哉

ポストプロダクションマネージャー◉宮田三清

視覚効果◉田口清隆

VFX◉大畑智也

光学作画◉飯塚定雄、豊直康、上田茂、斉藤幸一

画コンテ◉渕上真

データランナー◉森脇由二

編集◉浦濱昌二郎

カラリスト◉浦辺直弘

オンライン◉小森修司

リレコーディングミキサー◉佐藤忠治 ,C.A.S.

スーパーヴァイジング・サウンドエディター◉坂口由洋
サウンドエディター◉高野寿夫
ダイアログエディター◉浅梨なおこ
スタジオエンジニア◉山口満大
光学リレコ◉宇田川章、深野光洋
タイミング（イマジカ）◉小椋俊一、福田和之
HDリアルタイムレコーディング◉渥美大輔
ラボコーディネート◉横山雄志
ラボマネージャー◉山口稔二
劇場営業◉磯野進、舘英彦、江守徹、本多淳一
宣伝◉田中和美、内橋由佳、桑山潤一
宣伝協力◉シナジー・リレーションズ、本多敬、羽根和代、山崎麻弥、佐藤歩美、山本英範、瀬底芳章

協賛◉日本トランスオーシャン航空、琉球新報、HEAD、株式会社 自重堂
後援◉沖縄県
撮影協力◉有限会社 蓮、有限会社 FーS、Big Wood、有限会社 AAC STUNTS、有限会社FAN、株式会社 ナレッジキッズ、株式会社 オキナワロケーションサービス、ロケーションファースト、G.Grip、有限会社 パンケーキファクトリー、CineBlocks、三交社、有限会社 与根オートサービス、マイカーセンター石川、ろなうどそーこ、ACT、株式会社 かいしゃ、大星広告、METAL WORKS、久渡明日香、株式会社ヤマモト、株式会社 ACS、ABCレンタカー、アクティブ・シネ・クラブ、ノックス、日活スタジオセンター、NEOピクチャーズ、株式会社 ARTDRIVE、MAGNUS AGRI、コア・ブレイン
ロケーション協力◉沖縄市観光協会、エイサープロジェクト、今帰仁撮影支援隊、沖縄県、沖縄コンベンションビューロー沖縄フィルムオフィス、今帰仁村古宇利区、今帰仁村今泊区、今帰仁の宿ハイビスカス、今帰仁村商工会、今帰仁小学校、世界遺産今帰仁城跡、沖縄ロケサポーターズ、株式会社 糸満市物産センター、糸満市物産センター遊食来、JAおきなわ、JAファーマーズマーケットいとまん、うまんちゅ市場、那覇空港ビルディング株式会社、やんばる物産株式会社、「道の駅」許田、東村観光推進協議会、キッチンテラスCocoNeel、パーラーまるみ、有限会社 YOSHIKA、Café ぺーにー、三笠タクシー、中城湾港建設事務所、新夢咲公園、沖縄県工業技術センター、株式会社 トロピカルテクノセンター、琉球大学映画研究会、北谷町美浜メディアステーション、豊崎ライフスタイルセンター TOMITON、豊崎海浜公園、琉球大学資料館、沖縄自然遊学資料館、がじゃんびら公園、エスケイマートきな、恩納村教育委員会、T・S・P管理共同企業体、名護市山入端地区、沖縄県今帰仁村、塚本智大、當路孝男、サンノア有限会社、糸満漁業協同組合 お魚センター、那覇市公園管理室、株式会社ザイマックスビルマネジメント
特別協力◉前田産業ホテルズ、MAHAINA、那覇セントラルホテル、琉球海運株式会社、りっかりっか湯、沖縄伊藤園
衣装協力◉HEAD、Tシャツ屋ドットコム、PAIKAJI、Hurley X、ALDIES ほか
美術協力◉沖縄市観光協会、琉球新報、琉球大学資料館
製作◉斎藤敬、豊島雅郎、千田浩司、平井文宏、大江敏雄、山本雅弘、宮崎哲彰、三沢明彦、八幡均、本間雅之、村上博保
企画◉畠中敏成
企画プロデューサー◉古谷野裕一、藤門浩之、遊佐和彦、山田英久
プロデューサー◉三好順作、木村尚美、岩浪泰幸
制作プロデューサー◉山際新平
ラインプロデューサー◉黒木敬士
制作担当◉小橋秀之
制作主任◉石田玲奈
制作進行◉矢羽田真央
制作応援◉稲葉沙織
製作◉『琉神マブヤー THE MOVIE』製作委員会
読売テレビ：弘中護、今渕泰史、河中可志子、高山恵
アスミック・エースエンタテインメント：大原幸蔵、磯田敦仁
南西産業：畠中昭昇、松田直之
マブヤー企画：瀬川辰彦、具志堅勇人、比嘉夏美
OCC：三輪由美子
クロニクル：黄金井麻衣
バップ：森本規夫、大島満、穂山賢一、石本綾子
テイチクエンタテインメント：有田良治、前田裕介
札幌テレビ：坪内弘樹、図書嘉幸
中京テレビ：遠藤雅充、稲見眞一
福岡放送：川越文雄、伊豆善史
琉球放送：安谷屋英作、上間正達、長島尚生
TOKYO MX：山下学、佐藤真紀、北澤晋一郎
制作プロダクション◉クロニクル

琉神マブヤー1972レジェンド

放送期間◉2012年10月6日〜12月29日（全13回）
放送時間◉土曜7：00〜7：30（30分）
制作局◉琉球放送
主題歌◉「琉神マブヤー1972レジェンド」歌唱：紫（MURASAKI）
音楽協力◉テイチクエンタテインメント
朝基◉與座和志
盛仁◉高江洲良
クイナ◉棚原里帆
オバー◉吉田妙子
コーリンオジー◉仲本興次
ローラーガール◉ルシア
琉神マブヤー／ニライ◉翁長大輔
龍神ガナシー／カナイ◉末吉功治
ハブクラーゲン◉与那嶺圭一
ヒメハブデービル◉浦崎明香理
マングーチュ◉椎名ユリア
オニヒトデービル◉翁長武義
クーバー1号◉町田達彦
クーバー2号◉比嘉健雄、新垣匠
キングウルフ◉吉田智人
キングウルフの声◉渡嘉敷三男
ラブリーラビー1号◉屋良みゆき
ラブリーラビー2号◉クリーク・ユリア
Pボックスの声◉ともだよしひと
語り／オジー◉普久原明
森の大主◉ヒゲのかっちゃん
食い逃げ男◉ろばーと
商店のオバー◉天願綾子
マジムンアナウンサー◉片野達朗（琉球放送）
子供◉西悠之介、藁科遼、青川栄太、上地竜聖、久高あまね、久高将完、喜屋武里彩、村上乃、鈴木穂乃花、漢那梨沙子、藤木望未、照屋色七、勝連翔大、屋良花鈴、平良茉莉花、大城京香、高良美生、高良篤輝、我謝玲早、喜友名麻里亜、上地寿寧、上地野愛、上地春留

お菓子をあげる人◉勝連愛里奈、石川澪美
ラジオパーソナリティ◉高宮城実人
紙芝居のおじさん◉玉城満
ギルー◉wi-fi町田
店の客◉奥浜律子
少年時代の盛仁◉比嘉翔之介
店の客◉津波古瑞帆、津波古大、島袋衿香、島袋光琢、キャッセル由美、キャッセルエナ、キャッセルジェイナ、宮城良一
食堂の店員◉前里光子
食堂の客◉タートル・チャン、ショーン・ジー
演奏者◉饒辺愛子、稲福政夫、比嘉マチ子、宮里恵美子
さおり◉エリサ
るみこ◉松田亜利沙
バーテンダー◉リバーサイド・ショウ
愛のマジムン劇場◉たみ
ジョニー（盛仁のバンドメンバー）◉ジョナサン・E・ラスムッセン
チャック（盛仁のバンドメンバー）◉ウィリアム・キャッセル
バーテンダー◉ブラッカイマー隆一
具志堅用高◉具志堅用高
あさこ（朝基の母）◉小嶺和佳子
児童保育園の先生◉宮城由美子
店の客◉知花尚子、知花康生、新城義秀、新城真弓、新城伶音、新城佑京、渡慶次雅人、渡慶次海吏、當間朝常、平山貢、金城由梨花、新垣沙弥佳、奥浜夏子、奥浜かんな、大城昌代、黒島優子、前里清光、前里光子、中村敏行、中村さとみ
紫（MURASAKI）（店の客）◉George Murasaki〟宮永英一（CHIBI）、清正（Kiyomasa）、Yukio〝GG〟Shimoji〟、Hiroto〝JJ〟Arasaki〟、Chris
ライブハウスの店員◉モト・スズキ
ライブハウスの客◉若津弘人、安谷屋栄、宜寿次華江、我喜屋亜依、比嘉慶明、當眞大地、新城大夢、藤村千絵、藤村謙吾、照屋智康、高宮城実一、安里信明
チーフプロデューサー◉古谷野裕一
プロデューサー◉中牟田栄喜、比嘉洋
アシスタントプロデューサー◉末吉民枝
脚本◉平良泉一、久場長秀、桃原英樹、伊禮真
演出◉川端匠志
演出助手◉前里茜
撮影◉仲宗根健
撮影助手◉鎌田康宏
REDエンジニア◉鈴木元
照明◉亀川善永
録音◉川端翔、城間朋
撮影協力◉ビデオサービス
編集◉大城公亨
編集助手◉蔡直機
VFX◉平良隆一
音楽◉上地正昭
スチール撮影◉宮市雅彦（Porco Photograph）
スタイリスト◉新谷麻実（Team ajico）
衣装制作◉Wandelic
ヘアメイク◉古謝弥生、新城雪恵、石川清香
Pボックス制作◉細井正博
制作主任◉中村将司
制作◉米須啓亮、實田明李
制作ボランティア◉仲田太郎、金城毅、松本貴史、高良恭平、川端彩女、津波古結
アクションコーディネーター◉翁長大輔
ミュージカル楽曲制作◉スエヨシ ヒデユキ（NiNELiVES）
トラック製作 ギター◉上田壮志（NiNELiVES）
コーラス◉ソニヤ（NiNELiVES）
ミュージカル ダンス振付◉知花小百合
撮影協力◉沖縄市、沖縄市観光協会、島袋重徳、一番街商店街振興組合 平安山謹、コザBOX、みやぎストア、アトムズキッチン、ともやす時計店、センター駐車場、炭火焼き鳥 はな、沖縄市センター自治会、中部興産株式会社、コザインフォメーションセンター、酒里庵、明光メガネ、沖縄市サンシティ商店街振興組合、島清志、しん菓子工房、ゴヤ市場、うえはら商店、琉球トータルサポート、沖縄市山里自治会、末吉敦、株式会社ワールドツーリスト、ヘアーサロンいなふく、平良銀二郎、高宮城順永、社会福祉法人 光の子保育園、島袋正春、沖縄市園田自治会、照屋唯光、喜友名朝正、奥間政市、沖縄市中の町自治会、佐次田商店、島袋盛喜、沖縄市照屋自治会、児童デイサービスそら、武村石材建設、南城市知念志喜屋区、屋慶名自治会、在沖米海軍艦隊活動司令部、真栄田区自治会、普天間コーヒーシャープ、海洋博公園・熱帯ドリームセンター、玉城青少年の家、春木屋、7th Heaven KOZA、LOVE BALL、読谷村大湾東土地区画整理組合、知花花織事業協同組合、ライブミュージックBAR JET、うるま市、金武町、Club SHANGRILA、真栄平流季、鍾乳洞・盆栽庭園&CAFE ゴールドホール、浜比嘉島 清ら海ファーム、民謡クラブなんだ浜、仲松真助、金城勝也、金城俊、久保田商店、糸満市米須自治会、糸豊環境美化センター、G.Grip、ACO沖縄、新垣光喜、古堅真弓、實田一也、實田正人、實田あゆみ、大城昌代、黒島優子、仲村幸徳、仲宗根清茂、サンチェス・ヒロキ、古民藝 陶楽、ヒューマンアカデミー那覇校、ウォーターステーション各店
写真資料提供◉石川文洋、沖縄タイムス
衣装協力◉ANKH、アメリカンデポ、FISH BOWL、マンガ倉庫、Hair Extension and Wig MORAS
制作◉沖縄映像センター
製作・著作◉マブヤープロジェクト

琉神マブヤー4（ユーチ）

放送期間◉2014年10月5日～12月28日（全13回）
放送時間◉土曜7：00～7：30（30分）
制作局◉琉球放送
主題歌◉「琉神マブヤー2（ターチ）」歌唱：ディアマンテス
音楽◉テイチクエンタテインメント
カナイ／琉神マブヤー◉翁長大輔
ニライ／龍神ガナシー◉末吉功治
ナミ／凰神カナミー◉仲本紫野
カグラ◉普久原一生
クレア（福地紅亜）◉桃原遥
福地岩次郎◉新垣正弘
オバァ◉吉田妙子
トム◉村山靖
ハイビー◉前田ロマーシア
ハブクラーゲン／海月ゲンイチ◉与那嶺圭一
マングーチュ◉椎名ユリア
オニヒトデービル◉翁長武義
クーバー1号◉町田達彦
クーバー2号◉比嘉健雄
クーバー◉堀川恭平、北村英二
ミノカサーゴ／LUNA◉石原萌
ミノカサーゴの子供（声）◉上地寿寧
農家の主◉玉城満
マブイ洞の番人◉古謝美佐子
福地工房に来た客◉中尾彬
森の大主（うふぬし）◉ヒゲのかっちゃん
時の大君（うふきみ）◉ナツコ
クイナ◉棚原里帆
マヤ◉泉（泉&やよい）
オジー◉普久原明
空手教室の生徒（一話、三話）◉町田光政、町田凛、町田宗哉、高江洲明日香、宮良舞、西平士朗、真榮城智恵美、小川祥子、上原広太郎、田辺裕貴、ポルコ
遊んでる子◉久高あまね、久高まさなる、勝連翔大、喜屋武里彩、大城朝日
カグラの友達◉吉田明史、西村春菜、齋木

七端、亀川大志、比嘉琥呂守、大學龍之介、知念優奈
居酒屋の客（四話）◉けんゆー先生、リバーサイド・ショウ、しょんじー、長田義夫、喜舎場哲董、大木島徹、ユキエ、asamingo
ビアガーデンの客◉吉田安志、松田誠、松田光、小橋川一彦、吉田流星、佐竹信次、新垣一樹、東美紗、タートル・チャン、あかねさん、あまちゃん
居酒屋の客（五話）◉モト・スズキ
農家の人◉神谷厚仁、ろばーと
健康美人◉我謝春香、さやぱー
観光客◉Wi-Fi町田、豊岡梨花
空手教室の生徒（十三話）◉ゴメス、みきてぃ
ほか

脚本◉久場長秀
演出◉川端匠志
演出助手◉前里茜
撮影◉仲宗根健
撮影助手◉鈴木元、蒲田康宏、長田義夫、城間朋、砂川達則、宮城将肇
照明◉亀川善永
録音◉川端翔
撮影協力◉ビデオサービス
アクションコーディネート◉翁長大輔
スタイリスト◉新谷麻実（Team ajico）
衣装制作◉Wandelic
ヘアメイク◉古謝弥生、新城雪恵
制作主任◉中村将司
制作◉平良天季、島田美紀
制作協力◉高江洲良、米須啓亮、森井雅子、安里信明、下門一樹、クバナガヒデ、蔡直機、伊敷裕子、城間奈々子、金城毅、實田明李、藤森祥乃、兼島美織、琥名城莉奈、喜屋武大、與座慎乃祐
スチール撮影◉宮市雅彦（Porco Photograph）
編集◉森田祥悟
編集助手◉上江洲敬士
VFX◉勾坂正宏、平良隆一（チームなっちゃん）
音楽◉上地正昭

撮影協力◉糸満市米須自治会、糸満市真壁自治会、南城市垣花区、久保田たつこ、与那覇家、奥武公民館、久保田安、中村さとみ、山里明、福元保秀、ベジフルママ、玉城和信、誠シャッターサービス、桃原農園、沖縄ホンダ、八重瀬町、八重瀬町港川漁業協同組合、おきなわワールド、渡具知ビーチ、炉端焼き泉崎、ダスキン沖縄エリア、クリエイト技研、山城孝栄、NPO法人ハマスーキ、上原達也、大城善輝、南城市教育委員会、南城市知念志喜屋区、自然体験教室、C&D、あげパン工房アントシモ、海洋博公園・沖縄美ら島水族館、首里城公園、カーニバルパーク・ミハマ、学校法人KBC学園沖縄県立糸満青少年の家、ガンガラーの谷、アクア琉球 SEA SEVEN、武村石材、ヒューマンアカデミー那覇校、古民藝 陶楽、ウォーターステーション各店、CAT- S EYE、GGプロモーション、NEXT HEROS、OFFICE RHIZOME、Sat、TSJ
衣装協力◉AMERICAN DEPOT、DEPOT ISLAND、SOHO、SHIKI、chocolate jesus、INDEX、MELROSE、Rope- picnic、Yone、vis、

チーフプロデューサー◉古谷野裕一
プロデューサー◉比嘉洋
アシスタントプロデューサー◉黒石正博
制作◉沖縄映像センター
制作・著作◉マブヤープロジェクト

おわりに

人は、横にも縦にも進化したり衰退したりする。

環境という空間によって、人間としての幅が広がったり逆に世のすべてを厭うほど了見を狭めたりもするし、経過した時間によって、自らの進歩や退歩にほくそ笑んだり苦笑いしたりするものだ。

研究者がいちばんやってはならないこと、それは思い込みによる独りよがりな暴走である。思い込みによる独りよがりな暴走は、そのものの価値の普遍性を導き出さないばかりか、価値そのものを下げてしまうことすらある。そうなっては、もはや何のための研究か、何のための研究者か、ということになる。

この出版企画の話をいただいてから四年、琉神マブヤーのことを知ってから六年。その間、縦にも横にも進化あるいは衰退したやも知れぬ筆者にとって、大幅な筆の遅れが唯一幸いに転じたとすれば、それはこの独りよがりな暴走をせずに済んだということだ。今回晴れて原稿を書き上げるまでの四年という間に、幾度となくに琉神マブヤーに触れ直し、眺め直し、鑑賞し直してきた。しかし、いつ、どこから見ても、琉神マブヤーの面白みや感動はいつも高い次元にとどまったまま、けっして衰えることはなかった。

テレビから飛び出したポップカルチャーである以上、流行り廃りは当たり前。

マブヤーもその例にもれず、と言われてもおかしくないはずなのに、である。なぜか。

それは、琉神マブヤーが限りなくメインカルチャーに近いポップカルチャーだからだ。ポップカルチャーの皮をかぶったメインカルチャーだと言い換えてもいい。そこに体現されているのは沖縄の伝統文化であり、沖縄の精神である。その真正さに流行り廃りは、ない。すなわち、琉神マブヤーは廃らない、のである。

地産地消のヒーロー、琉神マブヤー。沖縄を思い、ウチナーンチュの身の丈に合わせて生まれたローカルヒーロー。しかしながら、その実力たるや、沖縄の枠組みをすっかり飛び出し、ウチナーンチュも想像だにしないほどの普遍的な価値を世界へと放ち出している。

思い込みによる独りよがりな暴走とは対極の、まがりなりにも研究者であるという自覚と冷静さは、その普遍性が本物であることを教えてくれる。何のための研究か、何のための研究者か。琉神マブヤーに出会えた喜びを、いままさに噛みしめている。

本書の出版に当たっては本当に数多くの方々にお世話になった。

まずは、編集者であり自身も著述家である樫辺勒こと片岡力氏。ポップカルチャー学会での私のマブヤーについての発表に興味をもっていただき、出版のきっかけを与えてくださった張本人。無精さにかまけて「ウチナータイム（沖縄タイム）」の何十倍もの遅筆を繰り返したにも関わらず、寛容をもって気長に待っていただいたことに心から感謝したい。校正の精緻さ、挿絵コメントの繊細かつ的確な記述、レイアウトのセンス、いずれも「上等（すばらしい）！」の一言に尽き、片岡氏のトータルプロデュースがあってこそ、ここまで熟成できたのだと確信している。

同じく、最大の謝意を表したいのが出版社である三月社社長、石井裕一氏。ご本人もまた編集者で、片岡氏とも旧知の仲。本作りのプロとしての「てぃーあんだー（手の脂）」でわが拙稿を最高の形に仕上げてくださった。沖縄でのインタビュー取材のサポートから、迅速な三月社ウェブサイトへの掲載、Twitterアカウントの開設、切れ味抜群の紹介文、そしてセンスあふれるチラシの制作まで、その「チムグクル（思いやり／優しさ）」にはただただ頭が下がるばかりである。

本書の冒頭に出てくる友人の医師の中泊正守氏と上原博氏、そして二人を引き合わせてくれた「パブロ」のマスターの田中健二氏には、マブヤーへの入り口を開けてくださった恩人として心から感謝の意を表したい。「また、シマ（泡盛）飲みましょうね〜」。

本になるとは誰も予想もしなかった頃から、「琉神マブヤー研究会」に関わってくれた沖縄国際大学の教え子たちにも「ニフェーデービル（ありがとう）」の気持ちを伝えたい。街頭でのアンケートに協力してくれた大濱舞子、喜久里瑛、東伯あやの、何かと現地の情報を提供してくれた西江（旧姓當山）はづき、大城真実の各氏。

インタビューでは、脚本家の山田優樹氏はじめ、プロデューサーの古谷野裕一氏、並びに山城智二（FEC社長）、仲座健太（ハンサム）、金城博之（ハンサム）、知念臣悟（パーラナイサーラナイ）、桃原遥、そして翁長大輔、與座和志の各氏に貴重なお時間を割いていただいた。個人的な出会いの機会をいただき、撮影の話を聞かせていただいた髙江洲良氏、そしてまた、琉神マブヤーシリーズの産みの親であり、本書の刊行にあたってメッセージを寄せてくださった南西産業の畠中敏成氏にも謝意を表したい。「イチャリバチョーデー（出会えば兄弟）」、皆さん本当に誠意をもってフレンドリーに接してくださった。

最後に、こうして沖縄に深く関わるそもそものきっかけを作って下さり、いまなお毎年のように集中講義に呼んで下さっている沖縄国際大学教授の追立祐嗣氏には、言葉ではとても尽くしがたい感謝の気持ちでいっぱいである。奥様のイサ子さん手作りの沖縄料理の「イッペーマーサン（とてもおいしい）」なこと。

沖縄滞在中にお会いした、その他すべての人びとにも感謝の意を表したい。ウチナーンチュとナイチャーの、マブヤーに寄せる熱い思いが「チャンプルー（混ざり合う）」してこの本が出来上がったことの喜びと有難さを噛みしめつつ、お世話になった皆様に心からの感謝をこめて、「カリー（乾杯）」！　そして、「ニフェーデービタン（ありがとうございました）」。

二〇一六年六月吉日
山本　伸

製作・著作◉

『琉神マブヤー』『琉神マブヤー２（ターチ）』『琉神マブヤー３（ミーチ）』
『琉神マブヤー 1972レジェンド』『琉神マブヤー４（ユーチ）』：マブヤープロジェクト

『琉神マブヤー外伝 SO!ウチナー』：琉球放送、マブヤープロジェクト

『琉神マブヤー THE MOVIE 七つのマブイ』：「琉神マブヤー THE MOVIE」製作委員会
（読売テレビ／アスミック・エース エンタテインメント／南西産業／マブヤー企画／
OCCインターナショナル／クロニクル／バップ／テイチク エンタテインメント／
札幌テレビ／中京テレビ／福岡放送／琉球放送／ TOKYO MX）

協力◉（敬称略）

南西産業　マブイストーン　読売テレビ

アニマ・エージェンシー　アワーソングスクリエイティブ　泉＆やよい
FECオフィス　F2 ZONE エンターサポート　沖縄ネクスト・ヒーローズ
オフィスKADECO　オリジンコーポレーション　古谷野裕一
シアターテンカンパニー　シーオーダブルシーオー　GGプロモーション
棚原里帆　玉城満　TEAM SPOT JUMBLE　仲本興次
日本トランスオーシャン航空　野原五大　畠中敏成　Haru Inc.
BLUE ROSE　プロダクション キャッツアイ　山田優樹

企画・編集◉片岡力（樫辺勒）

装幀◉山田英春

撮影◉嶺井政司　今泉真也

制作協力◉中司孝夫

［カバー表１のシーサー紅型］
デザイン：高良秋野　提供：沖縄アロハシャツ専門店 マンゴハウス 沖縄アロハシャツ専門店 MANGO HOUSE

著者 ❖ 山本伸（やまもと・しん）

1962年和歌山県生まれ。
四日市大学環境情報学部メディアコミュニケーション専攻教授、
沖縄国際大学非常勤講師。
専門は英語圏カリブ文学。
著書に『カリブ文学研究入門』（世界思想社）、
共編に『バードイメージ――鳥のアメリカ文学』（金星堂）、
『世界の黒人文学』（鷹書房弓プレス）、
『水声通信―ポスト・ソウルの黒人文化』（水声社）、
『下からのグローバリゼーション』（新評論）など、
訳書にE・ダンティカ『クリック？クラック！』（五月書房）などがある。
ラジオDJも務める行動派の研究者。

琉神マブヤーでーじ読本
ヒーローソフィカル沖縄文化論

2015年 8月20日　初版1刷発行

著　者　山本伸

発行人　石井裕一
発行所　株式会社三月社
〒113-0033　東京都文京区本郷一丁目 5 -17 三洋ビル67
tel. 03-5844-6967　fax. 03-5844-6612　http://sangatsusha.jp/

印刷・製本　株式会社シナノ

ISBN978-4-9907755-1-3 C0076